Engelen

H. C. Moolenburgh

Engelen

als beschermers en als helpers der mensheid

Zevende druk

Uitgeverij Ankh-Hermes bv — Deventer

Eerste druk: december 1983
Tweede druk: maart 1984
Derde druk: augustus 1984
Vierde druk: april 1986
Vijfde druk: september 1990
Zesde druk: maart 1993
Zevende druk: februari 1997

CIP-GEGEVENS KONINKLIJKE BIBLIOTHEEK, DEN HAAG

Moolenburgh, H.C.

Engelen : als beschermers en als helpers der mensheid / H.C. Moolenburgh. - Deventer : Ankh-Hermes. Ill.
1e dr.: 1983. - Met lit. opg.
ISBN 90-202-5445-6
NUGI 626
Trefw.: engelen.

© 1993 Uitgeverij Ankh-Hermes bv, Deventer

Dankbaar opgedragen aan de nagedachtenis van mijn moeder,
wier lievelingspsalm begon met de woorden:

Loof den Here, mijn ziel,
en al wat in mij is, Zijn heiligen naam.

Daniël 6 : 23: *Mijn God heeft Zijn engel gezonden*

Voorwoord bij de tweede druk

In de twee maanden die verliepen sinds de eerste druk uit-
kwam ontwikkelde zich bij mij thuis een geheel nieuwe corres-
pondentie: de 'engelenpost'.

Allerlei vriendelijke mensen klommen in de pen en schreven
me spontaan over diepe engelenervaringen, over ongelooflijke
uitreddingen of ook zomaar omdat ze zo blij waren met het
'eerherstel' van de engelen. Ook waren er die me nog meer en
nog gedetailleerder gegevens stuurden over het ingrijpen van
engelen op uiterst spannende momenten in de recente geschiedenis, zoals bijvoorbeeld tijdens de Jom Kippoeroorlog in
Israël. Hen die mij wezen op fouten in de tekst, dank ik daarvoor.

Wat ik in mijn enquête al meende te bespeuren blijkt waar te
zijn. Er is sprake van een opkomend getij. De ontmoetingen
met engelen blijken niet gebonden te zijn aan het type mens
dat bij mij op het spreekuur komt. Er is sprake van een weer
zichtbaar worden van de hemel, alsof langzaam een sluier voor
het menselijk bewustzijn wordt weggetrokken. Het begint er
naar uit te zien dat het tijdperk van het materialisme met zijn
afschuwelijke en verwoestende werking op het menselijk leven
snel aan het aflopen is. Die beschouwing is nog verschanst in
grote politieke en wetenschappelijke centra maar de vloed is
niet meer te stuiten. Als in de nabije toekomst meer en meer
mensen engelen zullen ontmoeten, zal de materialistische
levensbeschouwing net zo worden weggespoeld als door kinderen op het strand gebouwde zandbergjes door de vloed worden overrompeld. Nu ik zie hoeveel mensen reeds geholpen
zijn door mijn boek, ben ik blij dat ik mijn enquête aan de
openbaarheid heb prijsgegeven. Ik hoop dat nog zeer veel anderen er blij mee mogen zijn.

Als u een engelenervaring hebt gehad en u wilt die met ons
delen, wilt u die dan opschrijven en zenden aan Ankh-Hermes,
postbus 125, 7400 AC Deventer?

Voorwoord bij de derde druk

Verbazing en dankbaarheid, dat zijn de twee hoofdgevoelens die door mij heengaan wanneer ik op dit laatste halve jaar terugzie. In een opvallend vriendelijke toon wijdden grote dagbladen, radio en T.V. aandacht aan dit boek over de engelen. Een overvloed van brieven bereikte mij uit het gehele land. Daaruit blijkt hoezeer er behoefte bestaat aan een uiteenzetting met het idee dat engelen bestaan. Er bleek uit de brieven ook hoevelen er uit een isolement werden verlost doordat ze eindelijk begrepen dat zij niet alleen staan met een onbegrijpelijke of wonderbaarlijke ervaring. Er zijn mensen die mij schreven dat ze tientallen jaren met zo'n ervaring hadden rondgelopen zonder er ooit met iemand over te praten.

Tot voor enkele honderden jaren heeft de mensheid altijd geweten dat er twee werelden zijn, de wereld waarin wij nu leven en de andere, geheimzinnige wereld, die toch als zeer dichtbij werd ervaren. Met daartussen de vlijmscherpe scheidslijn van de dood.

De laatste tijd, die wij de 'moderne' noemen, is anders. Die heeft de mens opgesloten in deze wereld alléén, met daarboven een eindeloze lege hemel. Het blijkt dat door mijn boek er velen zijn, die tot hun opluchting hebben bemerkt dat de hemel bevolkt is, dat deze wereld waarin wij leven maar de helft is van de totale werkelijkheid. Hiermee voldoet het boek over engelen precies aan de hoop die ik erover gekoesterd heb. Het trekt mensen vanuit het drijfzand op het droge. Wat is er heerlijker dan daaraan te mogen meewerken!

Inleiding

In 1981 werd in Leiden een preek gehouden waarin de voorganger de engelen een 'vergeten groep' noemde. Dit is een zeer treffende uitspraak.

Het boek dat voor u ligt is een poging om de vergeten groep weer in de herinnering van de mensen terug te roepen. Ik geloof dat dit een goede zaak is. We lezen tegenwoordig zoveel over demonen, excorcisme, apocalyptische bedreigingen en andere zaken die met de onderwereld te maken hebben dat we geneigd zijn te vergeten dat er zich een enorme 'bovenwereld' boven ons uitstrekt. Een wereld die nog zeer actief is ook en die zich zelfs in toenemende mate aan ons begint op te dringen.

In hoofdstuk 1 beschrijf ik een enquête die ik onder 400 mensen hield en waarmee ik trachtte inzicht te krijgen over de manier waarop men tegenwoordig over engelen nadenkt. De resultaten waren voor mij niet minder dan spectaculair te noemen.

Daarna probeer ik de lezer duidelijk te maken dat het woord 'engel' eigenlijk een verzamelnaam is voor zeer gevarieerde groepen van geestelijke wezens. Er wordt een beschrijving gegeven van deze wezens. Hierbij wordt uitgegaan van de zeer vele gegevens die in de loop der laatste drie duizend jaar over engelen bijeen zijn gebracht.

Het gaat mij hierbij echter niet primair om historisch interessante feiten. Ik wil met u nagaan of engelen in onze moderne, technocratische maatschappij nog wel denkbaar zijn, of ze ook volgens hedendaagse begrippen nog een taak en een functie zouden kunnen hebben. Ik tracht dus hedendaagse gegevens te rijmen met oeroude bronnen. Het zal dan misschien blijken dat deze door de mensen vergeten groep ons in het geheel niet vergeten heeft maar bezig is op grootscheepse wijze in het menselijk bewustzijn terug te keren. Als de tekenen ons niet bedriegen zal dit ons allen gaan beroeren voor we veel verder zijn met onze momenteel zo hachelijke mensheidsgeschiedenis. Ja, de terugkeer van de engelen in het menselijke bewustzijn zou wel eens een der grootste verrassingen van de twintigste eeuw kunnen worden.

2. *Vormenspel der Wolken.*

1. Een engel op je pad

Wat zou me er in 1982 toe bewogen hebben een onderzoek in te stellen naar engelenervaringen? Het was een van die impulsen die niet logisch te verklaren zijn. De ene dag had ik nog gewoon geleefd, voor zover het leven ooit gewoon is, de volgende dag zat ik er midden in.

Aan iedere patiënt vroeg ik na afloop van het consult: 'Staat u mij toe dat ik voor mijn eigen genoegen nog een paar vragen aan u stel? Het is voor een enquête.'

Het antwoord was altijd een welwillende toestemming. 'Hier komt de eerste vraag: Hebt u een bepaalde godsdienst?' Nu, die vraag werd vlot beantwoord.

Dan vervolgde ik: 'Hier komt de vraag waar het om gaat. Hebt u ooit in uw leven een engel gezien?'

De lezer moet niet denken dat het gemakkelijk was die vraag te stellen. Een soort valse schaamte beving mij steeds als ik de vraag ging stellen. Soms kreeg ik er hartkloppingen van. Het was moeilijker de vraag aan mannen te stellen dan aan vrouwen. Waarom weet ik niet precies. Misschien hebben de vrouwen in deze tijd meer gevoel bewaard voor het wonder. In ieder geval hield ik tijdens het stellen van deze vraag mijn patiënten scherp in de gaten om ook hun reacties op dit onderwerp te peilen. En wat eerst een soort angstig in de gaten houden was, groeide al snel uit tot een grote belangstelling, waarbij ik mezelf kon vergeten. Want het aantal reacties was zo gevarieerd, zo bont geschakeerd, dat ik van de ene verbazing in de andere viel. Ik spreek hier dus niet over antwoorden, het gaat om emotionele reacties zoals verbazing, schrik, in de lach schieten en dergelijke.

Het bleek me al spoedig dat ik geen vrijblijvende vraag had gesteld: de vraag schokte de mensen. In de twintigste eeuw naar engelenervaringen vragen bleek net zo schokkend te zijn als in de negentiende eeuw naar seksuele ervaringen vragen. Ik wil u eerst een overzicht geven van die reacties. Het aantal mensen dat ik de engelenvraag stelde was 400. De reden waarom ik naar de godsdienst vroeg was mijn eigen schroom. Ik wilde een aanloopje hebben om de echte vraag te kunnen stellen en koos daarvoor de godsdienstvraag omdat die al de sfeer aangaf waarin we ons gingen begeven.

Later bleek me dat dit een goede aanloop was. Er bestonden verbanden tussen de godsdienst en de emotionele reacties op de vraag. De reactie die het meeste voorkwam was diep nadenken. 65 mensen, dus 16% van het aantal geënquêteerden, reageerden zo. En dat is vreemd.

Stel je voor dat ik aan deze 400 mensen had gevraagd: 'Hebt u de laatste maand uw moeder nog gezien?' Dan hadden ze me vlot met 'ja' of 'nee' geantwoord. Of stel je voor dat ik hen had gevraagd: 'Heb je ooit in je leven een levende mammoet gezien?' Dan was het antwoord even vlot 'nee' geweest.

Zowel het mogelijke als het onmogelijke kan door de mens snel worden beantwoord. Waarom dan dit gepeins? Een mens wéét toch wel of hij een engel gezien heeft in zijn leven?

Die mensen gaven me steeds de indruk alsof ze trachtten zich iets te herinneren. Iets dat nét hun geheugen ontsnapte. Alsof ik ze had gevraagd me de kinderen op te noemen met wie ze in de eerste klas van de lagere school hadden gezeten.

Hadden die mensen een diepe herinnering aan engelen? Een herinnering die in hun dagbewustzijn niet aanwezig was maar die toch een diepere laag van hun bewustzijn beroerde? Net zoals de stemming van een droom het wakende leven kan beïnvloeden terwijl je de inhoud vergeten bent?

Elke keer verbaasde dit diepe gepeins me weer, vooral als dan na enige tijd het weldoordachte antwoord kwam: 'Nee, ik heb nooit een engel gezien.' Van die 65 mensen gaven uiteindelijk 64 een ontkennend antwoord.

Na de groep van de peinzers volgde de op één na grootste groep van 45 mensen met een totaal andere reactie. Die schoten namelijk spontaan in de lach. Bij 11% van de geënquêteerden werden blijkbaar de lachspieren behoorlijk gekieteld. Het was geen schamper gelach of hoongelach. Nee, echt gul, opgewekt lachen. Zo van: 'Hè, dat kan gelukkig ook nog.'

Het is wel interessant eens te bekijken hoe die lachers over de verschillende godsdienstige overtuigingen waren verdeeld. 16 waren er zonder geloof, 13 rooms-katholiek, 11 protestant en 5 waren er lid van een of andere sekte. Een tamelijk evenredig verdeeld lachsalvo dus.

We moeten daarbij even aantekenen dat 153 geënquêteerden, dus 38¼% van het totaal, geen bepaalde godsdienst aanhingen, terwijl ze toch 38% van de gulle lachers opleverden. Ze zijn dus goed vertegenwoordigd in de vrolijke groep. Blijkbaar vinden nogal wat niet-godsdienstigen de engelenvraag helemaal niet absurd. Ze belonen hem met een aardige lach.

Wat zou dat kunnen betekenen? Ik ben geneigd het zo uit te leggen dat als je iemand vraagt naar zijn godsdienst en hij zegt dan: 'Die heb ik niet' dit antwoord niet bij voorbaat wil zeggen dat hij ook afwijzend staat tegenover een andere, geheimzinnige wereld. Ongodsdienstig is niet altijd hetzelfde als afgeslotenheid ten aanzien van de wereld van het mysterie, evenmin als godsdienstig altijd wil zeggen dat de Hemel een realiteit is.

De derde grote groep, na de peinzers en de lachers, was die der nuchteren. Dit waren er 43. Ze vonden de vraag doodgewoon, alsof ik ze gevraagd had welk merk koffie ze gewend waren te drinken. Waren het gewoon mensen die zich in het leven nergens meer over verbazen? Of waren engelen voor hen gesneden koek? Ik weet het niet.

Maurice Nicoll, de geniale leerling van Gurdieff en Ouspensky, zegt dat je de mensen kunt verdelen in hen die wél en hen die géén gevoel voor het mysterieuze hebben. Zij die er wel gevoel voor hebben beseffen het wanneer een vraag, een leer of een verhaal met een andere dimensie te maken heeft. Zij die dat gevoel missen vertalen elke gebeurtenis in het leven als een verschijnsel uit de wereld die ze met hun vijf zintuigen kunnen waarnemen. Het meest frappante voorbeeld daarvan was de eerste geënquêteerde. 'Hebt u wel eens een engel gezien?' 'Jazeker! Een hele mooie!' Kunt u zich mijn verbijstering voorstellen als je met veel moeite voor de eerste keer je engelenvraag gesteld hebt en je krijgt zo'n antwoord?

Ik zei heel voorzichtig: 'Hoe was dat dan?'

De vriendelijke dame keek me, verbaasd over mijn onbegrip, aan en zei: 'Gisterenavond op de t.v.!'

Direct na deze groep komen er twee even grote groepen van 37 mensen elk. Ongeveer 9% van het totaal dus, voor elke groep. De ene groep van 37 reageerde verbaasd tot stomverbaasd. Van deze verbaasden waren er 18 mèt en 19 zonder godsdienst.

De godsdienstigen waren als volgt verdeeld: 10 rooms-katholieken, 7 protestanten en 1 rozenkruiser. De verbazing betrof het feit dat je zo'n vraag serieus kon stellen. 'Hoe kan dat nou?' 'Dat kan toch niet?' enz. Blijkbaar hebben velen het er toch moeilijk mee wanneer een der kerkelijke stellingen, namelijk het geloof in engelen, net zo reëel wordt als het bestaan van de bakker op de hoek.

Iedereen herinnert zich nog wel van zijn schooltijd wat er gebeurde als je het antwoord op een vraag niet wist. Om tijd te rekken zei je dan: 'Ik geloof . . .' waarop de leraar meteen antwoordde: 'Geloven doe je in de kerk.'

Het blijkt een rake uitspraak te zijn want hij behelst tevens het idee: En buiten de kerk geloof je alleen wat je zintuigen je vertellen. Het mengen van geloofsartikelen met de praktijk van alledag valt vele mensen blijkbaar moeilijk.

De leden van de tweede groep van 37 mensen begonnen te strálen van vriendelijkheid. Alsof ik ze zojuist verteld had dat hun kinderen écht heel bijzondere mensen waren. Ze voelden zich blijkbaar bevestigd in iets wat ze al dachten. Bij die reactie moest ik vaak aan een uitspraak van mijn vriend Bert, die dominee is, denken. Hij zei eens tegen me: 'Kijk, als de mensen van mij over het geloof horen vinden ze dat normaal want ik word ervoor betaald. Maar horen ze er van jou over dan maakt dat veel meer indruk omdat je er als arts niets over hoeft te zeggen!'

De volgende groep bestond uit 19 mensen. Dat waren zij die negatief reageerden. Het waren reacties als schrik, ergernis, achterdocht, misprijzen.

Als men nu denkt dat dit allemaal mensen waren zonder godsdienst dan slaat men de plank mis. Negen waren godsdienstig, tien niet. Vijf van die mensen waren gereformeerd (ergernis, achterdocht, schrik). Een lutheraan begon boos te huilen en één katholiek was zeer misprijzend. De overige twee van de negen godsdienstigen waren Jehovagetuigen die neerbuigend zeiden dat een mens zoiets niet kon zien. Ik heb hen onder de negatieve reacties gerekend omdat ze dit op een duidelijk corrigerende toon zeiden. Als ik hierbij aanteken dat van de 400 geënquêteerden er 82 (20½%) rooms-katholiek waren en 50 (12½%) gereformeerd en we zien dan dat er onder de negatieven 5 gereformeerd en 1 rooms-katholiek zijn, dan lijkt het of een rooms-katholiek meer raad weet met engelen dan een gereformeerd iemand. Het zou de moeite waard zijn deze vondst eens op een veel grotere groep mensen uit te testen. De aantallen zijn in dit onderzoek te klein, je kunt hoogstens een bepaalde richting vermoeden.

Negen van de geënquêteerden vertoonden een hartverwarmende reactie. 'Mijn man (of mijn vrouw) is een engel.' Eén man raakte daarbij zelfs zo ontroerd dat hij begon te huilen. Twee van de negen gooiden het in het gekke, zoals veel Nederlanders doen wanneer ze hun werkelijke gevoel verbergen. 'Daar zit ze', met een duim over de schouder wijzend naar de aanwezige partner. Terwijl een van de twee eraan toevoegde: 'Maar af en toe is ze wel verdraaid lastig!'

Ik heb van deze groep van negen mensen veel geleerd. De ene mens kan voor de ander een engel zijn op deze zware tocht door het leven. 'Nee', zei een oud Amsterdams vrouwtje. 'Nee, ik heb nooit een engel gezien maar ik heb een schat van een buurvrouw.' 'Buuvrou' zeggen ze daar.

En dan zie je even die buurvrouw voor je. Kommetje soep als de ander ziek is, met Kerstmis mee laten eten in de familie, even binnenwippen om te zien of alles goed is. Als we meer zouden beseffen dat mensen in andere mensen engelen zien, dan zouden wij misschien meer van onze sluimerende vermogens gebruik maken. Een Romeinse dichter zei: 'De mens is de mens een wolf.' Nu, dat de ene mens de andere opvreet in de jungle van het leven, is zonder meer duidelijk. Maar gelukkig bestaat er een zeer positieve tegenhanger van deze ironische Romeinse uitspraak: 'De mens is de mens een engel'.

Zolang we leven hebben we de keus wat we voor de ander zijn

en dat is op zichzelf al heel bijzonder. Het wijst op de zeer aparte plaats van de mens in de schepping.

Een echte wolf blijft een wolf maar een mens kan zowel een wolf in schaapsvacht als een schaap in wolfsvacht zijn. In het laatste geval spreken we dan van een ruwe bolster en een blanke pit. Heel merkwaardig is dat er onder al die vriendelijke, belangstellende, ernstige of in de lach schietende mensen maar één was die geëxalteerd reageerde. Alsof ze de bezitster was van een Hoger Weten dat niet voor de meeste gewone stervelingen was weggelegd. Ze had overigens geen engel gezien.

Je ziet daaraan dat ons volk weinig neigt tot exaltatie. De Nederlander staat met beide benen stevig in de klei en laat zich niet gauw het hoofd op hol brengen, tenzij er een wedstrijd Ajax-Feijenoord is.

Heel duidelijk heb ik dat een keer in Amerika ondervonden. Er werd daar door een bekend evangelist een genezingsdienst gehouden en daar stonden al die gelovigen met beide handen hoog ten hemel geheven, 5000 man sterk. Het was een indrukwekkend gezicht. Plotseling merkte ik één man op die gewoon zijn handen langs het lichaam naar beneden hield, een eenling in die zee van mensen met hun zwaaiende, omhooggeheven armen. Die man was ik. Daarom is het vervolg van deze enquête zo indrukwekkend. Want áls een Nederlander iets meemaakt dat boven de klei uitsteekt dan moet het wel héél duidelijk zijn, anders gelooft hij het niet. Om dan nu de reacties af te ronden: er waren nog verscheidene andere, zoals aarzelend, verlegen, opgewonden en dergelijke. Zo reageerden 19 mensen met grote interesse:

'Hé, daar wil ik meer van weten!'

'Zien mensen wel eens engelen?'

Twintig mensen reageerden zéér medewerkend:

'Nee, nooit een engel maar ik heb wel . . .' en dan kwam er een verhaal dat met de wereld van het mysterie te maken had. Ik kom daar later nog op terug.

Veertien mensen reageerden zeer beslist. Die gaven meteen antwoord. Meestal: 'Nee!'

En tien reageerden zeer ernstig. Een vraag om niet licht te nemen. Bijna een vraag om een ander pak bij aan te trekken. Ik heb ze van de peinzers onderscheiden omdat ze meteen antwoordden. De rest van de mensen reageerde met zeer uiteenlopende reacties die niet in een bepaalde groep zijn onder te brengen. Vat ik alles nog eens samen in een lijstje, dan zien we:

Emotionele reacties op de engelenvraag

Diep peinzen 16¼%
Spontane lach 11¼%
Nuchter 10¾%
Verbaasd 9¼%
Stralend 9¼%
Geïnteresseerd 4¾%
Medewerkend 5%
Negatief 4¾%
Beslist 3½%
Ernstig 2½%
'Mijn partner' 2¼%
Diverse reacties 20½%

Samenvattend zou men dus over de reacties kunnen zeggen dat de vraag naar engelen vaak emoties oproept. Maar liefst drie mensen barstten in huilen uit. Het was voor de meerderheid der ondervraagden (89%) geen vrijblijvende vraag; noch voor de godsdienstige mensen, noch voor hen die geen godsdienst hadden. Ik ben expres diep op dit alles ingegaan. De westerse mens is niet zo verzakelijkt als men wel eens denkt. Hij is gedwongen te leven in een wereld waar alles logisch, rationeel wordt uitgedacht en geregeld. Maar krab even dat rationele vernis weg en ook in onze eeuw blijkt die mens nog altijd degene te zijn die diep verbonden is met de wereld van het mysterie.

Ik ga dan nu over op de antwoorden die de mensen gaven. Tot mijn niet geringe verbazing kwamen er, behalve emotionele reacties, ook een groot aantal spontane verhalen los die verder niets met engelen te maken hadden maar wel met een geheimzinnige wereld die voortdurend om de hoek van de onze ligt. Maar liefst 68 van die 400 mensen hadden vreemde waarnemingen gedaan, variërend van een sterk gevoel van leiding tijdens gevaarlijke situaties tot contacten met overleden familieleden, visioenen en uittredingen. Ik haast mij hieraan toe te voegen dat het hier om spontane verschijnselen ging, niet om gebeurtenissen die werden veroorzaakt door spiritistische seances, druggebruik of oefeningen om het bewustzijn te veranderen. Ik vroeg niet om die verhalen, de mensen kwamen er spontaan mee op de proppen omdat ze blijkbaar het gevoel hadden dat mijn vraag verwant was aan hun buitengewone ervaring.

Het bleek me dat voor velen deze stoffelijke wereld niet de enige realiteit was en dat het met zoveel kracht gepropageerde materialisme eigenlijk meer een hersenspinsel is van een kleine groep intellectuelen dan dat het een macht is die deze mensheid stormenderhand veroverd heeft.

Daar komt nog bij dat van de 68 mensen die merkwaardige belevingen hadden, er 35 waren die geen godsdienstige overtuiging hadden. Het al dan niet aangesloten zijn bij een kerkgenootschap gaf geen enkel uitsluitsel over de vraag of de mensen wel of niet geloofden in een andere wereld dan degene waarin wij wonen. Een andere wereld die, als hij eenmaal diep beleefd is, alle angst voor de dood wegneemt. Zo vertelt een van mijn patiënten het volgende verhaal:

'Na mijn werk was ik nog even naar mijn buurvrouw gegaan om een borreltje te drinken. Ze is een wijze oude dame met wie ik graag praatte. Plotseling werd ik niet lekker en ik voelde me in een enorme diepte tuimelen. Ik trachtte eruit te klimmen.

Mijn buurvrouw had me inmiddels met veel moeite op de bank neergelegd. Omdat ze in haar leven verscheidene malen iemand had zien sterven wist ze dat ik dood was. Ze belde meteen een arts. Inmiddels stond ik plotseling naast mezelf bij mijn eigen hoofd. Ik zag dat mijn ogen gebroken waren en ik dacht: 'Ben ik dat? Bah, dat is niets. Die gelige tint, dat bezwete gezicht, de gebroken ogen. Wat daar ligt is

afschuwelijk. Ik haat wat daar ligt.'
Ik voelde toen aan mijn voeten dat mijn eigen ik in het omhulsel kwam. Dat begon te bewegen. Toen sloeg ik mijn ogen op en ik werd op een brancard gelegd. Later heeft mijn buurvrouw me bevestigd dat alles precies zo was als ik het gezien had. De hartspecialist dacht dat ik enige tijd klinisch dood was geweest. Sindsdien ben ik niet bang meer voor de dood.'

En dan te bedenken dat ik deze man vroeg of hij wel eens een engel had gezien en hij antwoordde: 'Ik niet'. Als ik toen niet even had gezwegen was dit verhaal er niet uit gekomen. Een andere man had een halswervel gebroken en was in een sloot terechtgekomen. In een flits zag hij zijn hele leven voorbij trekken en toen was het net of hij over een hek keek waarachter het heel vredig was. Ik herinner hier aan het prachtige schilderij van Jeroen Bosch: de verloren zoon. Een man met een grote ransel op zijn rug heeft een vervallen huis verlaten en loopt op een hek af waarachter men een mooi groen-grijs heuvelachtig landschap ziet. Wertheim Aymes legt uit dat dit de mens is die op het punt staat de drempel naar de dood te overschrijden. Verschillende mensen hebben mij over dat landschap verteld, daar nét over de drempel van de dood heen. Ik ga overigens niet verder op deze verhalen in omdat ze mijn eigenlijke onderzoek naar engelenervaringen slechts zijdelings raken. Ze vertellen over de andere wereld, dat zeker, maar niet over die wonderlijke boodschappers die af en toe vanuit die wereld de onze binnenstappen. Dus nu de vraag waar het om ging: 'Hebt u wel eens een engel gezien?'
Een van mijn patiënten zei: 'Een hengel dokter? Natuurlijk. Bij ons in het kanaal zitten ze de hele dag te vissen.' Zo vreemd is de vraag naar engelen dat hij soms vertaald werd in iets huiselijks of dat hij een schijndoofheid veroorzaakte.
'Een wàt dokter?'
'Een engel!'
Zoals ik al zei, ik moest elke keer iets overwinnen om die vraag te stellen. Was ik bang niet meer voor vol te worden aangezien? Hield iets me tegen? Maar meer en meer pakte het

onderzoek me, vooral toen het voor mij totaal onverwachte feit zich voordeed dat er regelmatig mensen waren die de vraag met 'ja' beantwoordden. Ik had dat inderdaad niet verwacht. Mijn vooropgezette mening was dat de gemiddelde westerse mens zodanig materialistisch is dat engelenontmoetingen onmogelijk zijn.

Maar vooropgezette meningen zijn gevaarlijk en de mijne werd radicaal omver gegooid.

Bij een eerste grove inventarisatie kom ik dan op het verbluffende aantal van 31 mensen die de engelenvraag met ja beantwoordt. Dat is dus $7\frac{3}{4}\%$ van het aantal ondervraagden.

Als ik die ervaringen ga onderverdelen blijken er grote verschillen te bestaan. Een vrouw vertelt me dat ze ernstig ziek was na een miskraam. Toen had ze plotseling het gevoel dat ze opgenomen werd en terwijl ze lag te bidden hoorde ze prachtige muziek en een hemels koor begon te zingen. Wie zoiets gehoord heeft vergeet het nooit meer. Uit de geschiedenis zijn deze engelenkoren goed bekend en het is mijn mening dat Bach ze benadert in zijn passiemuziek.

Een verpleegster verkeert in grote geestelijke nood. Ze zit in de nachtdienst. Ze kán niet meer van eenzaamheid en verdriet. En dan voelt ze daar in de stilte van de nacht heel duidelijk een hand op haar schouder en een grote troost komt over haar.

Deze troostende, verwarmende hand komt meer in mijn verhalen voor. Een rationalist trekt zijn schouders erover op. Kom, kom, dat kan psychologisch helemaal verklaard worden. Als dát een engelenbeleving is hoeven we er ons niet druk over te maken.

Voor de rationalist heb ik dus iets steviger kost. De Duitsers trekken Nederland binnen in lange rijen vrachtwagens. In Limburg rijdt een aardig jong meisje op een fiets. Een vrachtwagen rijdt haar achterop en de soldaten beginnen te fluiten en te wuiven. Ze draait woedend haar hoofd af. De vrachtwagen die volgt wijkt van zijn route af, de chauffeur tracht het hooghartige meisje in volle vaart te overrijden. Dan, vlak voor dat de wagen haar raakt, wordt ze met fiets en al opgenomen en enkele meters opzij gezet. De wagen stuift langs haar. Een fietser die twintig meter achter het meisje reed heeft het geheel zien gebeuren. Hij rijdt haar achterop en vraagt verbaasd hoe hij heeft kunnen zien wat hij eigenlijk niet kon zien. Het geheel staat in haar geheugen gegrift, tot en met de jurk die ze aan had.

Een dergelijk verhaal werd me verteld door een man die net niet kon wegkomen voor een aanstormende auto en die keurig van zijn fiets werd geplukt en in de berm gezet. De fiets werd een seconde later total loss gereden, de man had niets. Engelenkoren, troostende handen, reddende wonderen.

Een jonge man en een jonge vrouw kennen elkaar uit de geheime dienst. 'Ha,' hoor ik de lezer al denken, 'hier komt een soort James-Bondverhaal'. Maar zoals het in de film te zien is gaat het in het leven niet toe. De geheime dienst is vaak een hard en cynisch bedrijf dat de hoofden hol en de harten koud maakt. De held en de heldin van dit verhaal waren, ondanks hun tamelijk jeugdige leeftijd, mensen zonder illusies geworden. Ze kenden elkaar wel maar ze koesterden een diepe, echte haat voor elkaar. Ik mag u niet vertellen hoe en voor wie ze werkten, alleen dat het verhaal in het Oostblok speelde, dat hij uit Holland en zij van achter het ijzeren gordijn kwam. Op een dag hebben ze gelijktijdig een dieptepunt in hun gevoelsleven bereikt. Een allesoverheersende wanhoop over hun leven heeft zich van hen meester gemaakt. En dan, na een officiële bijeenkomst waar ze beiden aanwezig moesten zijn, gebeurt er iets. Ze staan op straat en worden beiden door een overmachtig gevoel naar een grote kathedraal gedreven, in een Oosteuropese stad. In de kathedraal voelen ze elk een krachtige hand die hen in hun nek grijpt en hen tot overgave brengt. Het verhaal heeft een happy end: ze zijn getrouwd en wonen in Nederland. Ze hebben allebei iets glanzends, als mensen die de hel hebben gezien en hebben bemerkt dat het licht altijd sterker is.

Ik gaf hier een bloemlezing. De verhalen waren roerend en de manier waarop ze verteld werden duidde aan dat ze voor de verteller heel belangrijk waren geweest. Je kunt aan de toon van een verhaal horen hoe diep de beleving was. Hier werden zeer diepe lagen van de mensen geraakt. Het waren geen belevingen die aan en uit flitsten aan de oppervlakte van het bestaan, zoals zoveel van onze dagelijkse gebeurtenissen. Ze raakten de mensen op een totale manier. De verhalende stem zakte wat in toon, de ogen keken naar binnen.

Hoe verleidelijk was het al deze mensen positief te waarderen in de enquête. Ik heb dat niet gedaan want mijn vraag luidde letterlijk: 'Hebt u wel eens een engel ge*zien*?'

En dan blijkt dat ook die vraag door een aantal mensen bevestigend wordt beantwoord maar dat ook onder hen die gezien hebben, weer grote verschillen bestaan. Keer op keer vertellen de mensen me van een groot licht dat hen op momenten van diepe nood te hulp komt. Kenmerkend is het verhaal van een vrouw die in een ernstige huwelijkscrisis verkeert. Ze brengt de hele nacht wakend en biddend door, roepend: 'Heer, red mij toch!' De volgende dag valt ze plotseling achterover en ziet een enorm helder licht. Een grote vrede en gelukzaligheid doorstromen haar. De moeilijkheden worden niet opgelost maar vanaf dit moment zijn ze gerelativeerd, ze kan ze aan. Soms wordt dat licht ook door meerdere mensen gezien. Zo vertelt een vrouw me dat ze als kind doodziek was. Voor haar leven werd gevreesd. Haar moeder zat naast haar bed. Het meisje droomde toen dat ze dood was en een intens wit licht zag. Haar moeder zag het ook en die was erg overstuur.

Was dat nu een engel? De bijbelse verhalen kennen de Shechina, de grote lichtende wolk die wel de 'inwoning Gods' wordt genoemd. Engel of God? In ieder geval een beleving die de mensen tot in de diepte omwoelde, die nooit meer vergeten werd en die geluk, troost en vaak genezing bracht.

Weer andere mensen zagen weliswaar engelen maar niet bij hun dagbewustzijn. Meer als in een visioen.

Een jonge vrouw krijgt na de geboorte van haar kindje een zeer ernstig ziektebeeld. In de nacht ziet ze dan een zilveren ladder naar de hemel opgericht. Bovenaan de ladder staat een engel en ze staat daar voor een moment van keuze: Gaan naar het land zonder pijn of terugkeren naar man en kind. Ze kiest de weg terug en begint vanaf dat moment te genezen.

Een man ligt volkomen kapot in een ziekenhuis, na een auto-ongeluk. Vrijwel alles is aan hem kapot, het is erop of eronder. Dan ziet hij een poort met veel licht en daarin iemand die hem wenkt. Hij wil er zó graag heen dat hij zijn infuus eruit rukt. Maar dan 'bedenkt' hij zich en keert hierheen terug. De ladder naar de hemel zoals Jacob die in Bethel zag, de Hemelpoort, ze zijn er nog altijd. Alleen heeft onze tijd van materialisme ze verduisterd. En nu ik dit schrijf merk ik plotseling dat ik Goethe citeer: 'De geestenwereld is niet gesloten, je bewustzijn is dicht, je hart is dood!'

Maar niet alleen in veranderde bewustzijnstoestand worden engelen gezien. Ook bij gewoon waakbewustzijn komen mensen af en toe engelen tegen en ook hier zijn weer verschillen in hetgeen er beleefd wordt. Soms is de beleving die van een groot licht: Een man zit met zijn verloofde in de kerk. Plotseling komt er op de plaats waar de predikant staat een enorm wit licht. Maar het is geen fel licht dat de ogen pijn doet, het is van een geweldige bovenaardse schoonheid. De predikant zelf is onzichtbaar geworden. Mijn zegsman was zo bewogen dat de tranen hem uit de ogen stroomden toen hij me het verhaal vertelde. Het bijzondere van dit verhaal is dat zijn verloofde precies hetzelfde had gezien.

Later vroeg het tweetal aan de predikant of deze iets gemerkt had maar hij wist van niets.

De man vertelt me dat deze beleving een kostbaar geheim in zijn huwelijk is. Hij herinnert zich nog hoe er een bovenaardse vrede van het licht uitging.

Deze man is later tot grote zegen geworden voor verdrukte christenen in enkele Oosteuropese landen.

Een van mijn beste vrienden vertelt me dat hij bij de telefoon stond toen er plotseling door het gesloten venster heen een engel binnenstapte. Het was een wolkerige, lichtende verschijning. Deze vriend zei tegen me: 'Ik begrijp nu dat engelen met vleugels worden afgebeeld, dat is hun uitstraling.'

De engel sprak enkele troostende woorden en verdween toen weer. Dat was voor hem zeer belangrijk want hij vreesde op dat moment voor zijn leven.

Soms, en die gevallen vind ik misschien wel de meest geheimzinnige, worden engelen gezien als gewone mensen.

Een van mijn patiënten vertelt me hoe zij als kind op een groot buiten woont. Op dat terrein staat ook een boerderij. Op een dag hoort haar moeder van de dokter dat het dochtertje van de boerin op sterven ligt. Haar moeder gaat meteen naar de boerin toe om met haar te bidden. Dan, onder het gebed, wordt er aan de achterdeur gerammeld. De moeder van mijn patiënte gaat kijken en daar staat een vrij jonge man. De man zegt: 'Vrouw, wat is er?'

Ze antwoordt: 'Er ligt hier een kind op sterven.'

De man loopt regelrecht naar de slaapkamer van het kind, legt het de handen op en drijft in Jezus' Naam de ziekte uit. Dan gaat hij door de achterdeur naar buiten en niemand heeft hem ooit weer gezien. Dat is gek op het platteland waar iedereen alles van elkaar weet en ziet.

Het kind ontwaakte direct hierna uit haar coma en was zelfs de volgende morgen boos dat ze niet naar school mocht. Dit gebeurde ongeveer dertig jaar geleden. Het meisje is nu een volwassen vrouw en leeft nog altijd.

Ik heb meer van deze verhalen gehoord. De engel verscheen gewoon in de kleding van deze tijd. Hij bracht uitkomst in nood en verdween dan weer in een richting waarin hij helemaal niet had kunnen verdwijnen. Hij was 'zo maar weg'.

'Hoe zagen die engelen er uit?' vraagt men me vaak.

In mijn verhalen zagen ze eruit als jonge mannen met goede, vriendelijke en soms opvallend mooie gezichten. Maar hun uiterlijk werd zo weinig belangrijk vergeleken bij de boodschap of de redding die ze brachten, dat mijn zegslieden eigenlijk alleen over die boodschap of die redding spraken. Als ik wilde weten hoe ze er uit zagen moest ik daar speciaal naar vragen.

Heel vreemd is dat enkele vrouwen die van mijn engelenonderzoek gehoord hadden, me tamelijk bits vroegen of 'het altijd mannen waren'. Ik kan de dames verzekeren dat het feminisme niet in de hemel is doorgedrongen. Mannelijk betekent daar: doordrongen van de Geest. Vrouwelijk: vervuld van gevoel. Met penisnijd houdt men zich in de hemel niet op.

Ik moet thans in mijn inventarisatie een correctie gaan aanbrengen. Sommige mensen zeiden dat zij een engelenervaring hadden gehad terwijl ze naar mijn inzicht te maken hadden gekregen met de eerder genoemde verschijnselen van buitengewone waarnemingen.

Zoals het verhaal van een man die voor de oorlog had meegemaakt dat een Javaan hem meegenomen had naar een berg en daar enige tijd mompelende bezweringen had uitgesproken. Toen kwam er een blauw lichtverschijnsel om de berg en de Javaan zei dat het de engel van Midden-Java was die hij opgeroepen had. Het verschijnsel vond midden overdag plaats en duurde een half uur. De Javaan had gedurende het lichtverschijnsel een offerande gebracht.

Dit soort gevallen rangschik ik liever onder de parapsychologische omdat we van engelen weten dat ze zich niet laten bezweren of oproepen. Engelen en magie gaan niet samen omdat magie te maken heeft met macht en de engelen uit de regionen van de liefde komen. En in dat land van de liefde kent men het macht uitoefenen over anderen niet. Alleen het vreugdevolle dienen.

Als ik dus de dubieuze groep bekijk, dan zie ik dat ik twijfel bij zeven gevallen. De mensen zeiden: 'Dat was een engel' en ik zeg: 'Dat was parapsychologie'.

Je kunt hieruit zien dat de beoordeling niet altijd zo gemakkelijk was. Er is een soort grensgebied waar je in twijfel verkeert wat er nu precies beleefd is. Ik kan dan alle bijzondere belevingen bij elkaar als volgt opschrijven:

1. Parapsychologische belevingen   61 mensen
2. Grensgevallen   7 mensen
3. Engelenbelevingen   31 mensen

Ik kan dus de 7 uit groep 2 bij groep 1 of groep 3 optellen. Of 31 óf 38 mensen hebben een engelenervaring gehad. $7\frac{3}{4}$% of $9\frac{1}{2}$% van de ondervraagden. Ergens daartussen ligt het echte getal. Toen mijn onderzoek al afgelopen was werd het bekend welk een vreemde vraag ik op het spreekuur had gesteld en vele mensen begonnen op hun beurt vragen te stellen:

1. Gebeurde de ontmoeting met een engel onder speciale omstandigheden?
2. Gebeurde die alleen bij godsdienstige mensen?

Welnu, uitgaande van de 38 mensen, dus van de groep als die zo ruim mogelijk wordt opgevat, blijken 16 van deze mensen tijdens de ervaring in ernstig levensgevaar te verkeren en 12 maakten een diepe geestelijke crisis door ten gevolge van ver-

driet. Tellen we deze groepen bij elkaar op dan zien we 28 van de 38 mensen, dat is ongeveer drie kwart, in een crisissituatie verkeren als zij de ontmoeting hebben.

Wat betreft de tweede vraag: Van de 38 mensen bleken er 17 geen lid van een kerkgenootschap te zijn. Van de 21 overigen waren er 9 rooms-katholiek en de rest behoorde tot de verschillende protestante groeperingen. Godsdienstigheid blijkt dus niet automatisch het alleenrecht op engelenbezoek in te houden. Ik hoop niet dat ik kerkleiders met deze mededeling schok. Ook buiten de kerk om blijkt er een hotline naar de hemel te bestaan.

Ik teken hierbij aan dat iemand die zo'n ingrijpende ervaring heeft gehad, na afloop en voor de rest van zijn leven nooit meer ongelovig kan zijn.

Het is ook van belang de verdeling over de geslachten eens onder de loep te nemen. Van de 38 mensen waren er 14 mannen en 24 vrouwen. Dit lijkt een duidelijke voorkeur aan te geven van de hemelse gezanten voor het vrouwelijke geslacht. Maar dat is niet zo. Van de 400 geënquêteerden waren er 287 vrouwen tegenover 113 mannen. Als men bedenkt dat ik zo maar op een dag met de enquête begon en toen consequent iedereen de twee vragen gesteld heb tot ik aan de 400ste patiënt toe was, dan ziet men dat ik veel meer vrouwen op het spreekuur had. Het is een bekend feit dat vrouwen wat meer spreekuurbezoek afleggen dan mannen. Het geringer aantal mannen die een engelenontmoeting hadden blijkt dus rekenkundig bekeken ruimschoots te worden gecompenseerd door het veel mindere aantal mannen in de gehele enquête. Je kunt zelfs van een licht mannenoverwicht spreken. Wat dat betreft houden de engelen zich niet aan de moderne emancipatiewetten maar volgen ze meer het bijbelse patroon waar ook een zeker mannelijk overwicht te vinden is als het gaat om contacten met de hemel. Het moet worden afgewacht of dit voor een grotere groep mensen ook opgaat. Ik betwijfel dat omdat ik uit vele gesprekken de indruk gekregen heb dat het in onze twintigste eeuw juist de vrouwen zijn die vaak de fakkel van het geloof doorgeven.

Maar nu ga ik mijn eigen 'advocaat van de duivel' worden. Ik

ga die 38 gevallen drastische beperkingen opleggen. De 7 dubieuze gevallen schrap ik meteen. Dan houd ik er 31 over. En
nu ga ik bij deze 31 mensen alleen *die* gevallen als positief
waarderen waarbij een mens bij zijn volle dagbewustzijn (dus
niet in coma of half verdrinkend of in een visioen) met zijn
ogen (dus niet alleen met zijn gehoor of met zijn gevoel) een
hele engel (dus niet alleen een paar helpende handen) heeft
waargenomen. Die engel moet dan ook nog aan de voorwaarde
voldoen dat hij een duidelijke menselijke gestalte heeft en dus
niet 'alleen maar' wordt gezien als een groot, gelukbrengend,
reddend, wit licht.

Als ik zo rigoreus wied in mijn engelentuin (met excuses aan
al degenen die op ándere manier engelen op hun pad vonden),
dan blijken er 6 getuigenissen te zijn die aan deze strenge
voorwaarden voldoen, 1½% van het aantal geënquêteerden
dus.

Laat ik één zo'n geval noemen: Een diep gelovig meisje van 12
jaar leeft in een bedreigende omgeving waar veel aan spiritis-
me gedaan wordt. Ze leeft veel in angst en bidt vurig om hulp.
Op een dag loopt ze over een lange rechte bosweg en plotseling staat er een man voor haar. Hij kon eigenlijk nergens vandaan komen maar toch stond hij daar voor haar. Hij zag er uit
als een doodgewoon mens. Hij zei tegen haar dat ze nooit
meer bang behoefde te zijn en meteen verliet de angst haar
voorgoed. Ook vertelde hij haar dat haar weg niet eenvoudig
zou zijn maar dat de Heer altijd met haar zou zijn.

De gebeurtenis liet een wekenlang durend geluksgevoel achter
en bovendien had ze vanaf dat moment de gave om te kunnen
onderscheiden of ze met echte of met onechte spiritualiteit te
maken had, datgene wat in het Nieuwe Testament de 'onder-
scheiding van de geesten' wordt genoemd.

Bekijken we nu eens wie die zes mensen zijn dan blijken het
heel nuchtere lieden te zijn. Er is een onderdirecteur van een
groot semi-overheidsbedrijf bij, een bedrijfsarts, een hardwer-
kende huisvrouw met een stel kinderen, een eigenaar van een
kantoorboekhandel, een ambtenaar en nog een huisvrouw.

Moet ik dus uit de resultaten van deze enquête concluderen
dat engelen bestaan? Van Praag zegt ergens dat als er slechts

eenmaal in de wereldgeschiedenis één mens het verschijnsel van levitatie had vertoond, en daarna dit verschijnsel nooit meer bij iemand was voorgekomen, daarmee nochtans was aangetoond dat levitatie bestaat.

Mijn eerste conclusie uit dit onderzoek is derhalve dat engelen bestaan. Ze maken duidelijk deel uit van de menselijke ervaringswereld.

Overzie ik nu nog eens de gehele groep van engelenervaringen, de 38 mensen dus, dan vallen twee dingen erg op. In de eerste plaats het grote gevoel van gelukzaligheid, het gesterkt worden of bevestigd worden in het geloof en de innerlijke vrede die van de ontmoeting uitging. Deze gevoelens hielden vaak weken lang aan en worden ook jaren later nog levendig herinnerd.

Of een engelenervaring authentiek is kan alleen al aan deze gevoelens worden afgemeten. Een ontmoeting met een engel is geen koele groet op straat. Hij beroert de mens tot in zijn diepste wezen. Het gevoel dat dan optreedt is door Selma Lagerlöf op onnavolgbare wijze beschreven in Niels Holgersson, bij de episode van de grote kraanvogeldans op de Kullaberg: 'Allen die voor het eerst op de Kullaberg waren, begrepen waarom de gehele bijeenkomst naar de dans van de kraanvogels heette. Er was woestheid in, maar het gevoel dat het wekte was toch een zoet verlangen. Niemand dacht nu meer aan strijd. Integendeel, allen, de gevleugelden en zij die geen vleugels hadden, wilden zich oneindig hoog verheffen, boven de wolken zweven, zoeken wat daar achter ligt, het zware lichaam afschudden dat hen naar de aarde trok en wegzweven naar het bovenaardse.'

Waarschijnlijk hangt het tweede punt dat vermeld moet worden met dit eerste punt samen. Alle mensen die zoiets hadden meegemaakt bleken de ervaring in hun binnenste te hebben bewaard. Het was vaak de eerste keer dat ze het aan iemand vertelden. Ik heb een echtpaar meegemaakt waarvan de man op mijn vraag lachend zei: 'Nee dokter, kan dat dan?' Maar de vrouw keek verlegen naar de grond en zei toen aarzelend: 'Ik heb het je nooit verteld Jan, maar . . .' Als motief voor het stilzwijgen werd vaak de angst voor gek te zullen worden versleten opgegeven. Engelen behoren zo weinig bij de geest van onze keiharde materialistische eeuw dat het zien van een engel bij het publiek ruikt naar krankzinnigheid.

Toch geloof ik dat ook de grootte van de opgewekte emotie ertoe leidde dat de ervaring verborgen bleef. Sommige ervaringen zijn nu eenmaal te geweldig om ze te kunnen verwoorden.

Heel anders dan met de aarzeling om over de engelenervaring te praten is het gesteld met de paranormale waarnemingen. Misschien zou ik moeten zeggen ándere paranormale waarnemingen, want het zien van een engel behoort natuurlijk niet tot de normale waarnemingen. Maar met paranormaal bedoel ik nu helderziendheid, helderhorendheid enz. Het hele rijtje van prof. Tenhaeff. Deze verschijnselen zijn juist mode en de mensen vertellen deze vlot en graag. Een mevrouw antwoordde op mijn vraag of ze ooit een engel had gezien, met een stralend gezicht: 'O nee dokter, maar ik geloof wél in kabouters!' Sinds het populaire boek van Rien Poortvliet mag dat.

Toch worden engelenverhalen soms in kleine kring doorverteld, zoals dit verhaal dat spontaan loskwam naar aanleiding van mijn vraag. De grootmoeder van een van mijn patiënten had haar dat verteld. Haar vader, de overgrootvader van mijn patiënte dus, was werkzaam als predikant in Afrika.

Op een goede dag moest hij langs een eenzame weg een van zijn gemeenteleden bezoeken. Ergens bij een rotspartij lagen twee roofmoordenaars op de loer. De aanval op de predikant ging echter niet door omdat twee in het wit geklede mannen met hem mee liepen. De twee rovers vertelden dat later in een kroeg toen zij informeerden door wie die predikant beschermd werd. De kroegbaas bracht dit prompt aan de predikant over om hem te waarschuwen toch vooral voorzichtig te zijn. De predikant had zijn levensreddende beschermers niet gezien.

Ook dit is nu weer typisch een engelenverhaal. Er zijn meer van deze verhalen bekend uit het zendingsveld maar ik koos dit verhaal omdat ik het persoonlijk gehoord heb. Dit verhaal staat natuurlijk niet in mijn statistiek.

Trouwens, we behoeven niet zo ver weg te gaan. Rond de eeuwwisseling leefde er in een volksbuurt in Den Helder een bakker die men kende onder de naam 'zalige Breet'. 's Zaterdagsavonds ruimde hij zijn bakkerij op, zette er stoelen neer en op zondagmorgen hield hij dan een samenkomst voor de buitenkerkelijken uit die buurt. Het was er altijd stampvol.

Ook hield hij zondagsschool in de bakkerij en beroemd waren zijn kerstvieringen

In die tijd had Den Helder een rosse buurt die nog overgebleven was uit de tijd van de grote vaart op Amsterdam. De rossebuurters hadden weinig op met de evangelisatie van Breet want door hem waren al enkele prostituées uit het leven gestapt en dat ging de heren geld kosten.

Breet was ook een trouw ziekenbezoeker op wie men dag en nacht kon rekenen. Zo gebeurde het eens dat hij 's nachts uit bed gebeld werd. Hij stak zijn hoofd uit het raam en zag beneden een man staan.

'Mijnheer Breet,' zei de man 'er is een ernstig zieke in de Jansenstraat 24 en die heeft naar u gevraagd.'

'Ik kom,' zei Breet, kleedde zich aan en ging naar beneden. De man was inmiddels verdwenen.

Om op het opgegeven adres te komen moest hij een smalle brug die over een gracht liep, passeren. Hj belde aan op nr. 24. Eerst bleef alles stil. Nadat hij voor de tweede keer gebeld had vroeg een boze stem achter de deur wat er was.

Breet zei dat hij het verzoek had gekregen hier naar toe te gaan omdat er een ernstig zieke zou zijn.

'Er is hier geen zieke en ik heb niemand nodig,' zei de boze stem. Breet ging teleurgesteld weer naar huis.

Twintig jaar later kwam er een man zijn winkel binnen. Breet stond achter de toonbank.

'Mijnheer Breet, ik wilde u graag eens spreken,' zei de man.

'Kom binnen,' zei Breet.

Toen zei de man: 'Herinnert u zich nog dat u ongeveer twintig jaar geleden op een nacht het verzoek kreeg om naar een zieke in de Jansenstraat te gaan?'

'Ja,' zei Breet, 'dat weet ik, dat is een ervaring die ik niet gauw vergeet.'

'Ik was die man die bij u kwam,' zei de bezoeker. 'Ik haatte u zo grondig dat ik met een vriend van me had afgesproken u te verdrinken. We lokten u naar een adres aan de overkant van

de brug en wij lagen bij de brug te wachten om u in het water te gooien. Maar toen u met z'n drieën kwam hadden we daarvoor geen moed. Aan iedere kant van u liep een metgezel.'
'Nee hoor,' zei Breet, 'ik was de hele weg alleen.'
'Mijn vriend en ik zagen duidelijk aan beide kanten van u iemand meelopen.'
'Dan heeft de Heer zijn engelen gestuurd om mij te bewaren,' zei Breet met grote dankbaarheid.
De bezoeker vertelde dat hij door het lezen van het Nieuwe Testament tot bekering was gekomen en nu behoefte had gevoeld alles op te biechten.
De bakkerij van Breet dient tegenwoordig als evangelisatie- en zondagsschoollokaal en de verteller van dit verhaal, de heer J. Bijlsma heeft daar zelf zondagsschool gegeven.
Ik heb hem gesproken. Hij kende Breet niet zelf maar hij had wel familie van Breet gesproken die dit verhaal vertelden. Bovendien had hij het gelezen in een boekje dat Breet over zijn leven had geschreven.
Terug naar mijn enquête.

Toen ik mijn onderzoek begon dacht ik dat mijn conclusie zou worden: 'Engelen werden vroeger soms gezien, tegenwoordig niet meer.'
Nu het onderzoek achter de rug is moet de conclusie daarentegen luiden: 'Engelen worden minstens evenveel gezien als vroeger maar niemand praat er meer over.'
Als mijn groep van 400 mensen enigszins een doorsnede van de bevolking zou vertegenwoordigen dan zouden we mogen aannemen dat minstens 1% van onze Nederlandse bevolking een keer in dit leven van aangezicht tot aangezicht met een engel heeft gestaan. Dat zou dus, uitgaande van 15 miljoen mensen, neerkomen op ongeveer 150.000 engelenontmoetingen in de nu levende bevolking. Dat is een verbijsterend hoog aantal. Het zou bovendien een der best bewaarde geheimen van de eeuw zijn. Het is bijna niet te geloven dat in deze praatgrage bevolking zoiets mogelijk is. Zelfs in de oorlog, waar het toch om levens ging, was het al bijna onmogelijk ondergronds werk geheel verborgen te houden doordat wij zulke praters zijn.

Ik geloof ook niet dat dit getal juist is want we vergeten bij de berekening een uiterst belangrijke factor, namelijk de man die het onderzoek doet. Ik vermoed dat ik door mijn instelling veel meer mensen aantrek die engelen hebben gezien dan iemand die zo'n enquête bij voorbaat een dwaasheid vindt. Op geheimzinnige manier komt nu eenmaal in dit leven datgene op je af wat bij je hoort. En juist fenomenen uit de wereld van het geheim hebben een extra neiging zich op te hopen in de omgeving van degene die van het geheim houdt.

Laat ik nu eens het extreme geval stellen dat 99% van deze ophoping van verhalen aan mij ligt en de werkelijke hoeveelheid engelenontmoetingen maar 1% bedraagt van hetgeen ik gevonden heb. Dit getal van 1% is volkomen willekeurig gekozen maar ik wil aan de lage kant zitten.

Als ik dus aanneem dat de werkelijke verhouding van engelenontmoetingen op de Nederlandse bevolking 1% bedraagt van hetgeen uit mijn onderzoek tevoorschijn is gekomen, dan nog moeten er op het ogenblik in Nederland 1500 mensen wonen die éénmaal in hun leven van aangezicht tot aangezicht met een engel hebben gestaan. Bij vol bewustzijn. Let wel: die 1500 zijn zij op wie de strengste beperkingen van het onderzoek van toepassing zijn: volledige zichtbaarheid, intact bewustzijn, menselijke gestalte.

Dat zijn er dan toch heel wat. Het geheime gilde der engelenzieners en zij hebben het geheim goed bewaard.

Misschien zijn er vrome mensen die toch wel geshockeerd zijn door de wijze waarop ik hier over dat onderzoek heb gesproken. Een zakelijke manier, ik ben me er zeer wel van bewust.

Toen het onderzoek een eindje op weg was vroeg ik aan een zakenman of hij ooit een engel had gezien. 'Nee', antwoordde hij, 'heeft iemand wel eens een engel gezien?' Ik had toen net mijn eerste engel 'gevangen' en nog geen honderd mensen geënquêteerd. Dat vertelde ik hem. 'Doorgaan' adviseerde hij. 'In het marktonderzoek spreek je bij 2% al van een respons.' Ik voelde me even als iemand die een engelenhandel wilde opzetten.

En toch raakte de man hier iets belangrijks aan. De koele blik waarmee men ook een mogelijke markt analyseert is een van de weinige dingen die in deze eeuw nog overtuigingskracht bezit. Zelfs als je je publiek wilt voorliegen moet je dat in de tweede helft van de twintigste eeuw op wetenschappelijke wijze doen, met statistieken, grafieken en laboratoriumgegevens. Je hebt dan een dikke kans geloofd te worden.

Gelukkig zijn met dit engelenonderzoek geen gemakkelijk te verdienen miljarden gemoeid, zodat u een behoorlijke garantie hebt dat ik in dit hoofdstuk de waarheid heb gesproken. Als ze er wel mee gemoeid waren had iemand anders trouwens al lang zo'n onderzoek opgezet. Maar dan via een officiële instelling, met subsidies en zo. Engelen blijken dus ook volgens twintigste eeuwse begrippen feiten te zijn. En dat is een belangrijk gegeven. Daarmee wordt een helder licht geworpen op de engelenverhalen door de eeuwen heen. Engelen komen bij alle volken en in alle eeuwen voor. Het zijn geen mythologische toevoegingen van oosterse schrijvers, zoals men ons wel eens wil laten geloven. Ze behoren niet in dezelfde klasse als eenhoorns en trollen uit de volksverhalen. Het zijn feiten die bij het leven behoren, vandaar dat de evangeliën ze even nuchter beschrijven als belastinginspecteurs, soldaten en schriftgeleerden.

Er bestaat een kunststroming die het magisch realisme heet. Hierin ziet men het bizarre en onmogelijke met groot detail en in natuurlijke vormen geschilderd. Een vrouw heeft een rechterarm die uit een schitterende klimoprank bestaat. Zowel vrouw als rank zijn met grote liefde natuurgetrouw weergegeven maar de combinatie is natuurlijk een onmogelijke. Jeroen Bosch was misschien de eerste magische realist met zijn monstertjes die uit combinaties van natuurlijke vormen bestaan.

Ik zou thans willen pleiten voor een levenshouding van het religieus realisme. Een houding die met de mogelijkheid rekening houdt dat het onmogelijk geachte en de realiteit van alle dag hier inderdaad gelijktijdig voor kunnen komen. Een houding die met een engelenontmoeting evenzeer rekening houdt als met het plotseling aanbellen van een oude vriend. Misschien zou dat de verzakelijking van onze verhoudingen wat kunnen verwarmen.

Natuurlijk kreeg ik van veel mensen de vraag: 'En jij, heb jij wel eens een engel gezien?' Kijk, nu moet ik mezelf meteen gaan indelen, bij de diepe peinzers nog wel. Het antwoord luidt: 'Nee, ik heb nooit een engel gezien. Maar ik heb wel eens een beleving gehad waardoor mijn voorstelling van engelen verdiept is en dat heb ik aan een doodgewone windveer te danken.'

Ik heb mijn hele leven in Kennemerland gewoond. Een van de mooiste eigenschappen van deze streek vind ik de eindeloze variatie van de hemel. Een mens zou een leven lang door kunnen brengen met naar de lucht te kijken zonder er ooit genoeg van te krijgen. Nu eens stapelen zich goud omrande donderwolken aan de horizon op, dan weer is er een heel hoog grazende kudde van roze schapewolkjes. In de winter jagen de sneeuwbuien voort. Als witte vegen zie je ze afgetekend tegen de zwarte lucht in het westen, terwijl de zon ze vanuit het oosten met haar schuine stralen doet oplichten. En in de zomer zijn er de statig langsvarende witte wolken met hun fascinerende vormenspel: Een oude man met een witte sik staart peinzend naar de horizon, een bolle reus met rimpelig voorhoofd en hangneus opent dreigend een mond waarin nog één tand aan de bovenkaak vastzit, een enorme slak met een torenhoog huis op zijn rug kruipt voort op vleugelen van de wind. En soms valt er een vreemd licht, regen klettert neer uit een roetzwarte lucht en tegelijkertijd schijnt er een vrolijke zon.
'De zon schijnt en het regent,
't is kermis in de hel,'
zei mijn moeder dan altijd. Als je dat licht ziet: ren gauw naar buiten want dan dient het zwarte wolkengordijn als achtergrond voor een regenboog, een verschijnsel dat altijd weer tot verrukking brengt. Hoe duur gekocht is die regenboog! Een gehele beschaving ging ten onder en een nieuwe wereld werd uit het water geboren, daar lang geleden tijdens de zondvloed. En als blijvende herinnering dat zoiets nooit weer zou gebeuren plaatste God zijn boog in de wolken.
De voorspellingen zeggen dat onze eigen wereld niet voor het water maar voor het vuur is weggelegd. Het lijkt erop of we zelf ons uiterste best doen die profetie zo snel mogelijk in vervulling te laten gaan. Wat zou God voor teken aan de hemel

geven nadat onze wereld door het vuur is gegaan? Zal in de nieuwe wereld, die uit de atoomas verrijst van tijd tot tijd een groene kring om de zon verschijnen? Als teken dat ook zoiets nooit meer toegelaten zal worden?

Toch is die hemel van wolken en regenboog niet de hemel van de engelen. Het is onze lucht, zij is aards. Wel heb je soms het gevoel dat zij raakt aan de hemel der engelen.

Als jongen lag ik een keer voor ons huis naar de lucht te kijken. De dahlia's bloeiden, de eerste kruisspinnen hadden hun webben gesponnen en je rook die onbestemde geur die ons doet zeggen: 'De herfst komt er aan!' Een geur van houtvuur, gemengd met paddestoelen, met een vleugje van iets dat nog subtieler is en geen naam heeft. De lucht was grotendeels blauw maar midden door de hemel heen liep een hoge wolkenveer. En toen ik zo naar die wolk lag te kijken zag ik dat boven onze duinstreek een reusachtige engel zweefde. Het hoofd scheen door een zachte, neerhangende doek omgeven, een doek zoals de Arabieren die dragen. De vleugels waren licht uitgespreid en donzig. De gestalte had een lange mantel aan die tot op de voeten hing. De voeten zelf waren onzichtbaar. Doodstil hing die engel daar, kalm uitkijkend over het land. De hemel er om heen scheen wijder en dieper dan anders. Soms is een blauwe lucht als een strakke stolp die vlak boven je omhoogkijkende ogen begint. Maar dit blauw was wijd als een oceaan en glanzend alsof de zon op golfjes scheen. Toen verwoei het beeld langzaam en werd weer een windveer en de stilte van de herfstmorgen lag over het land.

Wat zie je eigenlijk op zo'n moment? Projecteert je verbeelding een engel op een wolk? Moduleert een toevallige wind op een hoog hangende mist de schijn van een hemelse gestalte? Of is er iets anders?

In de natuurkunde kennen wij tegenwoordig een hele familie van elektrisch geladen deeltjes. Die schieten met enorme vaart door de ruimte heen. Om ze zichtbaar te maken heeft men een zgn. nevelkamer geconstrueerd. Daarin kun je het spoor van zo'n voorbijkomend deeltje op de fotografische plaat vastleggen. Je ziet een dampstreep als het condensspoor van een hoog vliegend vliegtuig. Is het mogelijk dat een engel heel even een condensspoor achterlaat? Dat het onzichtbare even zichtbaar wordt wanneer de omstandigheden er gunstig voor zijn? De afdruk van het ongelooflijke in de mist van onze aarde?

In Afrika heb ik eens een berghelling beklommen en daar, duidelijk afgedrukt op een plat rotsblok, stonden de reusachtige sporen van een of ander oerreptiel. Een stempel van huiveringwekkende vorm, veel reëler dan de surrealistisch lijkende plaatjes uit een boek over de vroegste geschiedenis van onze aarde. Het beest leek even weg te zijn gegaan, maar onwillekeurig speurde ik langs de berghelling omhoog, elk ogenblik verwachtend een reusachtige kop te zien verschijnen, die me vanuit een rotshol begerig aankeek.

Hier had wel degelijk het onbestaanbare bestaan en zich afgedrukt in de toen nog zachte was van de zichtbare schepping. Maar ja, dat was een oerbeest, net zo materieel als wij zelf zijn, naar het lichaam gemeten.

Maar zou het werkelijk onzichtbare ook wel eens een spoor na kunnen laten in onze wereld? Welnu, de vraag stellen is haar beantwoorden: Al het werkelijke is onzichtbaar maar verschijnt hier even in een zgn. materiële vorm, om dan na enige tijd weer in de onzichtbaarheid te verdwijnen. Je wordt daar elk voorjaar weer met de neus op gedrukt als zo maar aan de kale takken van de prunus duizenden tere bloemetjes verschijnen. Dat is een directe boodschap uit een hogere of diepere wereld. Vandaar ook dat in het Hebreeuws het woord voor 'vlees' en 'boodschap' nauw verwant zijn. Alles wat in het 'vlees', dat is de stoffelijkheid, verschijnt, is een boodschap van het ándere, het geheim.

En zo weet ik dus niet of ik een engel gezien heb. Maar nog, als ik aan die herfstdag terugdenk, is er een grote wijde stilte om me heen.

Eigenlijk is het arrogant om over engelen te schrijven. Nog ongehoorder dan wat Karl May deed. U weet dat de man generaties vaders en zonen heeft weten te boeien met zijn verhalen over Old Shatterhand en Winnetou, terwijl hij nog nooit van zijn leven in Amerika geweest was of ook maar één Indiaan gezien had. Maar Karl May had eventueel het bestaan van Indianen kunnen verifiëren door de boot naar Amerika te nemen. En dan was hij ze daar in levenden lijve tegengekomen.

Iemand die over engelen schrijft bevindt zich in een veel moeilijker positie omdat hij nergens heen kan reizen om zijn verhalen op hun waarschijnlijkheidsgehalte te kunnen toetsen. Of als hij eindelijk de enige reis onderneemt die naar het land van de engelen leidt, dan komt hij niet terug om er over te vertellen. En toch zat de hele antieke wereld vol engelenverhalen. Engelen stappen bij mensen binnen, gaan met ze om op een bijna huiselijke wijze, brengen boodschappen over, kortom zijn een onderdeel van het antieke patroon. Ja, er bestaat zelfs een soort 'engelenflora' als ik dat zo oneerbiedig mag uitdrukken.

Ik weet niet wanneer er eigenlijk een omslag gekomen is in de belangstelling voor engelen. Want eerst was er duidelijk een mogelijkheid dat mensen en engelen elkaar ontmoetten. Daarna waren er meer de verhalen en schilderijen over engelen. En tenslotte werden de engelen ondergebracht in dezelfde soort categorie als de vreemde wezens uit de sprookjes van Grimm en Moeder de Gans. Al meen ik dat er de laatste tijd een lichte kentering te bespeuren is.

Maar toen ik jong was behoorde de engel beslist niet tot de mogelijkheden van het leven. Althans bij ons thuis en bij de meeste mensen die ik kende, was dat zo. Je kon, wandelend in de duinen of in het bos, een konijn tegenkomen of een ree maar engelen niet. Ze waren niet in ons bewustzijn aanwezig. Men beseffe dat goed, omdat ik nu een verhaal ga vertellen dat een diepe indruk op me maakte, juist omdat de engelen in mijn jeugd als realiteit afwezig waren.

Op de middelbare school hadden we een joodse aardrijkskundeleraar, de heer Cohen. Vaak vertelde hij alleen de in mijn ogen wat droge feiten van het vak maar af en toe veranderde hij. Dan verdween de schoolmeester en kwam er een oude profeet te voorschijn.

Zoals op 9 april 1940. Nazi-Duitsland had onverhoeds het neutrale Noorwegen overvallen. De heer Cohen liep bij het begin van de les naar de inham in de muur waar de kaarten aan een rail hingen. Hij wandelde toen met de kaart van Europa achter zich aan naar het midden. Het was doodstil in de klas. Hij pak-

te zijn lange aanwijsstok en wees op Duitsland en op Noorwegen. Toen hief hij zijn twee armen omhoog, de stok als een
profetenstaf in de rechterhand en hij zei langzaam:
'Vanaf vandaag bestaat er géén neutraliteit meer in Europa.'
Dat was een schokkende uitspraak, zeker in een Nederland dat
min of meer verwachtte om net als in de oorlog 1914-1918 wel
weer neutraal te kunnen blijven.
Toen, als om elke verdere discussie bij voorbaat uit te sluiten,
zei de heer Cohen: 'We gaan door met de les.'
Een maand later vielen Hitlers horden Nederland binnen. De
woorden van de heer Cohen bleken profetisch te zijn geweest.
Gelukkig overleefde hij de oorlog. Maar nu over de engel:
De aanval op Noorwegen was niet de eerste gelegenheid waarbij er dwars door het uiterlijk van een joodse leraar van middelbare leeftijd een profeet doorbrak.
Op 30 november 1939 viel het machtige Rusland het kleine
Finland aan. Nederland verzamelde actief ski's voor de Finse
soldaten maar niemand geloofde eigenlijk dat het kleine Finse
leger de machtige rode divisies zou kunnen tegenhouden.
Churchill schrijft hierover in zijn memoires:
'De verontwaardiging die in Engeland, Frankrijk en zelfs nog
feller in de Verenigde Staten was opgelaaid over de onuitge-
lokte aanval door de enorme Sowjetmacht op een kleine,
gloedvolle en zéér beschaafde natie, werd spoedig gevolgd
door verbazing en opluchting.'
Finland werd niet onder de voet gelopen en iedereen vroeg
zich af hoe dat mogelijk was. En op een dag haalde de heer
Cohen de kaart van Scandinavië te voorschijn en liet zien hoe
de Russen met een tangbeweging aanvielen en hoe het Finse
leger als door een wonder uit die tang was gekomen. Het was
alsof ze onzichtbaar waren geweest voor de Russische aanvallers.
'Men schijnt daar iets gezien te hebben,' zei de heer Cohen als
besluit van zijn verhaal en ging meteen over tot de orde van de
dag. Niemand vroeg hem wat hij met die laatste merkwaardige
opmerking bedoeld had.
Na afloop van de les ging ik samen met een andere jongen
naar hem toe.

'Wat bedoelde u straks toen u zei, dat men daar iets gezien heeft?' vroeg ik. 'Wat heeft men gezien?'

De heer Cohen keek ons een ogenblik vorsend aan. Toen werd hij heel even 3000 jaar oud in plaats van 50 jaar en hij zei: 'Een engel jonkje'. Jonkje, zo heette elke jongen bij hem altijd. We durfden niets meer te vragen en liepen verbijsterd het klasselokaal uit. Engelen behoorden bij kerstverhalen en kerstetalages. Maar een engel midden in een moderne oorlog en een leraar die dat vermeldt als net zo'n hard feit als het aantal divisies van de vijand, dat was een gebeuren met één dimensie meer dan wij kenden, huiveringwekkend en ontstellend.

Hier heb ik toen aan den lijve het feit ondervonden dat engelen in deze eeuw een emotioneel probleem vormen. Dat je er niet vrijblijvend tegenover kunt staat. Wat zou de oorzaak daarvan kunnen zijn? Ik zal hier voorzichtig trachten een verklaring te geven: Een mens kan een ster onderzoeken met behulp van zijn grote nieuwe kijkers of met behulp van de ruimtevaart of hij mag doordringen tot in de diepte van de subatomaire wereld met zijn machtige elektronenmicroscopen, het roept bij hem geen huiver op want het is aan hem verwant. Het is materie. Hij heeft er greep op. Al staat de ster ver weg, hij heeft haar als het ware in zijn macht. Al is de radioactiviteit ontstellend, hij kan haar achter beton en met robots beheersen.

Maar hier is een kracht die hem te boven gaat. Een kracht die niet op den duur door hem kan worden begrepen en beheerst. Nee, een kracht die net zo veel groter is dan de mens, als hijzelf groter is dan een van zijn ongelukkige proefdieren.

Het is die vleug van het te grote dat afschrikt. De mens wil er liever niet van horen uit pure angst, al zal hij die zeker trachten te verstoppen door het hele idee van boven hem geplaatste wezens met een superieure lach weg te wuiven.

Wij zijn in deze eeuw iets heel essentieels kwijtgeraakt, namelijk de eerbied voor datgene wat ons te boven gaat. En als zo'n instelling zich van de mensheid meester maakt, dan breekt het hogere soms met kracht door om ons weer enige bescheidenheid bij te brengen. Maar terug naar Finland.

Later hoorde ik het verhaal van de Finse engel nog eens: Russische divisies hadden een Finse legereenheid omsingeld. De Finnen hadden om hulp gebeden en midden in de nacht hadden zij een reusachtige engel gezien, die met uitgestrekte vleugels boven het Finse kamp hing. En de Russen hadden de omsingelde Finnen niet kunnen vinden.

Misschien is het slechts een mooi verhaal, geboren uit de nood van die tijd. Ik heb nooit een Fin gesproken die de engel gezien heeft. Maar zelfs als het alleen maar een mooi verhaal is, dan is het toch tenminste opmerkelijk dat midden in de nuchtere twintigste eeuw een engelenverhaal gaat circuleren.

Er blijkt uit dat wij de engelen wel kunnen vergeten maar zij ons niet. Zij blijven springlevend in de menselijke geschiedenis en verschijnen nog net zo als vroeger in tijden van nood.

Nu kun je een gemakkelijke en voor onze tijd bevredigende manier bedenken om engelen te verklaren. Dan zeg je namelijk dat engelen blijkbaar in de menselijke structuur verankerde psychologische feiten zijn. Feiten die in tijden van nood 'schijnbaar' buiten ons verschijnen. Als een projectie van iets in ons, net zoals je dat ziet bij kinderen. Een kind loopt op een donkere winteravond langs een landweggetje en dan kan een silhouet van een dennetje tegen de nachtelijke hemel veranderen in een boze man die loerend staat te kijken. Herinnert U zich nog de intense opluchting als het een boompje bleek te zijn?

Zo heeft de psychoanalyse zelfs van God een projectie van onze Vaderfiguur gemaakt. Het klinkt overigens erg volwassen en wetenschappelijk als je over een 'engel als psychologisch feit' spreekt. Je mag dan meedoen. Stelt u zich voor dat een gezelschap van geleerde theologen bijeen is en iemand houdt daar een verhandeling over engelen. Hij besluit zijn betoog met de zin: 'Wat wij er ook van mogen denken, als psychologisch gegeven zou je van het bestaan van engelen kunnen spreken.'

Het gehele gezelschap zou instemmend knikken. Dat is de vrijblijvende, wetenschappelijk relativerende taal waar je alle kanten mee op kunt. De taal die je weliswaar je geloof heeft doen verliezen maar die je van een professoraat heeft verzekerd.

En dan staat er een jonge predikant op die nog maar pas afge-

studeerd is. Ik zit aan een bepaald type te denken zoals er hier en daar af en toe nog een rondloopt. Zoals een bekend jeugdwerkpredikant die het bestond bij zijn afstuderen in pyama te verschijnen en tegen zijn professoren te zeggen: 'Ik sta hier in mijn pyama omdat men ons hier aan de universiteit geen geloof heeft bijgebracht maar ons heeft laten inslapen.'
Zo'n soort man.
En die man zegt daar dan, in mijn denkbeeldige situatie op de theologenbijeenkomst: 'Ik heb gisteren een engel ontmoet.' Ziet u het voor u? De irritatie? De superieure lachjes? Het schouderophalen? En dan de onvermijdelijke lolbroek die opstaat en vettig grinnikend vraagt: 'Was ze mooi?' Dan de bevrijdende lach van al die geleerde heren. En het snel overgaan op serieuze onderwerpen als de archetypische verklaring van Jung en eventueel de engel in de middeleeuwse schilderkunst.
Nee, engelen zijn niet welkom in de heilige hallen der wetenschap. Toch moeten we beseffen dat die wetenschap zeer eenzijdig is en daarom niet bij machte is uitspraken te doen over dingen die wél werkelijk zijn doch niet wetenschappelijk analyseerbaar.
Naar aanleiding van deze uitspraak het volgende verhaal:
De futuroloog Willis Harman heeft onlangs een fabel aan de vergetelheid ontrukt over een man die de gehele oceaan met een sleepnet leegviste. De gaten in het net waren 2½ cm. Toen hij zijn vondst bekeek die, zoals men zich kan voorstellen, bestond uit walvissen, dolfijnen, haaien, haringen, zeeschildpadden enz. enz., schreef hij een proefschrift waarop hij tot doctor in de zoölogie werd bevorderd. Een der stellingen in dat proefschrift luidde: Dieren kleiner dan 2½ cm worden in de oceaan niet gevonden.
Om dezelfde reden wordt angelogie, de leer der engelen, niet meer aan de universiteit onderwezen. Engelen worden niet meer gevonden omdat ons sleepnet te grof is. Ze glippen tussen de mazen van ons gedachtenpatroon door. En dat is ontzettend jammer want daarmee zijn we geworden als mensen die hun schaduw kwijt zijn. En u weet misschien dat dit af en toe gebeurde met mensen die hun ziel aan de duivel verkochten.

Daarom heb ik besloten u niet alleen het resultaat te schrijven van mijn enquête maar om er een leerboek over engelen aan vast te koppelen. Uit dankbaarheid voor wat die stille begeleiders van onze wegen voor ons doen.

2. Beschermengelen

U moet eens opletten hoe vaak mensen die uit een hachelijke verkeerssituatie gered worden, de volgende uitspraak doen: 'Dat was zeker mijn beschermengel!'

In de ontkerstende wereld leeft de beschermengel rustig door, net alsof hem nog niet aangezegd is dat hij er niet meer bij hoort. Ja, je zou zelfs kunnen zeggen dat de verhalen over de beschermengelen weer fiks in opmars zijn.

Er is een leuk Amerikaans tijdschrift dat ik iedereen kan aanraden. Het heet 'Guideposts' en er staan regelmatig engelenverhalen in. Zoals in het nummer van maart 1982.

Aan het woord is een jonge vrouw, Euphie Eallonardo.

'Het was roekeloos van me geweest om nog voor zonsopgang een wandeling te maken door het verwarrende netwerk van straten achter het beginpunt van de bus in Los Angeles. Maar ik was een jonge vrouw die voor het eerst in de grote stad was en mijn sollicitatiegesprek was pas over vijf uur. Ik kon eenvoudig niet wachten de buurt te verkennen. Ik verdwaalde in een achterbuurt. Toen ik een auto voorbij hoorde komen draaide ik me om en in het licht van de koplampen zag ik achter me drie mannen sluipen die trachtten zich in de schaduw verborgen te houden. Rillend van angst deed ik wat ik altijd doe als ik hulp nodig heb. Ik boog mijn hoofd en vroeg God me te redden. Maar toen ik opkeek zag ik hoe een vierde man in het donker op me afliep. Lieve God, ik was omsingeld.

Ik was zo bang dat ik enkele momenten nodig had om te beseffen dat ik deze man zelfs in het donker kon zien. Hij was gekleed in een onberispelijke werkblouse met een spijkerbroek en hij droeg een lunchtrommeltje. Hij was ongeveer dertig jaar oud en minstens 1.80 m lang. Zijn gezicht was streng maar mooi (de enige naam die ik eraan kan geven). Ik rende naar hem toe: 'Ik ben verdwaald en ik word gevolgd door een paar mannen,' zei ik wanhopig. 'Ik maakte een wandelingetje in de buurt van de bushalte, ik ben zo bang.'

'Kom,' zei hij, 'ik breng je in veiligheid.' Hij was sterk en gaf me een veilig gevoel.

'Ik weet niet wat er gebeurd zou zijn als u niet toevallig langs was gekomen . . .'

'Ik wel.' Zijn stem was melodieus en diep.

'Ik bad om hulp, juist voor u kwam.'

Een glimlach raakte even zijn mond en ogen aan. 'Je bent nu veilig.'

We naderden de bushalte. 'Dank u, dank u heel erg,' zei ik vurig. Hij knikte. 'Dag Euphie.'

Toen ik de wachtkamer binnenliep bleef ik als door de bliksem getroffen staan. Euphie! Had hij me werkelijk bij mijn voornaam genoemd? Ik draaide me razendsnel om en rende het trottoir op maar hij was verdwenen.'

Zo ziet nu het moderne engelenverhaal eruit. Het is er een typisch voorbeeld van. Het bevat een aantal vaak weerkerende en duidelijk te onderscheiden elementen.

In de eerste plaats de levensgevaarlijke situatie. Ik ben zelf in Los Angeles geweest en je kunt daar zelfs als man niet in het donker alleen de straat op in bepaalde buurten. De vrouw verkeerde werkelijk in levensgevaar.

In de tweede plaats de plotselinge uitredding door een normaal geklede jonge man. Vaak wordt deze beschreven als 'opvallend mooi' zonder dat het uiterlijk vrouwelijk is. Ook de ernst valt op.

En ten slotte het plotselinge spoorloze verdwijnen van de redder, nadat gebleken is dat hij meer van je afwist dan hij kon weten.

Een engel in een spijkerbroek met een lunchtrommeltje. Is dat niet profaneren van het heilige? Waar zijn de witte kleren? Waar de vleugels?

Nu is het zeker zo dat de meesten van ons er geen moeite mee hebben zich los te maken van het beeld van een engel als klein mollig bloot kind met een vaag sjaaltje dat de schaamstreek bedekt en een paar niet erg functionele vleugeltjes op de rug.

Zo verschijnen ze op Italiaanse fresco's en ze zullen wel gemaakt zijn als troost voor ouders in die tijden met hun grote kindersterfte.

Wat die dikke kindertjes met vleugeltjes betreft: Het dochtertje van een van mijn ondervraagden zei op een avond peinzend tegen haar moeder: 'Mammie, engelen kunnen niet vliegen, die vleugels houden dat nooit!'

Is een gestorven kind een engeltje geworden, zoals Vondel zong? Ik ken het antwoord niet maar soms kan een engel wel degelijk als een kind verschijnen. Aan het woord is een van mijn ondervraagden, een aardige oudere man met die typische glans in zijn ogen die ik zo langzamerhand ga herkennen als het kenmerk van hen die een blik 'achter de schermen' hebben geslagen.

Toen hij negen jaar was zag hij altijd, voor het slapen gaan, iemand die leek op een kind van zijn eigen leeftijd. Dat ging gepaard met een enorm geluksgevoel. Het kind had blond haar en er was een soort lichtglans om hem heen. Nadat dit een paar weken geduurd had zei het kind: 'Dit kan nu niet langer meer doorgaan want je voeten raken nu de grond.' Toen verdween het en hij zag het nooit weer.

Ik geloof dus dat een engel, als het nodig is, aan een kind kan verschijnen in de gedaante van een kind om de kleine mens die hij bezoekt niet aan het schrikken te maken. Net zoals God, de Schepper van hemel en aarde, de mensheid als mens heeft bezocht.

Dit gebeurt uit liefde voor hen die bezocht worden. We moeten dus oppassen dat we het kind niet met het badwater weggooien want voor je het weet zit je met een lege hemel waarin alleen nog wat astronauten ronddwarrelen.

En nu ik het toch over kinderen heb laat ik nog een verhaal uit 'Guideposts' volgen (april 1983). Aan het woord is William T. Porter uit Englewoods, Colorado:

'We stonden in de voortuin van mijn ouders toen we plotseling een schreeuw hoorden. Het was ons kleine dochtertje van 2½ jaar.

We renden naar de achtertuin en vonden Helen daar huilend en druipnat midden op het tegelpad staan. Het was duidelijk dat ze in de kleine maar diepe visvijver van mijn ouders was gevallen. Ze was, God zij dank, in veiligheid.

Toen, terwijl mijn vrouw toesnelde om Helen op te pakken, was het alsof ik een dreun op mijn hoofd kreeg: ik kon nergens om de vijver heen natte voetstappen zien en toch stond ons kind ruim zes meter van het water af. Het enige water dat ik kon zien was de plas waar ze in stond. En er was geen enkele manier waarop een peuter op eigen kracht uit de vijver geklommen kon zijn. Hij was ongeveer twee meter in doorsnede en 1.20 meter diep.

Toen Helen opgroeide braken we onszelf vaak het hoofd over deze vreemde omstandigheden. Zij zelf had geen herinnering aan de gebeurtenis bewaard, ze werd echter achtervolgd door een intense angst voor water.

Vele jaren later, toen Helen en haar man, die militair is, in San Antonia woonden, begon ze aan die angst te sleutelen met behulp van de legerpredikant, dominee Claude Ingram. Na haar geestelijk raad te hebben gegeven en een aantal keren met haar gebeden te hebben, vroeg hij haar in haar herinnering terug te gaan en de angstaanjagende visvijver-gebeurtenis opnieuw te beleven.

Ze plaatste zichzelf terug in die scene en begon de vijver en de vissen tot in details te beschrijven. Ze gaf een kreet toen ze het moment van het in het water vallen opnieuw beleefde. Plotseling hapte Helen naar adem: "Nu herinner ik het me!" zei ze. "Hij greep me bij de schouders en tilde me eruit."

"Wie deed dit?" vroeg dominee Ingram.

"Iemand in het wit," antwoordde ze. "Iemand trok me eruit en verdween toen".'

Hier zien we dus een engel in het wit optreden. Naar het gevoel van de vrome mens hoort dat ook zo. Toch heeft men altijd geweten dat bewoners uit de andere wereld zich hier kunnen vertonen als gewone mensen.

Zo sluit de engel in de spijkerbroek met zijn boterhamtrommeltje aan bij de oude joodse legende die zegt dat Elia in elke tijd verschijnt, gewoon gekleed zoals men zich dan in die tijd kleedt, als een boer, een arbeider, een oude man. Eerst achteraf zegt men dan: 'Dat kan niemand anders dan Elia geweest zijn.' In onze tijd zou hij, of een engel uit de hemel, dus best in een spijkerbroek kunnen verschijnen.

Een van de eerste engelenverhalen uit mijn praktijk hoorde ik van een lieve oude dame. Op een dag zei ze plotseling tegen me: 'Dokter, gelooft u in engelen?'

'Nou en of,' zei ik.

Toen vertelde ze me het volgende verhaal. Het gebeurde in de oorlog. Ze woonde toen in Heemstede en haar zoon studeerde medicijnen in Amsterdam. Op een zondagavond bracht ze haar zoon naar de zgn. blauwe tram die in die tijd nog naar Amsterdam reed.

Je verbaast je er altijd over waar moeders zich ongerust over maken. De jongen was van vaders zijde half joods en bovendien joeg de gehate bezetter toch al op jonge jongens om ze in te zetten voor de Duitse oorlogsindustrie. Toch was dit het niet waar deze moeder zich op dat moment ongerust over maakte. Ze wist dat hij met een microscoop op de fiets ging rijden en ze was bang dat hij in Amsterdam zou vallen. Vaak stelt het bewustzijn zich een kleine ramp voor om een grote ramp buiten de deur te houden.

De jongen wist haar gerust te stellen door te beloven dat hij erg voorzichtig zou zijn en stapte toen in de tram. De moeder was erg opgelucht en huppelde meer dan ze liep toen ze achter de wegrijdende tram om de rails van het andere spoor overstak.

Op dat moment pakten twee krachtige handen haar van achteren bij de ellebogen en sleurden haar net voor de wielen van de uit de tegenovergestelde richting aanstormende tram weg.

Haar levensredder liet haar los en ze draaide zich om en wilde hem bedanken. Er was niemand te bekennen. Ze stond daar moederziel alleen.

Ze leeft nog altijd en al is ze in de negentig, haar verstand is nog helemaal helder. Ze was intens geïnteresseerd toen ze van me hoorde dat haar verhaal nog eens een keer op schrift werd gesteld.

'Jammer dat er geen ooggetuigen waren,' zullen misschien sommige mensen zeggen. Maar dan herinner ik hen eraan dat bij mijn 38 mensen er twee waren die onder de ogen van derden voor aanstormende auto's werden weggerukt.

'Waarom gebeuren er dan zoveel ongelukken?' zal de onverbeterlijke criticus vragen. 'Letten de engelen dan even niet op?'

Ik hoop later op deze vraag in te gaan. Eerst moeten we ons afvragen of elk mens werkelijk een persoonlijke beschermengel heeft. Een idee overigens waar de meeste katholieken met wat grotere vrijmoedigheid over spreken dan de meeste protestanten. Als dat zo zou zijn dan moeten er heel wat engelen zijn. Daniël de profeet vertelt van 'tienduizend maal tienduizenden' die voor Gods troon staan. (Daniël 7 : 10).

De Openbaring van Johannes, die in veel opzichten een vervolg op het boek Daniël is, spreekt ook over de vele engelen rondom de troon, waarvan het getal tienduizenden tienduizendtallen is. (Openbaring 5 : 11). Omgerekend zijn dat er dus honderden miljoenen.

En Jezus, sprekende over kinderen, zegt dat hun engelen in de hemelen voortdurend het aangezicht van zijn Vader zien. (Matth. 18 : 10). Dat loopt op onze planeet toch ook al gauw uit op zo'n paar honderden miljoenen.

Het feit dat maar weinig mensen engelen zien spruit dus waarschijnlijk niet voort uit hun zeldzame vóórkomen.

Er is een oud joods verhaal dat iedere mens op zijn levenspad door twee engelen begeleid wordt. Die ter rechterzijde inspireert tot het goede en tekent de goede daden op, die ter linkerzijde port aan tot het kwade en tekent de verkeerde daden op. In de katholieke kerk is dit verhaal overgenomen, alleen spreekt men daar niet van de 'kwade impuls' maar van de 'engel die in bekoring brengt'.

Als dit verhaal waar is lopen er hier op aarde tweemaal zoveel engelen als mensen rond, een onthutsende gedachte. En dan is er nog een kinderversje dat luidt: ''s avonds als ik slapen ga, volgen mij veertien engelen na'. Nu, dat was mij zelfs als kind al wat te veel van het goede.

Laten we naar aanleiding van deze legerscharen van engelen eens de vraag stellen: 'Wat is eigenlijk een engel?' Die vraag is niet zo eenvoudig te beantwoorden. Zijn het aparte scheppingen? Een heel eigen ras? Zijn ze ooit mens geweest? De moeilijkheid is dat zij zich hier alleen maar kenbaar maken in hun beschermende en uitreddende functie, althans waar het de beschermengelen betreft. Maar tijdens ontmoetingen met engelen zijn mensen zo overweldigd door emotie dat niemand ooit vraagt: 'Wie of wat bent u eigenlijk, vertelt u me daar eens over.'

Laat ik dit demonstreren aan een voorbeeld.

In 'Appointment in Jerusalem' beschrijft Lydia Prince hoe ze in 1929 terecht was geraakt tussen strijdende joden en arabieren. Dat was toen ook al aan de gang. Ze bevond zich in een Arabisch huis waarvan de waterleiding het niet meer deed en ze verzorgde een joods kindje van bijna een jaar dat ze van de hongerdood had gered. Zich op straat begeven betekende een wisse dood want de Arabieren schoten op alles wat bewoog. Zeer spoedig bevond ze zich dus voor de afschuwelijke keus tussen thuisblijven en van dorst omkomen en de straat opgaan en neergeschoten worden.

In groot vertrouwen op Gods hulp neemt ze dan het kind en gaat de straat op. Het is er stil en er wordt niet geschoten. Overal zijn barricades. Na enige tijd bereikt ze er een waar ze met het kind niet overheen kan komen en ze gaat in wanhoop zitten. Dan staat er plotseling een Europees geklede jonge man voor haar die uit het niets schijnt te zijn opgedoemd. Hij is ongeveer 1.80 m lang. Zwijgend neemt hij het kind van haar over en gaat haar voor over de barricade en door de straten van Jeruzalem. Geen kogel wordt afgevuurd. De man staat stil voor een huis en reikt haar het kind weer over. Als ze goed kijkt blijkt het het huis van een Engelse vriendin te zijn die stomverbaasd is dat ze er levend door is gekomen. De jonge man die er helemaal niet had kunnen zijn en die haar door een onbegaanbaar gebied had gebracht, naar een huis waarvan hij niet had kunnen weten, was verdwenen. Nu vraag ik u deze weg met Lydia mee te gaan. Dorstig, angstig, elk moment een kogel verwachtend. En dan de onverwachte hulp. De onwezenlijke stilte na al het schieten. De man die voorgaat met het kind. Zoudt u, in die omstandigheden, tegen de man hebben gezegd: 'Meneer, ik verdenk u er sterk van dat u een engel bent. En nu ik u toch zie heb ik eigenlijk wel een paar interessante vragen over de aard van engelen. Vindt u goed dat we het daar eens even over hebben?' Wanneer u het met me eens bent dat dit absurd is dan hoop ik hiermee duidelijk te hebben gemaakt dat we het niet van ooggetuigen moeten hebben wanneer we de aard van engelen beter willen leren kennen.

We moeten dan in oude bronnen duiken. Onze twintigste eeuw mag dan technisch knap zijn, vroegere beschavingen wisten veel meer van de verborgen kant van de schepping en hebben berichten erover nagelaten. Onze uitsluitend technische superioriteit over vroegere eeuwen heeft ons arrogant gemaakt en ons totaal verkeerde conclusies doen trekken over onze voorouders. Wij denken dat, waar men in de middeleeuwen geen auto's had, men er noodzakelijkerwijze ook foutieve geloofsopvattingen op na hield. Vandaar dat vele artikelen tegenwoordig beginnen met: Vroeger dacht men ... maar we weten nu ... Dat is ons met de paplepel ingegoten. Vroeger dacht men fout, nu weet men goed.

Maar wat de kennis over de wereld van de 'andere kant' betreft zijn we grotere barbaren dan onze voorouders. Het is daarom nuttig hun opvattingen te betrekken in ons denken over engelen. Welnu, de oude bronnen vertellen ons een aantal belangwekkende zaken.

Allereerst is ons de naam 'engel' nagelaten. Die komt van een Grieks woord: 'angelos', een boodschapper. Het Hebreeuwse woord voor engel, 'malach' betekent precies hetzelfde: een boodschapper of afgevaardigde. Het is weliswaar een boodschapper uit een andere wereld maar in principe kan men iedereen die een boodschap brengt een angelos noemen. Postboden staan dus dicht bij de hemel. De engelen nu, we zagen het reeds, verschijnen plotseling in onze wereld. Mijn leraar in bijbels Hebreeuws vertelde me dat dit de diepere zin is van de engelenvleugels. Want het woord dat in het Hebreeuws voor 'vleugel' staat, *kanaaf,* betekent ook 'hoek'. In het Nederlands vinden we deze betekenis terug in de zijvleugels van een groot gebouw. De engel bezit een vermogen dat wij missen, namelijk om plotseling lijfelijk om de hoek van onze wereld te stappen, daar zijn taak te verrichten en dan de hoek weer om te stappen naar de andere wereld. Wij hebben dit idee nog bewaard in de uitdrukking: 'Hij gaat het hoekje om' voor iemand die doodgaat. Hij vertrekt naar een andere wereld waar wij, die gevangen zitten in de wereld van de drie ruimtelijke dimensies, hem niet kunnen volgen. Iemand die het manuscript van dit boek las, gaf me een frappante bevestiging van deze 'hoek'. Ik laat haar zelf aan het woord:

'Ik wil u even iets vertellen over een ervaring die ik had tijdens mijn galblaasoperatie, onder narcose dus. Ik was toen opeens in een gouden, lichte omgeving, waar alles goed was. Zelfs niet alleen goed, het was verrukkelijk. Ik zag niets en niemand, er was alleen licht maar ik wist dat iedereen er was, iedereen die ik liefheb en graag om me heen wil hebben.

Na enige tijd (hoe lang is zo iets) in dit licht geweest te zijn, was er opeens een stem die mij zei dat ik terug moest. "Oh no", heb ik geroepen. (Waarom in het Engels; omdat ik eigenlijk erg veel in het Engels denk en lees). Ik verzette me erg omdat ik niet meer terug wilde naar de aarde. Ik zag mijn leven en eigenlijk alle aardse leven als een moeizame donkergrijze brij — waarin we als in drijfzand vastzitten — in een flits voorbijtrekken en ik wilde blijven waar ik was.

Toch moest ik gaan, ik kreeg te horen dat ik nog een opdracht had te vervullen, grappig genoeg. Grappig omdat ik eigenlijk helemaal niet iemand was die op zo'n wijze over het leven dacht, alsof ik er een opdracht had te volbrengen.

In ieder geval, ik ging. En hoe ging ik? De hoek om. Werkelijk, hoewel er niets was dan een gouden stralend licht, was er opeens een donkere hoek waar ik omheen ging en toen ging het lager en lager en steeds donkerder en uiteindelijk hoorde ik een stem die zei: "Mevrouw, mevrouw". Dat was de chirurg die me riep.

Dat is alles maar ik vergat het niet natuurlijk. Ik heb er eigenlijk ruim een jaar moeite mee gehad om me weer echt thuis te voelen hier en mee te doen met alles. Ik wilde weer zijn waar ik toen even was.'

Mijn leraar vertelde me nog iets uit de joodse traditie. Namelijk dat engelen altijd met aaneengesloten voeten staan. De betekenis is dat zij niet die dubbelheid kennen die ons leven kenmerkt, de dubbelheid van man en vrouw, goed en kwaad, licht en donker. Ze zijn, als afstraling van god, geheel één. De oude schilders hebben dit zeker aangevoeld. Als je de gezichten van de engelen ziet is het vaak niet duidelijk of je met een man of met een vrouw te maken hebt. Maar het is ook weer niet zo dat het verwijfde mannen of potige dames zijn. Ze zijn andere-wereldachtig, waar het verschil niet meer op die manier aanwezig is.

De wetten die ons de gehele dag aan het feit herinneren dat we gebonden zijn aan de stof, gelden kennelijk niet voor de engelen.

Iemand die zonder moeite deze zware wereld uitstapt zal weinig moeite hebben de wet van de zwaartekracht zo nodig op te heffen. Hiertoe alweer een kenmerkend verhaal, ook uit de onvolprezen Guideposts.

Aan het woord is Lloyd B. Wilhide uit Keymar, Maryland.

' "Vraag en het zal gegeven worden", zei Jezus. Ik heb dit altijd geloofd maar nooit zo volledig als de dag van het ongeluk in 1978. Ik was 75 jaar. Het gras van onze zuivelboerderij van 49 hectare groot, moest gemaaid worden. Dus maakte ik een maaimachine aan mijn tractor vast en ging aan het werk. Het was een geweldige tractor en om hem extra tractie te geven op ons heuvelachtige Marylandterrein waren de achterwielen gevuld met 186 kg vloeistof en hingen er nog gewichten van 75 kg van de twee uitstekende randen. Toen ik het karwei geklaard had, stond ik op een zacht glooiende heuvel vlak bij ons kippenhok. Ik draaide het contact uit en klom van mijn hoge zitplaats naar beneden. Ik was bezig de maaimachine los te maken, toen de tractor plotseling achteruit begon te rijden. Ik trachtte me om te draaien en op de bestuurdersplaats te springen maar haalde het net niet. De sleepstang van de tractor sloeg tegen mijn knieën en ik klapte plat op de grond en het 260 kg zware wiel rolde over mijn borst en stopte toen boven op me. Ik worstelde om adem te kunnen halen. De pijn was een marteling. Ik wist dat ik de dood in de ogen zag en toen deed ik mijn smeekbede: "Alsjeblieft God", smeekte ik, "verlos me."

Op dat moment begon de tractor te bewegen. Hij ging vol-

doende naar voren om mijn borst te bevrijden en tot mijn verbazing bewoog hij tegen de heuvel op.

Mijn hond en daarna een boerenknecht vonden me. Ik had zes
gebroken ribben, nog een paar andere breuken en ik moest
twaalf dagen het ziekenhuis in. Toen ik thuiskwam had ik een
gesprek met een politieagent van de staat Maryland, die erbij
geroepen was om het ongeluk te onderzoeken.

"Ik begin er zelfs niet aan om te proberen het ongeluk officieel
uit te leggen," zei hij. "Twaalf mannen hadden notabene die
tractor nog niet van je af kunnen krijgen."

Twaalf man of twaalfhonderd man maakt niets uit maar God
om hulp vragen, dat maakte alles uit.'

Maar, zult u vragen, waar was die engel nu? Is dit nu een voorbeeld van een beschermengel?

Ik wil daar een vraag tegenin stellen: Als een kracht een zware
tractor, waarvan de motor afstaat, tegen een heuvel opduwt,
wordt die kracht dan niet door 'iemand' aangewend?

Hier zitten we meteen in de moeilijkheden. In de eerste klas
van de lagere school leren wij allemaal 1 + 1 = 2. En de juf-
frouw vertelde ons er niet bij waar dat op sloeg. Het waren gewoon getallen die je bij elkaar optelde en het sloeg niet op kip-
pen, appels of knikkers. Dit was onze eerste doop in abstract
denken en het droogde iets in ons uit.

Toen we wat ouder werden leerden we dat 1 l water 1 kg woog.
Maar de leraar zei er niet bij wat dat is: 'woog'. Die liter water
werd naar de aàrde toe getrokken of werd hij misschien ge-
duwd? De zwaartekracht was echter in dat woord 'wegen' verstopt en we dachten er verder niet over na.

We werden nog wat ouder en we leerden dat elektriciteit door
een draaid vloeit. Maar niemand kon je precies vertellen wat
dat voor een geweldige kracht was die elektrsiche treinen deed
lopen en huizen verlichtte.

Het omgaan met krachten die we niet begrijpen werd ons zo
eigen dat we vergaten onszelf de vraag te stellen: wat is dat,
een getal, een gewicht, een kracht?

Daarom staan we wat hulpeloos te kijken wanneer er plotseling, zoals in het bovenstaande verhaal, een kracht intelligent
begint te werken. Maar zouden de elektriciteit en de zwaarte-

kracht niet altijd krachten zijn die te maken hebben met een daarachter liggende intelligente 'bedenker' van dit alles? En zou het daarom niet juist normaal zijn wanneer we die kracht plotseling even uit zijn rol zien vallen en een handje zien helpen. Wanneer we ons voorstellen dat elektriciteit en zwaartekracht in werkelijkheid verlengstukken zijn van de armen van de Schepper maar op zo'n manier vermomd dat iedereen hier denkt dat het blind werkende krachten zijn, hebben we dan in zo'n geval als het bovenstaande niet te maken met een heel even afwerpen van het masker? Een heel even liefdevol worden van een kracht waarvan we denken dat het een blinde macht is? En is dát dan niet een engel? Want er wordt gezegd dat een engel een handeling van God is. Als God handelt zien we meteen een engel optreden. God is geen blinde kracht. Hij is zo door en door individueel dat bij zijn handeling geen blinde energie ontstaat maar een wezen dat zijn wil uitvoert.

Er is een stelling van Hume dat je in het geval van een wonder altijd moet kiezen wat het minst onwaarschijnlijke is. Welnu, het minst onwaarschijnlijke is hier dat een beschermengel de tractor een zetje gaf waarbij hij even de zwaartekracht ophief. Alle andere verklaringen zijn moeilijker en meer uit de lucht gegrepen. Uit de naam 'boodschapper' mogen we aflezen dat zelfs dit soort wonderlijke gebeurtenissen, waarbij geen woord gezegd wordt, nog een andere zin hebben dan de verlossing uit de dood. Die oude boer van 75 bijvoorbeeld, zal zeker binnen afzienbare tijd wel aan iets anders doodgaan. En er zijn altijd wijsneuzen die misprijzend opmerken dat het wel vreemd is dat er, statistisch gezien, op het moment dat de oude boer gered werd verscheidene kinderen die hun hele leven nog voor zich hadden, bij een ongeluk om het leven kwamen. Hadden die dan niet beter gered kunnen worden? Nee, zo werkt dat niet. De redding is primair een boodschap en die luidt: Er is een hemel. Die is niet ver weg maar vlak bij. Er is contact met die hemel mogelijk en er kan uitredding vandaan komen. Er is een Schepper die zich hoogst persoonlijk met zijn schepselen bemoeit. En misschien was die oude boer nu precies het soort man die deze boodschap kon overbrengen.

Als krachten als elektriciteit, zwaartekracht, magnetisme,

wind, getijdestromen, zonlicht, slechts de stoffelijke verschijningsvormen zijn van een erachter gelegen intelligent en bewust denken, waarom merken we daar dan niets van? Ik geloof, en ik zal daar in dit boek nog eens op terugkomen, dat dit weten bewust voor ons wordt verstopt.

Als wij in de zuidenwind de adem van de engel Michaël zouden voelen of in de zwaartekracht de macht van een andere engelenhiërarchie, dan zouden we afhankelijke kleine kinderen zijn gebleven, overweldigd door de grootheid van onze ouderen.

Maar door onze verstandelijke ontwikkeling hebben we die bewuste krachten abstracte namen gegeven. We maken die krachten dienstbaar aan onze behoeften en die krachten laten dat met grote lankmoedigheid toe.

We zijn als wilden die een radio-uitzending beluisteren. We horen de stem uit het kastje wel maar begrijpen niet dat er ergens een echte man staat te praten.

Nu dringt zich echter de volgende vraag op: Is die mens wel zo belangrijk dat alle mogelijke engelen zich met hem zouden moeten bemoeien? Kijk nu eens naar dit sterrenwegstelsel waar wij in leven. Een discusvormige klomp van miljoenen sterren, vele groter dan onze zon. Dat sterrenwegstelsel is er zelf ook maar een uit vele miljoenen en niet eens zo'n erg groot exemplaar.

Om dat zonnetje van ons, in astronomische taal een zogenaamde 'witte dwerg', draaien wat planeetjes als nietige stofjes in het heelal. En verdwijnend klein van stuk op die aarde, is een half kwaadaardige sprinkhaan: de mens. Zou die Hemel zich daar nu druk om maken? Als je dan toch iets vreemds wilt geloven is het dan niet veel waarschijnlijker dat hoog ontwikkelde astronauten in een ver verleden op de aarde geland zijn? En dat ze door te manipuleren het huidige mensengeslacht hebben gevormd. En dat ze af en toe nog eens komen kijken om te zien hoe het met hun buitenkolonie staat? Ik haal gewoon een tegenwoordig populaire theorie aan. Eigenlijk is die theorie, hoe grappig ook, een materialistische karikatuur van het oeroude idee dat de mens vanuit de hemel is neergedaald naar de aarde, in deze aarde gezaaid is. En dan wordt met hemel niet een verre planeet in een ander sterrenwegstelsel bedoeld. Want dat is nog altijd onze zelfde materiële wereld.

Nee, er wordt een dieper, fijner, kwalitatief ánder rijk mee bedoeld. Een land waarvan onze materiële wereld slechts een voorbijgaande afschaduwing is.

En dán wordt die mens, ondanks zijn kleinheid, wel degelijk van belang. Dan zou je je kunnen voorstellen dat de hemelbewoners hem gespannen gadeslaan terwijl hij hier op aarde rondwandelt, net zoals wij de wandelaars op de maan met grote belangstelling door onze t.v.-toestellen zagen.

Nu is die andere wereld, die hemel, moeilijk in onze aardse taal te beschrijven. Gewone woorden geven niet goed aan hoe die hemel is. Daarom heeft men van oudsher over die hemel en zijn verbinding met de aarde in vergelijkingen gepraat. Meestal zit je er, als gewone sterveling, dan wel naast maar je nodigt de mensen tenminste uit over deze dingen na te denken.

Ik zal dus proberen door middel van een vergelijking te verklaren wat beschermengelen eigenlijk aan het doen zijn. Houd daarbij in de gaten dat ik het fout doe omdat ik tracht een wereld met méér dimensies te beschrijven vanuit een wereld met minder dimensies. Ik tracht een bol met zijn drie dimensies te beschrijven vanuit een cirkel die er maar twee heeft. Iets is echter beter dan niets, dus daar gaan we.

Iedere Nederlander weet dat er voor de kust van Terschelling een legendarische goudschat ligt. En dat er steeds weer bergingsmaatschappijtjes worden opgericht die dan een paar maanden met allerlei instrumenten aan het werk zijn, uiteindelijk met gejuich één goudstuk ophalen — dat er vermoedelijk door de kapitein als kalkei ingegooid is — dat er dan duikers afdalen om de hele schat boven water te halen en daarna hoor je er niet meer over. Het zal u dan opvallen dat er nogal wat voor nodig is om zo'n duiker daar beneden te laten werken. Er is een schip aan de oppervlakte van waaruit de hele operatie in de gaten wordt gehouden. De duikers zijn voorzien van duikerpakken, zuurstofslangen naar het schip toe of zuurstofflessen, telefoonlijnen of walkie-talkies. En meestal hebben ze ook een kabel waaraan ze kunnen trekken als ze weer opgehaald willen worden.

Welnu, dat is min of meer onze positie als stervelingen op deze aarde. Men heeft ons in de tijd laten zakken en we zijn hier allemaal aan het schatgraven. We hebben zelfs uitgebreide instructies meegekregen dat we alleen zulk soort schatten moeten verzamelen die we weer mee naar boven kunnen nemen. En waarschijnlijk worden we elke nacht even opgehaald om op adem te komen en worden we bij onze dood definitief opgehaald.

Maar u dacht toch niet dat we het zonder hulp konden stellen, hier op de bodem van de tijd? Zou er niet voortdurend een hemelploeg klaarstaan om ons te helpen met onze aanvoer en onze feedback?

Misschien wilt u een andere vergelijking voor onze tocht hier op het ondermaanse. Denk dan aan de maanreizen. Hoe er een enorme staf op Houston zat die nodig was om twee mannen op de maan te brengen. Als ik dit weer vergelijk met onze positie dan was het kinderrijmpje van de veertien engelen misschien nog zo gek niet. Het hemelse Houston moet er mogelijkerwijze een fikse staf op na houden om ons verblijf hier mogelijk te maken.

Nu heb ik in dit hoofdstuk tot nu toe voornamelijk gesproken over plotselinge situaties die voor ons hier beneden zo gevaarlijk werden dat er iemand van het 'grondpersoneel' naar ons toe kwam snellen om ons te helpen. Maar wat is de normale toestand eigenlijk? De toestand waarin wij meestal verkeren? Gelukkig zitten we niet voortdurend in levensgevaar.

Volgens de vergelijking zit er dan een staf die ons verblijf mogelijk maakt. Blijkbaar zijn wij hier als mensen op deze planeet iets belangrijks aan het doen, dat zoveel hulp nodig is. Dat belangrijke heeft in de oude talen enkele namen. Metanoia is er een van: verandering van bewustzijn. Voortdurende hulp is voor ons werk nodig en die stroomt ons dan ook voortdurend toe. Hoe is het dan mogelijk dat de meesten van ons zich niet bewust zijn van die achtergrond?

Laten we de vergelijking van de duikers nog iets verder uitwerken. De diepzeeduiker (of maanwandelaar, die erg veel op een duiker lijkt) heeft twee dingen dringend nodig: zuurstof en informatie.

En nu onze positie op aarde. Ook wij hebben twee dingen voortdurend nodig. Ten eerste moeten we van leven worden voorzien, anders vervalt dit lichaam meteen tot lijk. Laat geen mens denken dat hij zelf zijn hart klopt of dat hij zelf de ingewikkelde stofwisselingsprocessen in zijn cellen beheerst. Die processen zijn hem onbewust en ze worden voor hem geregeld vanuit het 'oppervlakteschip' of het 'hemelse Houston'. In de slaap worden vele delen van ons lichaam gerepareerd maar niet 'automatisch'! Nee, bewuste, intelligente wezens zijn daar mee bezig, net zoals bewuste intelligente wezens een 'man op de maan' zetten. Hier hebben we met het omgekeerde geval te maken. De hemel plaatst een man (of een vrouw) op de aarde. En aangezien de aarde een ingewikkelde plaats is om op te leven, moet de lichamelijke verzorging perfect zijn, anders houden we het hier niet uit en gaan we dood.

Het is jammer dat deze gift, die ons dagelijks geschonken wordt, door ons klakkeloos wordt aangenomen. Ja, dat we zover vervreemd zijn van datgene wat er werkelijk aan de hand is dat we, wanneer er iets aan ons lichaam hapert, van de dokter op hoge toon eisen dat onze gezondheid zo snel mogelijk gerepareerd wordt. Als in de garage: 'Ik heb de wagen volgende week weer nodig, kan hij dan klaar zijn?'

Even interessant als de lichamelijke kant van de verzorging is de informatiekant. Als wij beschermengelen hebben, nu even afgezien van de precieze aard van deze wezens, wat merken we daar dan van in het gewone dagelijkse leven? Het zou toch heel wonderlijk zijn als er intelligente wezens heel intensief met ons bezig zijn, ja ons zelfs als directe hulp terzijde staan, dat wij daar dan niets van zouden merken.

Laten we ons eens concenteren op ons gewone huis-tuin- en keukenleven.

Rijdt u auto? Zo ja, kent u dan dat gekke gevoel van 'even uitkijken bij deze steeg' . . . en daar schiet een fietser voor je wiel. Of 'even naar rechts kruipen in deze onoverzichtelijke bocht' en daar dendert een zware truck met oplegger half op jouw weghelft je tegemoet. Is dat radar? Welnee, we zijn toch geen vleermuizen? Of wel soms? Maar wiens radar dan? Ligt het niet veel meer voor de hand dat we een seintje kregen van de hemelse controlepost? Is het niet tamelijk hoogmoedig te denken dat het ons 'goede gevoel' is?

Een ander voorbeeld. Eens had ik in mijn praktijk een vriendelijk meisje met een vreselijke angstaanval. Ze lag al dagen rillend van angst in bed en durfde geen stap te verzetten. Chemotherapie tegen angst stond toen nog in de kinderschoenen. Alhoewel ze er als een berg tegenop zag stond ik op het punt haar op te nemen in een psychiatrische inrichting.

Met dit probleem vers in mijn hoofd viel ik op een avond in slaap. De volgende morgen werd ik wakker en nét op de grens van waken en slapen zag ik over mijn bed een klein beige konijntje met een wit neusje weghippen.

Om acht uur kwam mijn assistente en ik zei: 'Er is hier ergens in de buurt een klein beige konijntje met een wit neusje. Zou je het voor me willen halen?'

Mijn assistente nam, zonder om uitleg te vragen, de auto en kwam een uur later terug met precies dat konijntje wat ik over mijn bed had zien lopen. Ze heeft me nooit verteld waar ze het gevonden heeft. Ik stopte het dier in mijn verloskoffertje en ging naar de angstige patiënte. Met een van angst vertrokken gezicht lag ze me aan te kijken.

'Ik heb iets voor u,' zei ik en deed het koffertje open. Ik tilde het konijntje op haar bed waar het meteen over de deken begon te hippen. Een blik van grote vertedering gleed over haar gezicht en daar en toen viel de angst van haar af.

'Knap van hem', denkt iemand misschien. Welnee, zoiets heb ik niet van mezelf. Geen haar op mijn hoofd had zoiets uit kunnen denken. Het ligt toch veel meer voor de hand dat mijn engel contact opnam met haar engel en zei: 'Hoe ligt dat probleem precies?' En dat haar engel zei: 'Geef haar iets om voor te zorgen, iets dat nog angstiger en kwetsbaarder is dan zij.' En dat mijn engel de omgeving afspeurde, het konijntje zag, het beeld ervan naar mij doorgaf en de engel van mijn assistente inlichtte waar ze het beestje kon vinden. Zo'n constructie vergt maar drie engelen. En al weet ik niet of het gesprek tussen de engelen zich zo heeft afgespeeld, wel weet ik dat zij talen spreken. Dat zegt Paulus tenminste en die kon het weten.

Alle andere constructies om dit geval te verklaren zijn ingewikkelder. Ik meen dat de oplossing van de drie engelen de eenvoudigste, de elegantste en daarom waarschijnlijk de juiste is. Datgene wat wij 'toeval' believen te noemen en dat ons uit de Hemel toevalt, wordt veel begrijpelijker wanneer we aannemen dat we in werkelijkheid te maken hebben met een voortdurende bewaking door intelligente wezens.

Die wezens kenmerken zich dan wel door grote bescheidenheid, dat ze ons toestaan te denken dat al die toevallen en intuïties te danken zijn aan onze eigen voortreffelijkheid.

Enkele voorbeelden: Op een morgen vroeg liep ik naar de boulevard in Tijuana, Mexico. De oceaan kwam in lange rollers, in de grote baai naar de kust toe spoelen. Het was een schitterend gezicht en ik wilde aan de rand van de boulevard een kijkje nemen. Maar er was iets dat me verhinderde om ook nog maar één stap te zetten. Ik liep dus wat opzij en zag toen vanuit mijn nieuwe standplaats dat de zee de boulevard op die plaats enkele meters had ondergraven. De betonplaat van enkele vierkante meters die er als een stabiel stuk van de weg had uitgezien was in werkelijkheid een soort valluik dat nog maar aan één kant niet al te stevig vastzat aan de rest van het wegdek. Het hing vrijwel los in de lucht en het strand lag 3½ meter lager. Verderop lagen verscheidene grote betonplaten die kennelijk al naar beneden gevallen waren. De stap die ik niet zette had me gered want als ik hem wel gezet had was dat de druppel geweest die de emmer had kunnen doen overlopen en als je onder zo'n kantelende plaat terecht komt is de kans dat je nog uit één stuk bestaat niet bijster groot. Instinct? Hoogst onwaarschijnlijk Daarvoor ben ik te veel van de natuur vervreemd. Een haastig sein uit een hemelse radarpost? Ik houd het voor mezelf daarop.

Nog een voorbeeld

Tegenover me zit een echtpaar. Het is een moeilijk gesprek. Hij zit verontschuldigend te kijken, zij is vol geprikkelde agressie. Ze is kennelijk zeer achterdochtig in mijn richting en ze irriteert me fiks. 'Die man heeft het niet gemakkelijk met zo'n vrouw', denk ik. En plotseling gebeurt er iets in me. Even zie ik die vrouw als kind. Een lief verwachtingsvol kind. Dan zie ik haar als jonge vrouw.

Wel leuk, stralend, zich verheugend op een gelukkkig huwelijk. En dan gaat er van allerlei mis, desillusie volgt op desillusie, het leven verzuurt. En ik zeg: 'Weet u, u doet nu zo moeilijk maar eigenlijk, van binnen, bent u een erg aardige vrouw.' En dan plotseling begint die vrouw te huilen en ze snikt: 'Dat heeft de laatste jaren nooit meer iemand tegen me gezegd.'

Let nu goed op. Ik zelf was geïrriteerd, was helemaal geneigd met de man te sympathiseren. Wie liet me dan dat plaatje zien? Dat was ik dus niet. Zo aardig ben ik niet van binnen. Dat werd me dus toegezonden. Want als twee mensen in relatie tot elkaar treden kijken twee engelen vanuit de commandopost mee. En soms grijpen die in als je ze de kans geeft. Want ik zeg nu wel commandopost maar daar zit hem nu juist de grote kink in de kabel. Wij schakelen allemaal gedurende grote delen van de dag onze verbinding met het hemelse monitorcentrum uit. Of misschien is het nog niet eens zo dat we het uitschakelen maar dat er te veel storing is, zodat we de uitzendingen niet opvangen.

Drie keer in mijn leven ben ik buiten mijn schuld door een vrachtwagen total loss gereden en ik kan nagaan dat bij elk van de drie keren er zoveel emotionele golven in mij aan het razen waren, dat ik daardoor geen enkele waarschuwing had kunnen opvangen.

Waarom zijn die uiterst belangrijke stemmen zo zacht? Waarom kwam Gods stem tot Elia noch in de storm, noch in de aardbeving, noch in het vuur (een vulkanische uitbarsting?), maar kwam die — zoals de tekst het letterlijk in het Hebreeuws zegt — als een 'zachte, stille stem'? (1 Kon. 19 : 12).

Omdat een der voornaamste opdrachten op deze planeet is dat we ons in vrijheid moeten ontwikkelen en dat is weer noodzakelijk omdat iemand slechts kan liefhebben wanneer hij vrijheid geniet. Gedwongen liefde verandert in haat. Liefde tot God en de naaste, waar het hier om gaat, zijn alleen in een vrij klimaat mogelijk. En wij zouden ten aanzien van de hemel niet vrij zijn wanneer wij elk moment overweldigd werden door hemelse boodschappen. Daarom is het zo'n ontzagwekkend leedvol gebeuren als iemand als profeet geroepen wordt. Daarom beginnen profetieën ook vaak met de uitdrukking: 'de last van . . .' Een profeet is een lastdrager. Hij tilt zijn profetie met moeite op en draagt haar met pijn. Maar gelukkig de mens die deze zware last niet opgedragen krijgt. Tot hem komen de boodschappen als een zachte, stille stem. En als we per se willen denken dat we het helemaal zelf doen, dan mag dat. Het doet dan wel denken aan een vader die een boomstam oppakt met zijn zoontje van drie, die hem 'helpt'. De vader speelt het spelletje mee en als ze de boom versjouwd hebben zegt het kind: 'Helemaal zelf, hè pap?'

Als je goed oplet zie je het 'toeval' voortdurend aan het werk in je leven, tot in kleine en voor het grote geheel schijnbaar onbelangrijke details. Zoals het zoeken van een vakantiehuisje en je bent te laat. Je wilt graag naar een bepaalde streek en alles zit vol. En net als je het opgeeft zegt iemand: 'Zeg, we zitten in augustus niet in ons huisje, willen jullie er soms in?' En dat is dan precies waar je graag wilt zitten.

Engelen? Die bemoeien zich toch niet met vakanties? Waarom eigenlijk niet? Wij brengen een volkomen verkeerde scheiding aan in belangrijk en onbelangrijk. En in plechtig en niet plechtig. Ik heb eens les gehad van een wijs iemand, in de consistoriekamer van een grote en oude kerk. Hij zei ernstig: 'Het is een goed gevoel om hier, in deze heilige plaats, te mogen spreken.' Toen zweeg hij even en zei: 'Ik ben zojuist ook nog even naar een andere heilige plaats geweest. Ik moest een plas doen.'

Dat is gewoon Zen wat je daar dan ziet. Want plotseling besef je dat geen plaats op zichzelf heilig is. Dat is afgodendienst. En geen handeling onheilig. Je kunt hem hoogstens zelf profaneren.

Ik herinner hierbij aan het schone verhaal van de Zenmeester die zijn leerlingen leerde dat ze nooit afgoden moesten dienen. Beeldendienst was voor de onwetenden.

Eén der leerlingen liep op een avond langs het geopende raam van zijn leraar en zag hem geknield voor een houten Boeddhabeeld liggen. Hij kon zich niet inhouden en riep vol afgrijzen: 'Meester, wat doet u daar?' De leraar keek geprikkeld op en zei: 'Ik bewijs dit beeld eer, zoals mijn voorouders voor mij gedaan hebben, het is al jaren in de familie.'

De leerling raakte hierdoor erg in de war en liep dagen in een donkerbruine stemming rond. Toen begon het bij hem te dagen dat het in uitzonderingstoestanden waarschijnlijk toch goed was om beelden te aanbidden. Net was hij zover gekomen in zijn overpeinzingen of het begon te vriezen dat het kraakte. 's Avonds liep deze leerling weer langs het raam van zijn meester en hij hoorde het geluid van houthakken. Hij keek naar binnen en zag tot zijn ontzetting dat zijn meester bezig was het Boeddhabeeld in mootjes te hakken.

Weer kon hij zich niet inhouden en riep ontzet: 'Meester, wat doet u nu? Het beeld uit uw familie!'

De meester keek geïrriteerd op en zei: 'Wat zit je nu toch alsmaar te zeuren. Nu maak ik brandhout want ik heb het koud.'

Daarom: heilige plaatsen, plechtigheid, het hangt van je instelling af en is niet aan plaats of gebeurtenis gebonden. De ene handeling is niet heiliger dan de andere handeling, noch belangrijker. Het komt ons duur te staan dat we die vergissing voortdurend maken. Daardoor denken sommige handwerkslieden of zakenlieden soms ook dat een dokter heiliger werk doet dan zijzelf omdat hij 'mensen geneest'. (En is het dus noodzakelijk dat zoveel mogelijk mensen medicijnen studeren.) Waanzin. Een stratenmaker die met blijdschap in zijn hart een straat maakt verricht een heiliger handeling dan een dokter die denkt: 'Nog één patiënt en het zit er weer op vandaag.'

Daarom ben ik ervan overtuigd dat er voor onze hemelse begeleiders geen belangrijke en onbelangrijke gebeurtenissen bestaan en dat een vakantiehuisje en een fietstocht voor hen even belangrijk kunnen zijn als een levensbeslissing of een genezing.

Ik hoop dat u dat allen kent, de oplossing die uit de lucht komt vallen. Zo zijn vele grote ontdekkingen gedaan. Je denkt en je denkt en de oplossing van een probleem ontsnapt je. Je zet het uit je hoofd en 'plop' daar is ze. Weet u hoe we dat tegenwoordig noemen? Daar hebben we een prachtige nieuwe uitdrukking voor: 'Het creatieve vermogen van de rechterhersenhelft.' Omdat in onze linkerhersenhelft vooral ons analytische vermogen zetelt, het praktische omgaan met het leven, en uit de rechterhersenhelft kunstzinnige uitingen en invallen komen.

Welnu, ik geloof dat zo'n uitdrukking grote kletskoek is. Het is weer typisch iets voor onze eeuw om een ander de eer niet te gunnen en het allemaal op onze eigen heilige rekening te schrijven. Die paar ons grijze gelei een 'creatief orgaan'? Hoe halen we het in ons hoofd. Het is weliswaar een der grootste wonderen uit de gehele Schepping, een sterrenhemel vol cellen die alle richtingen uitstralen, maar creatief? Nee, wat we daar zien is geen spontane creativiteit. Het is ons ontvangstation voor de FM-engelenzender. Als we daar goed op afstemmen ontvangen we boodschappen en dat noemen we dan intuïtie en inspiratie. En als iemand de zender aan heeft staan zonder er zich van bewust te zijn noemen we dat toeval. Maar niet wij zijn het die het toeval regelen of de intuïtie en de inspiratie verzorgen. Ook zijn het geen blinde krachten die toch al door het heelal zwalken en waar je wat mee kunt doen als je wilt, net zoals je kunt zeilen door de wind goed te gebruiken. Nee, het zijn zeer intelligente wezens die ons welzijn verzorgen, net zoals Houston de astronauten verzorgt. En dat er zo vaak wat mis gaat ligt niet aan hén maar aan het feit dat we niet stil genoeg zijn. Dat we niet goed genoeg luisteren.

Misschien kan ik na al deze voorbeelden en vergelijkingen nu iets beter ingaan op de vraag wat eigenlijk een beschermengel is. Een beschermengel is, evenals wij, een met intelligentie en bewustzijn begaafd schepsel Gods. Hij bevindt zich meestal in een dimensie die onze wereld met haar drie dimensies te boven gaat.

De drie ruimtedimensies waar wij in leven zijn vermoedelijk ook in de zijne aanwezig, maar ze zijn in zijn wereld vervat zoals een punt deel uitmaakt van een vlak.

Een beschermengel, die onder de engelen tot een aparte categorie behoort, heeft daarbij als taak boodschapper te zijn voor ons, die in de tijd zijn afgedaald. Ook heeft hij een beschermende en voorzichtig leidende functie. Vaak waarschuwt hij. Zijn signalen worden waarschijnlijk door ons opgevangen in onze rechterhersenhelft. Maar we horen ze alleen als we innerlijk stil zijn.

Soms verschijnt de engel onverwacht in onze wereld. Soms ziet hij er als een mens uit, gekleed als iedereen om hem heen.

Heeft hij ook in de hemel die menselijke gestalte? Ik geloof dat dit een niet zo erg zinvolle vraag is omdat wij ons de gestalten in een wereld met meer dimensies dan de onze, slecht kunnen voorstellen. We kunnen veilig aannemen dat hij er in de hemel stralend en ontzagwekkend mooi zal uitzien. Hij moet zich hier verbergen in het kleed van de alledaagsheid, anders zou iedereen in aanbidding aan zijn voeten vallen. Maar het zou zijn zoals een hond op zijn rug rolt voor een aanbeden meester. Het zou onze vrijheid beperken. Daarom kiest hij die eenvoudige gestalte.

Engelen verschillen van ons in het feit dat ze zo volledig doorlaatbaar zijn voor Gods wil, dat hun daden die wil volledig uitdrukken. Dat lijkt me niet gemakkelijk.

Het lijkt me, menselijkerwijs gesproken, voor een beschermengel een zware opdracht om een mens zodanig te begeleiden dat die mens dat nauwelijks of niet merkt. Hij mag alleen zacht waarschuwen en verder niets doen. En dat terwijl hij zijn beschermeling van de ene blunder in de andere ziet vallen, zijn ontvangstation uit ziet schakelen, kwaje streken uit ziet halen waarvan elke goede engel de tenen bij elkaar moet knijpen, kortom ziet leven zoals de meeste mensen op aarde leven. Het lijkt me veel frustrerender dan het opvoeden van een kind waartegen je tenminste af en toe flink je stem kunt verheffen.

Maar misschien zijn woorden als 'frustrerend' en 'tenen bij elkaar knijpen' typisch menselijk. Misschien is er daar boven uitsluitend erbarmen voor de struikelende, stoethaspelende mens.

In de verhalen over beschermengelen die tegenwoordig de ronde doen moeten we een soort gevoel ontwikkelen dat weet te onderscheiden tussen het echte en het niet echte. Test u uw eigen gevoel eens op het volgende verhaal dat op 14 november 1981 in het dagblad de Telegraaf stond. Ik geef het verkort weer. Er stond boven: 'Engel aan het stuur'.

Er wordt in verteld dat een bus met 53 pelgrims, op weg van de bedevaartplaats Fatima in Portugal naar Bilbao in Spanje, op 8 september om 11 uur 's avonds iets merkwaardigs overkwam. Het verhaal komt van pater Don Cesar Trapiello Vélez uit

Leon, die bereid is op de Bijbel te zweren dat het waar gebeurd is. Het werd het eerst gepubliceerd in de Spaanse krant ABC. Terwijl de bus over een zeer bochtig bergterrein reed verloor de chauffeur Juan Garcia de macht over het stuur. Het artikel suggereert dat dit gebeurde omdat hij in een religieuze extase raakte. De eerwaarde pater Trapiello zag dat tenminste met eigen ogen. Een andere mogelijkheid lijkt me dat wat Trapiello voor extase aanzag in werkelijkheid paniek was omdat de chauffeur de macht over het stuur had verloren door een of andere technische fout in de bus.

Hoe het ook zij, terwijl de rest van de pelgrims begon te huilen en te bidden verhief de bus zich een eindje in de lucht en vervolgde zonder schokken en met toenemende snelheid zijn weg. Pater Trapiello zei dat het was alsof de bus op een luchtkussen zweefde.

Na een kwartier stopte de bus tegen een steile helling, zonder op de rem gezet te zijn en in de bus werd een stem gehoord die zei dat hij de aartsengel Michaël was en dat het gebeurde een teken des geloofs was.

De schrijver van het Nederlandse artikel vraagt zich af — overigens zonder te willen spotten — of de verheven status van St. Michaël nu wel verenigbaar is met een kennelijke minachting voor de Spaanse verkeerswet. En hij memoreert dat de reeds genoemde Schotse filosoof David Hume naar aanleiding van zijn essay 'wonderen' heeft gezegd: 'Als je kunt kiezen, kies dan het minst onwaarschijnlijke.' De schrijver van het artikel besluit, dat als hij zou moeten kiezen tussen een eerwaarde pater die jokt en een aartsengel die zich schuldig maakt aan joyriding, de keus voor hem niet moeilijk is.

Als je zo'n verhaal op je tong proeft dan is de smaak verkeerd. Ik weet niet precies waarom. Misschien omdat wat daar gebeurt zinloos is. Als een chauffeur een religieuze extase krijgt en daardoor de macht over het stuur verliest dan is dezelfde engel die de gevaarlijke verkeerssituatie veroorzaakte bezig de zaak weer recht te breien. Dat is weinig waarschijnlijk.

Wanneer de remmen weigerden en de engel daarom ingreep dan hoeft de engel niet te zeggen dat dit een teken des geloofs was. Kortom, het wringt in dit verhaal.

Maar veel merkwaardiger is de opmerking van de verslaggever die zich afvraagt of de verheven status van St. Michaël nu wel verenigbaar is met een kennelijke minachting voor de Spaanse verkeerswet. Aan zo'n opmerking kun je zien dat we in het post-christelijke tijdvak leven. Het christendom heeft zich namelijk altijd op het standpunt gesteld dat de Schepper Zelf in de gestalte van zijn Zoon naar de aarde kwam om mensen te redden.

Voor zo'n christendom is het niet moeilijk aan te nemen dat een van Gods ondergeschikten, de aartsengel Michaël, een bus vol mensen uit de penarie helpt.

Maar onze verlichte tijd vindt dat bespottelijk. St. Michaël is te verheven om zich met dat soort beuzelarijen te bemoeien. Hij heeft wel andere dingen aan zijn hoofd. Eigenlijk zijn we zo gewend geraakt aan grote rampen dat een bus met pelgrims meer of minder het ravijn in, ons niet zoveel meer zegt. En we denken misschien daarom dat het Michaël ook niet veel zal zeggen.

Deze twintigste eeuw is eigenlijk geen atheïstische eeuw, zoals zo vaak beweerd wordt. Het atheïsme is een vacuüm en in de natuur blijft een vacuüm nooit lang bestaan maar wordt meestal snel opgevuld.

Nee, onze tijd is teruggekeerd naar een vóór-bijbels godsbeeld. Dat van de ongenaakbare God. De koele potentaat die zich niet persoonlijk met zijn schepselen bemoeit.

Het joods-christelijke wereldbeeld van een God die zich met oneindige liefde ontfermt over zelfs het kleinste wezen van zijn Schepping, is vervangen door de oude Moloch die, in hoogheid gezeten, rampen en gunsten uitdeelt omdat hij zich anders verveelt. En al geef ik toe dat het Spaanse verhaal volgens het axioma van David Hume waarschijnlijk berust op een jokkende pater, de conclusie van de té verheven St. Michaël is zo typerend voor onze tijd dat ik het verhaal daarom zo uitgebreid heb bewerkt.

Hoe is zo'n instelling eigenlijk ontstaan? Hoe komt het dat zoveel mensen verzuchten: De mens is een stofje op de aarde en de aarde is een zandkorrel in het heelal. Kan God zich dan nog persoonlijk met ons bemoeien? Ik geloof dat we gewoon niet snel genoeg meegegroeid zijn met de enorme verwijding van onze kennis.

Een cultuur waarin men denkt dat de hemel vlak boven je hoofd begint, zoals die in de middeleeuwen bestond, staat natuurlijk anders in het leven dan de onze die weet heeft van miljoenen lichtjaren. We zijn misschien wel daarom zo dichtgeslagen omdat we denken dat God te ver weg woont.

Daarom is het een groot wonder dat juist nu de engelenverhalen weer loskomen. De hemel staat op doorbreken. Eigenlijk zou iedereen het verhaal van de Janustempel moeten kennen, de antieke God met de twee hoofden. In tijden van rampen en oorlog stonden vóór- en achterdeur open om aan te tonen dat als de hel zijn muil openspert ook de hemel wagenwijd openstaat. Weer leven wij in een tijd waarin de hel voor onze voeten gaapt. Men leze slechts de bedreiging die Sovjet-Rusland op 27 juli 1982 aan Nederland richt en waarin gezegd wordt dat de Sovjetunie het vermogen heeft om Nederland atomair van de kaart te vegen. Deze bedreiging berust niet op hol gezwets maar op feitelijk waarheid. En dat is dan alleen de atomaire hel, waarbij de mensen hun lichaam kunnen verliezen. Erger zijn die geestelijke toestanden waarbij de mens zijn ziel verscheurt. Want iemand die de hel op iemand anders wil loslaten vernietigt alleen al door de intentie iets wezenlijks in hemzelf. De miljardenverslindende wapenindustrie is niet alleen een kanker van het staatsbudget maar ook een ernstige ziekte van de menselijke geest.

De Janustempel staat dus weer open. Door de achterdeur walmt de milieuvervuiling naar binnen, door de voordeur zien we engelengestalten. En die engelen redden niet altijd uit. Soms is het hun taak de mens te sterken voor hij door de dood heen moet gaan.

Jezus werd in de hof van Gethsemane door een engel gesterkt, voor hij gemarteld en gekruisigd zou worden. (Lucas 22 : 43). Iwan Moiseyew, een jonge protestant uit de Sovjetunie, zag boven zich een prachtige engel die hem toeriep niet bang te zijn. Hierna werd hij wegens zijn geloof genadeloos vervolgd en in juli 1972 stierf hij onder de handen van K.G.B.-beulen de marteldood.

We moeten ons nu het volgende afvragen:

Hebben we met de op gang komende renaissance van de enge-lenverhalen met iets wezenlijks te maken of is het een soort psychologisch randverschijnsel? Iets waar we over kunnen glimlachen omdat het alleen de achternicht van een simpele buurman is overkomen? Zijn het dagdromen van de mens die zich in deze tijd platgewalst voelt onder de ontzagwekkende druk van de onheilszwangere twintigste eeuw?

Wat zijn die beschermengelen eigenlijk voor wezens? Er zijn commentaren op het Oude Testament die zeggen dat de vogels die op de vijfde dag geschapen worden, niet de echte' vogels zijn maar dat men daar de engelen mee bedoelde. Zij zouden een aparte schepping zijn volgens die opvatting.

Toch bestaat er ook een andere mening over de engelen. Een der beste vertolkers van die mening is Swedenborg. Deze Zweedse ziener, filosoof en wetenschapsman zegt dat oor-spronkelijk zowel de hemel als de hel leeg waren maar dat het de mens zelf is die deze geestelijke gebieden langzaam maar zeker van haar bewoners heeft voorzien. Volgens Swedenborg gaat de mens na zijn dood eerst naar een tussengebied toe, een geestenwereld. Hij is daar in een staat die lijkt op die van zijn aardse leven. Hij beleeft zijn lichaam hetzelfde als zijn aardse lichaam, het landschap lijkt op het aardse landschap.

Deze beschrijving komt overeen met de Tibetaanse opvatting van het tussenrijk, de Bardostaat, en met de beschrijvingen van ernstig zieke mensen die volgens hun eigen zeggen 'even om de hoek hebben mogen kijken'.

Van deze geestelijke staat uit worden de mensen gestuurd naar hun blijvende woning. Dat is de hemel voor hen die zich tij-dens hun aardse leven met de hemel hebben verbonden en de hel voor hen die tijdens hun aardse leven de hel in hun ziel hebben opgenomen. Ze gaan daar niet als 'beloning' of als 'straf' heen. Nee, ze gaan vrijwillig daarheen waar ze zich het meeste thuisvoelen, waar ze zich toe aangetrokken voelen. Een mens die uiteindelijk de hemel bevolkt noemt Swedenborg een engel en een die uiteindelijk de hel bewoont noemt hij een duivel.

In de hemel en hel sluiten de mensen zich tot bepaalde gezelschappen aaneen. Mensen die wat instelling betreft bij elkaar horen. En van die gezelschappen gaat een zekere invloed uit naar de nog op aarde levende mensen. Goede inspiratie en hulp uit de hemel, boze inspiratie en zuigkracht uit de hel.

Hier op aarde kun je al kiezen welke uitzendingen je het liefste in je ziel hoort, die van de hemelse of die van de helse gezelschappen. Zo groeit de mens in dit leven al toe naar de gemeenschap waar hij na dit leven bij zal horen.

Merkwaardig is dat de Engelse verpleegster, mevrouw Joy Snell, die veel mensen zag sterven, duidelijk kon waarnemen dat ze gehaald werden door engelen en dat dit reeds eerder gestorven geliefden waren.

Deze ideeën van Swedenborg en Snell over onze beschermengelen zijn mijns inziens zeer verfrissend. Het maakt de engelen tot onze naaste familieleden. Ze staan dan veel dichter bij ons dan astronauten uit andere sterrenwegstelsels die ons tegenwoordig als redders worden aangeboden. Zo'n geschubd wezen met een E.T.-hoofdje kan erg roerend zijn maar ik kan er toch niet veel meer voor voelen dan voor een uit zijn kracht gegroeide hagedis. Maar een engel die de gang door de aarde heeft gemaakt en die de toestanden op dit ondermaanse kent, dat wordt een geheel andere zaak. Van zo iemand zou je kunnen houden.

Stel voor dat je inderdaad deel uitmaakt van een bepaald hemels gezelschap. Een deel vertoeft in de andere wereld, een ander deel is nog hier op aarde. Het zou verklaren waarom je bij bepaalde mensen hoort. Zelfs mensen die je nooit eerder gezien hebt en met wie je meteen verwantschap voelt.

Zo'n hemels gezelschap heeft dan waarschijnlijk als een van haar opdrachten om over de bij dat gezelschap horende mensen op aarde te waken. Zo ga je anders tegen je medemensen aankijken. Je gaat denken: Bij welke engelengroep hoor jij? Of als je zo'n kop van Hitler of van Stalin ziet, dan denk je: Welke duivel is er inmiddels uit jou geboren?

En daarmee moet ik wijzen op een opmerking die Rudolf Meijer maakt in zijn boek: De mens en zijn engel. Hij zegt dat de verkeerde leer van het materialisme zo'n verderfelijke invloed op de geest uitoefent, dat zelfs de met de mens verbonden engelen daarin meegezogen kunnen worden en zo als het ware tot een tweede val komen. Ik weet niet of Meijer gelijk heeft maar laten we even de mogelijkheid onder ogen zien.

Dan betekent het dat de mens niet alleen voor de aarde maar ook voor het welzijn van Gods Koninkrijk een geweldige verantwoordelijkheid op zijn schouders heeft. Het wil zeggen dat het niet alleen zo is dat wij beschermd worden maar dat wij ook moeten beschermen. Zoals volwassen kinderen hun ouders beschermen als die oud geworden zijn. En al worden engelen dan niet oud, hun liefde voor ons maakt hen even kwetsbaar als ouders ten aanzien van kinderen. Laten we daarom goed op ze passen.

Samenvattend zou ik dus over onze beschermengelen willen zeggen dat ze ons misschien veel nader staan dan we op het eerste gezicht zouden denken. Dat ze hier af en toe als gewone mensen kunnen verschijnen omdat het van huis uit mensen zijn. En dat ze ons goed kunnen begrijpen omdat ze van dezelfde familie zijn.

Eens deelden ze onze angsten, onze onzekerheden, onze niet zo beste eigenschappen. Het zijn geen half abstracte, geheel seksloze, bleekzuchtige wezens. Ze zijn volmaakt door lijden.

Tenminste, als het waar is wat Swedenborg zegt. Maar zelfs als Swedenborg ernaast zit en de engelen een aparte schepping zijn, dan nog is het hoopvol dat ze in menselijke vorm verschijnen. Want in de wereld van de waarheid vallen vorm en wezen samen. Daar kan niet iemand als mens verschijnen aan wie het menselijke vreemd is.

We zijn dus omringd door legioenen hulpvaardige en ons zeer verwante wezens. Er zijn er (in de hemel) meer vóór ons dan (op de aarde) tegen ons. Dat is een prettig tegengif tegen alle doemdenken.

Bedenk goed: Omdat u mens bent is het nét zo zeker dat u een beschermengel hebt als dat u uit een moeder bent geboren. Als God naar u kijkt ziet Hij er twee wandelen, niet één.

6. *Zoals de ring Saturnus omgeeft, zo omgeeft de eerste hemel onze zichtbare schepping.*

3. Aartsengelen en engelenvorsten

Beschermengelen worden in het systeem van Dionysius (zie hieronder) vlak bij de aarde geplaatst. Ze staan naast de mens en overschrijden regelmatig de grens van dáár naar hier. Ze hebben ook steeds met één individuele mens te maken. Je hebt het recht te spreken over mijn beschermengel, zolang dat 'mijn' geen bezit is.

Wat ik nu in de volgende hoofdstukken ga doen is de lezer meenemen naar een weinig bekend terrein. In het midden der eerste eeuw na Christus leefde er in Athene een man genaamd Dionysius de Areopagiet. Hij heette zo omdat hij lid was van de rechtbank te Athene, die op de Areopagus vergaderde.

Hij werd door Paulus tot het christendom bekeerd en stierf de marteldood. Aan hem worden een aantal geschriften toegekend die eerst in de zesde eeuw bekend werden. Men denkt nu dat ze afkomstig zijn van een neoplatonische wijsgeer uit de vijfde eeuw maar men moet er wel rekening mee houden dat waarheden vaak eeuwen lang mondeling werden doorgegeven voor ze uiteindelijk werden opgeschreven.

Het is dus best mogelijk dat de geschriften uiteindelijk toch van Dionysius afkomstig zijn. In ieder geval is hij het die de reeds lang bestaande engelenhierarchieën geordend heeft.

Het is zijn systeem, dat eeuwenlang in de kerk toonaangevend is geweest, dat ik thans zal aanhouden. Als U dus zegt: Waar heeft hij dat vandaan, dan beroep ik mij op de inzichten van een vroege christelijke martelaar. Natuurlijk zal ik dan veel gedachten die ik erover heb eraan toevoegen. Want je moet proberen datgene wat vroeger bekend was te verbinden met de realiteit van het heden. Wat hier dus volgt is zijn systeem met mijn commentaren erop.

Ik heb zijn systeem ook verbonden met de leer van de vier werelden zoals we die in het oude Hebreeuwse denken tegenkomen. Dat bleek een bijzonder vruchtbare combinatie op te leveren.

Hier beginnen we dus verder omhoog te klimmen. Beschouwt u me maar als een gids op een kerktoren. Voorzichtig voor het opstapje en stoot uw hoofd niet, daar gaan we!

De aartsengelen stonden een trap hoger. Ze werden in het systeem aangeduid als zij die over een stad heersten.

De engelenvorsten hebben een geheel land onder zich, dat zij moeten besturen. We moeten het nu eerst hebben over de wereld waarin deze wezens zich bevinden. Beschermengelen, aartsengelen, engelenvorsten, zij dus die over mensen, streken en volken waken, wonen in een wereld die anders is dan de onze.

Onze wereld werd in het oude weten de wereld van het doen genoemd. Wij hebben daar bijna een plaats van 'Doem' van gemaakt en dat is een tragische ontwikkeling want onder doen werd iets heel speciaals verstaan. Er werd daarmee bedoeld: mooier maken, opsieren. Het voltooien van iets dat weliswaar al af was maar dat er nog iets feestelijks bij moest krijgen. Zoals een vrouw een feestdis gezellig maakt met bloemen en mooi gepoetst zilver.

De wereld die achter onze zichtbare schepping ligt werd die der formatie genoemd. Als het ware de matrijs waar onze zichtbare omgeving uit is ontstaan. Als alles wat onze vijf zintuigen waarnemen een koek is, dan is de onzichtbare gietvorm die er de grondslag van vormt de koekplank. Het is dan ook gemakkelijk te begrijpen dat je met een beperkt aantal koekplanken een vrijwel onbeperkt aantal koeken kunt bakken. Misschien verklaart dat de enorme veelheid en groei die we om ons heen waarnemen.

De wereld waarin de engelen wonen heeft dan ook geheel andere eigenschappen dan de onze. Zij is in de eerste plaats plastischer. Het is niet zo moeilijk om ons die wereld voor te stellen want ieder mens die 's nachts droomt bevindt zich even in die streken. En iedereen weet hoe veranderlijk droomvormen kunnen zijn. Het gezicht van een onbekende man verandert in dat van mijn zoon, een bekend huis heeft plotseling andere kamers, een auto verandert onder het rijden in een oude fiets. Het komt er eigenlijk op neer dat de materie van dat gebied gehoorzaamt aan gevoelens en gedachten. Al wat je daar denkt verschijnt als vorm voor je. Het is ook de streek waar we na onze dood heengaan. Vandaar dat je er geen geheime gedachten op na kunt houden. Alles openbaart zich meteen om je heen, zoals Lorber in zijn boeken aantoont.

Dat zou dan verklaren waarom de berichten van mensen die 'om de hoek' hebben gekeken enorm kunnen verschillen. Een mens die vol met haat en wrok zit zal daar een ander soort wereld aantreffen dan een mens die vol warmte en liefde is. Het Tibetaanse dodenboek zegt dat je daar angstaanjagende monsters kunt tegenkomen maar dat die niets anders zijn dan je eigen zichtbaar geworden zielehoudingen.

Als je je ogen dicht doet zie je het allereerste begin van die wereld. Eindeloze variaties grijs en zwart die kaleidoscopisch aan voortdurende veranderingen onderhevig zijn.

Een tweede kenmerk van die vormwereld (in het Hebreeuws Jetsira, waar het woord pottebakker van is afgeleid) is het veranderde tijdsbeleven. Hier is de tijd een lijn waarvan we alleen het punt *nu* beleven. Dáár is het mogelijk om de hele lijn ineens te overzien.

Een van mijn patiënten die onder water lag na een ongeluk, zei: 'Ik zag mijn hele leven aan me voorbijtrekken.'

Vermoedelijk is dit achteraf 'gecorrigeerd'. Omdat wij het inééns zien van de hele tijd hier niet kennen, zeggen we: 'Het trok in een flits aan me voorbij.' Maar het is waarschijnlijker dat het in zijn geheel voor je staat, als een beeldengalerij.

Een derde factor heeft ook met de tijd te maken. De tijd is daar niet geheel afwezig maar hij verloopt anders. Duizend jaar op aarde zijn daar als een dag en een nacht, een etmaal dus.

Als je onze wereld met de blauwdruk van een huis zou vergelijken, waarin elke centimeter op het papier een bepaald aantal meters aangeeft, dan is die wereld te vergelijken met de kaart van een land waarin elke centimeter een bepaald aantal kilometers aangeeft. De tijdsmaat is daar dus een andere.

En dat heeft nu te maken met het onderwerp van dit hoofdstuk, de aarstsengelen en engelenvorsten. Die eindeloze geschiedenis van bijvoorbeeld het begin van onze jaartelling tot nu, zijn voor hen twee luttele dagen geweest.

Voor ons is de laatste verschijning van een zeer belangrijke engel als Gabriël, zo lang geleden dat we zelfs twijfelen of er wel zo iemand bestaat. Voor Gabriël zelf was het eergisteren dat hij bij Maria op bezoek was. We moeten dat goed in de gaten houden wanneer we over deze vrienden der mensheid nadenken. Voor ons bewustzijn zijn zij misschien legenden, voor hun bewustzijn is een mensenleven op aarde een voorbijschietende flits. Ik vermoed dat zij bij het leiden en besturen van onze wereld iets met hun bewustzijn moeten doen voor ze ons goed in het oog kunnen krijgen. Ze moeten dat bewustzijn enorm afremmen en ik denk dat zo'n manipulatie een groot offer is.

Het merkwaardige is dat de mensheid altijd van het bestaan van deze verheven wezens heeft geweten, ja zelfs een aantal van hen met name kent. Als onze werkelijke leidslieden zijn ze intens bij het lot van het menselijke geslacht betrokken en spelen ze tijdens crisismomenten een beslissende rol.

Het is over enkele van die oude vrienden der mensheid dat ik straks iets naders wil vertellen. Maar eerst wil ik me met u afvragen of je er iets van kunt merken dat elke stad een leidende aartsengel heeft.

Nu neem ik aan dat u evenmin als ik helderziend bent. Zou u dat wél zijn, dan zou u natuurlijk uitroepen: 'Maar dat zie je toch!' Ik weet dat er zulke mensen bestaan maar de meesten zijn niet zo. Waaraan zou je de invloed van zo'n aartsengel dan kunnen merken? En nu zult u het met me eens zijn dat elke stad een bepaald karakter heeft. Dat karakter is niet een grootste gemene deler van alle mensen die er wonen. Je zou het eerder omgekeerd kunnen zeggen: dat iemand die lang in een bepaalde stad of gemeente woont iets van het karakter van die stad overneemt.

Neem de twee havensteden Amsterdam en Rotterdam. Vergelijkbare grootheden en toch, wat een verschil. En dat zit hem niet alleen in hun twee beroemde voetbalelftallen. Het is nog niet eens makkelijk dat verschil aan te geven. Je 'proeft' het als je zo'n stad binnenkomt. Daar ik Amsterdammer noch Rotterdammer ben, zal ik me niet wagen aan het uitleggen van de verschillen, om geen verontwaardigde kreten uit te lokken.

Ik wil alleen maar zeggen dat de algemene sfeer meer is dan dat wat bepaald wordt door de mensen die er wonen. Dat het lot van de ene stad een geheel ander is dan dat van de andere stad (men denke slechts aan het verschrikkelijke lijden van Rotterdam in 1940) en dat dat niet zuiver aards en logisch verklaarbaar is. Je zou bijna kunnen zeggen dat de engel van Amsterdam een opvliegend en de engel van Rotterdam een wat bedaarder karakter heeft. Want engelen hebben, net als mensen, eigen karakters en heel duidelijke kenmerken.

'Een echte Amsterdammer' zeggen we van iemand. Hoe komt dat? En wat zou er gebeuren als hij gaat verhuizen?

Zodra een stad of streek een typisch eigen karakter heeft, denk er dan aan dat dit meer is dan een vaag gevoel. Het is de inspiratie en de leiding van de heersende aartsengel die daar gevoeld wordt. Misschien zag ik in de wolken de afdruk van hem die over Kennemerland waakt, daar op die herfstdag in de oorlog.

We gaan nu weer een trede hoger.

De engelenvorsten heersen over de landen en volken en hier zijn de karakters nog veel meer uitgesproken. Uiten de aartsengelen zich in een bepaald streekaccent terwijl men elkaar toch kan blijven verstaan, de engelenvorsten zie je heersen over een volk dat door een taal verbonden is maar dat het buurvolk vaak niet kan verstaan.

En wat een karakterverschillen tussen die volken! De Engelsen en de Fransen. De Italianen en de Duitsers. Het ligt niet aan erfelijke eigenschappen want een familie die in zo'n land gaat wonen neemt vaak binnen één generatie de kleur van het land aan.

Ik vraag me af of de engelenvorsten aan een bepaald gebied gebonden zijn, zodat degene die in dat gebied gaat wonen onder zijn invloed komt of dat hij aan een bepaalde groep mensen gebonden is. Ik vermoed dat hij bij een gebied hoort, een deel van deze aarde. In dat geval zou de engelenvorst van de Noordamerikanen dezelfde zijn als die van de Indianen. Het voortdurende rusteloze rondtrekken van veel Amerikanen zou dan een 'Indiaanse' trek zijn. Het valt me op dat mijn Amerikaanse vrienden elke keer weer verbaasd zijn dat ik al 30 jaar in hetzelfde huis woon.

De wapens van de verschillende volken zouden wel eens samen kunnen hangen met de engelenvorsten. De Duitse adelaar, de Hollandse leeuw, de rijzende zon van Japan, de hamer en de sikkel van Rusland die als je ze goed bekijkt niets anders zijn dan de halve maan en de ster uit het gebied van het Midden-Oosten, het zijn allemaal sterrensymbolen. Ze wijzen heel duidelijk naar de hemel en niet naar de aarde.

Onze werkelijke vorsten zijn dus anderen dan die we in de krant zien. Gelukkig de volken wier aardse heersers dat weten en zeggen dat ze regeren 'bij de gratie Gods'.

Na aldus gemijmerd te hebben over wat de indeling van Dionysius voor onze tijd zou kunnen betekenen, wil ik nu een beschrijving geven van enkele van de hoge engelen die we met name kennen. Deze engelen hebben andere functies dan het beheren van steden en volkeren. Ze behoren de hele mensheid toe in hun alomvattende taken.

Michaël

De eerste is Michaël, die Daniël 'de grote vorst' noemt, die 'de zonen van uw volk terzijde staat'. (Daniël 12 :1)

Michaël is dus de vorst van Israël maar niet alleen dat! Hij heerst over méér dan de streek om Palestina heen. Zijn rijksgebied strekt zich uit over al degenen die zeggen dat hun koninkrijk niet van deze aarde is. Je zou hem een super-super-engel kunnen noemen. Een die boven steden en provincies en volken is uitgestegen naar de functie van het helpen van allen die zich hier pelgrim voelen, vreemdelingen op aarde.

Het vroegste bericht wat mij over de engel Michaël bekend is vinden we niet in de Bijbel maar in de oude Egyptische mythologie. Hiertoe moet ik er eerst op wijzen dat Michaël op oude schilderijen soms wordt afgebeeld met een weegschaal in de hand waarop een man en een vrouw gewogen worden. Waar komt dat idee vandaan? Blijkbaar was het iets dat vroeger leefde.

Welnu, de zieleweger is geen onbekende in de geschiedenis van het menselijke ras. In Egypte geloofde men dat de ziel na de dood naar de god Anubis werd gevoerd. Deze legde het hart van de dode op een weegschaal en legde als tegenwicht een veer op de andere schaal. Ook in de Bijbel (Spreuken 21 : 2) komt het idee voor dat God de harten weegt.

Anubis werd in het Egyptische godendom voorgesteld als de god met de kop van een hond of een jakhals. Dit betekende niet dat men echt dacht dat hij zo'n hoofd had maar dat hij iets te maken had met de belangrijkste ster uit Egypte, Sirius, de hondsster. Onze hondsdagen (23 juli-23 augustus) zijn daarvan afgeleid.

Anubis was dus een soort symbool voor Sirius hoewel je nog beter zou kunnen zeggen dat Sirius en Anubis beide verbonden zijn met een erachter liggende geestelijke werkelijkheid. Je kunt de ster Sirius in de winter mooi zien staan onder het sterrebeeld Orion.

Het blijkt nu dat die ster Sirius duidelijk wijst in de richting van een engelenvorst. De naam Sirius is verwant aan het Hebreeuwse Sar, dat commandant of prins betekent. In het Perzisch heet Sirius Tistar, wat wil zeggen: opperhoofd. In het oude Akkadisch is het woord voor Sirius Kasista: leider of prins.

Samenvattend: Michaël staat bekend als de commandant van de hemelse heerscharen.

Hij wordt afgebeeld als weger van mensen.

Anubis is een weger van mensenharten.

Door zijn hondekop is hij verbonden met Sirius en met de woorden commandant, prins, opperhoofd.

Het is dus hoogstwaarschijnlijk dat de Israëlieten, de Egyptenaren, de Perzen en de Akkadiërs allemaal dezelfde machtige engelenvorst kenden en dat dit degene is die wij Michaël noemen.

Het is ook opvallend dat Michaël via Sirius en Anubis verbonden is met het heetste deel van het jaar, de hondsdagen. Michaël bevindt zich steeds daar waar het geestelijke gevecht heet oplaait. Hij is de rusteloze strijder voor de goede zaak.

Wat betekent dat overigens, dat Michaël de zielen weegt? Laten we dat oude symbool van Anubis nog eens bekijken: het hart op de ene, een veer op de andere schaal.

Het symbool is eigenlijk erg eenvoudig. Bent u wel eens geweldig kwaad geweest? Hoe zwaar klinken dan je voetstappen op de grond. Ooit geweldig liggen piekeren? Je matras lijkt wel van beton, zo zwaar is je lichaam. Ooit echt heel veel van iemand gehouden? Dan ben je zo licht dat het is of je zweeft.

Wat door Anubis gewogen wordt is de lichtheid van je hart. Dus eigenlijk de vraag: Hoeveel liefde gaf je? Eigenlijk: Hoeveel liefde gaf je door? Want liefde stroomt ons uit de Hemel toe en wij moeten dat transformeren naar de aarde.

Als het aardse lichaam afvalt dan waait de liefdevolle ziel als een veer naar boven, de zware egoïstische ziel valt als een baksteen naar beneden.

In de oude joodse tempel stond een brandofferaltaar. Daar werden de geofferde dieren verbrand. En op die plaats, in het zuiden van de tempel, plaatste men Michaël. Hij is daar aanwezig waar het aardse lichaam verdwijnt en de ware aard van de ziel te voorschijn komt. Ook in die tempel staat hij dus weer vlak bij het vuur, als vurige strijder hoort hij daar.

Het vroegste bericht wat me in de Bijbel bekend is over Michaël vinden we in het tiende hoofdstuk van het boek Daniël. De profeet heeft daar een overweldigende ervaring. Hij ontmoet de Heer Zelf en de Heer vertelt hem een vreemd verhaal. Ik volg de tekst naar de inhoud, niet naar de letter. Hij zegt tegen Daniël: 'Ik heb drie weken geleden wel gemerkt dat je contact met me zocht en Ik kwam meteen naar je toe. Maar de vorst van de Perzen heeft me al die tijd tegengehouden. Gelukkig kwam Michaël me te hulp, daardoor is de strijd gunstig verlopen.'

Nu is dat, wanneer je er even over nadenkt, een krankzinnige situatie. Stel je voor dat de Schepper van Hemel en aarde wordt tegengehouden door een van Zijn eigen schepselen, al is het dan ook de engelenvorst der Perzen. (Een vorst die opereerde onder het wapen van de Ram, zoals we elders in Daniël kunnen lezen). En dat eerst Michaël, een andere engelenvorst, kans ziet die blokkade op te heffen. Wat een toestand. Waar blijft Gods almacht?

En dan blijkt dat in dit verhaal het karakter van de Schepper haarfijn wordt getekend.

Allereerst deze vraag: Zijn niet alle engelenvorsten goed? Hoe haalde die vorst der Perzen dat in zijn hoofd?

Er bestaat zoiets als gevallen engelen. Wee het volk dat een gevallen engelenvorst boven zich heeft. Dat krijgt te maken met een Ayatolla Khomeiny of met een Idi Amin. Waarom dat met een volk gebeurt weet ik niet, dat zijn geweldige geheimen van de schepping. Hoe het ook zij, die vorst der Perzen was geen beste. Wat dat betreft is het verhaal actueel. Maar best of niet best, voor alle schepselen die een eigen bewuste individualiteit hebben, of het nu mensen, engelen of engelenvorsten zijn, geldt dat God hen vrijheid gegeven heeft. Zeus of Wodan zouden op het moment dat de vorst der Perzen zei: 'Je mag er niet langs' de onverlaat met een vurige bliksem verpulverd hebben. Maar het ligt in het karakter van de levende God om Zich op zo'n moment in te houden en te wachten. Omdat Zijn einddoel de verlossing van de hele Schepping is. Een gemeenschap van wezens die elkaar van harte liefhebben. Niet een stel honden die kwispelend voor Hem op de grond liggen. Maar daarom heeft Hij zowel in de hemelse gewesten als op de aarde schepselen nodig die voor Hem in de bres springen. Een vrije wil tegenover een andere vrije wil. Dat is pas eerlijk spel. Michaël kenmerkt zich dus meteen als degeen die voor de 'underdog' opkomt.

Wat nu? God een underdog?

Jazeker! Het zij in alle eerbied gezegd. God bindt zich willens en wetens de twee handen op de rug en staat dan tegenover een zwaar bewapende vorst. Weliswaar ontleent die vorst elke vezel van zijn kracht aan de gebondene tegenover zich maar dat verkiest hij maar liever te vergeten. God onttrekt dan zijn kracht niet aan die engelenvorst, nee Hij verleent hem de kracht om zich tegen Hem te verzetten.

Zo tekent Daniël de situatie. Het is alsof een klein kind zijn vader uitscheldt en de vader kijkt alleen maar heel stil toe en dan springt een ander kind voor hem in de bres. Zijn het niet situaties die we ook in het aardse leven voortdurend tegenkomen? Eigenlijk is het triest om in ditzelfde verhaal te vernemen dat niet één God vastberaden terzijde stond, behalve Michaël.

'Uw vorst Michaël' zegt God tegen Daniël. Vorst van Israël. Het is goed hier iets dieper op in te gaan want het gaat ons allen aan. Als we aan Israël denken moeten we ons herinneren dat deze naam gegeven werd aan Jacob nadat hij een hele nacht met een engel geworsteld had.

Worstelen met een engel, dat kan dus ook al. Maar wat is dat anders dan een geestelijke strijd? En Jacob komt met een nieuwe naam uit die strijd voor den dag. In het oude denken betekent dat dat hij veranderd was, dat hij een ander geworden was. Hij komt overigens niet onbeschadigd uit die strijd te voorschijn. Hij hinkt na afloop. Er wordt ons weinig verteld over het hoe van die strijd. Zeker is het dat die te maken had met Jacobs gerechtvaardigde angst voor de geweldenaar Esau, die gezworen had hem te zullen doden en die met een legertje op weg was naar hem toe. We zien dus een mens in doodsangst en met duidelijk twee mogelijkheden voor zich. Of om opnieuw een van zijn vele sluwe oplossingen te vinden, zoals hij dat meer gedaan had in zijn leven, of om deze keer zichzelf op te geven en geheel op God te vertrouwen. Dat was, lijkt me, de inhoud van zijn geestelijke strijd. En dat is eveneens het gevecht dat velen die het leven serieus nemen, met zichzelf moeten leveren. Wie dat gevecht aangaat behoort tot Israël.

En van die mensen is Michaël de vorst. Hij is dus de vorst van de eenzaam strijdende figuur. In deze tijd met haar werkelijk verpletterende aanval op de individuele vrijheid zijn er toch hier en daar mensen die, alleen of met kleine groepjes, vechten om de menselijke waardigheid hoog te houden. Ze moeten het altijd opnemen tegen de grote logge apparaturen. Tegen onmenselijke bureaucratieën. Tegen de macht van het geld. En af en toe zie je dan zo'n kleine groep in een gevecht tegen titanen plotseling een winst boeken. Alsof een pigmee een reus laat struikelen. Zoals bijvoorbeeld Solsjenitsin de Russische autoriteiten tot wanhoop bracht. Of zoals gewone burgers de zeehondenmoord op de Canadese ijsvlakten trachten tegen te gaan. Er zijn in onze tijd voorbeelden te over.

En voor die mensen geldt dat Michaël hen in een tijd van grote benauwdheid terzijde staat, zoals het twaalfde hoofdstuk van Daniël vermeldt. Daniël zegt daar dat er een tijd van zo grote benauwdheid over de wereld zal komen als er nog nooit geweest is en dat in die tijd de grote vorst Michaël weer actief zal zijn. Wanneer dat zal zijn is niet precies bekend. Uit datzelfde hoofdstuk 12 van het boek Daniël hebben een aantal bijbelonderzoekers afgeleid dat het wel eens onze twintigste eeuw zou kunnen zijn. Het zou in dit boek te ver leiden daar dieper op in te gaan maar vele tekenen wijzen inderdaad op onze eeuw.

Laat niemand denken dat de verlossing een gestroomlijnd proces is. Een veiligheidsklep op een pressurecooker. Een schrijden van overwinning naar overwinning. Nee, Michaël en lijden horen bij elkaar. Ik vertelde toch immers dat Michaël 'aan de kant van het brandofferaltaar' staat? Daar waar de lichamen in rook opgaan. Hoe moeten we dat uitleggen?

Als we ons zijn hier op aarde bekijken dan is het duidelijk dat we hier niet voor ons plezier geplaatst zijn. De kaars van het leven brandt snel op, elke dag is er wat minder van over en het vergaan in de tijd is een leedvol proces. Mensen die we liefhebben worden voor onze ogen oud en gaan dood. Of — wat nog veel erger is — mensen die we liefhebben vervreemden van ons en we verliezen ze aan het leven. Bevredigde begeerten proeven als as in de mond en moeite leidt tot niets.

Een jaar geleden behandelde ik een lief klein jongetje voor een allergische aandoening. Na enige ups en downs mocht ik het genoegen smaken het kind lichamelijk te zien opbloeien. Toen verdronk het in een vijver.

Goede voornemens leiden tot niets en vriendschappen verbrokkelen. De tijd vreet alles aan, gelijk het vuur het offerdier op het altaar. En toch staat daar aan die kant Michaël de aartsengel. Wat wil dat zeggen?

Dat blijkbaar iets bestendigs wordt gebrouwen in het voorbijgaande. Dat hetgeen wat vergaat alleen datgene was wat te zwak was voor de eeuwigheid. Michaël heeft te maken met het wegbranden van het vergankelijke opdat het onvergankelijke kan verschijnen. Hij staat daar waar de aardse dingen door het nulpunt heen worden getrokken. Hoe dat uit te leggen? Het is als het vrijmaken van een homeopatisch geneesmiddel uit de stof. Je verdunt het zo vaak dat de stof eraf valt en de echte geest van het geneesmiddel overblijft.

Wij zijn hier allemaal negatieven van foto's die ontwikkeld moeten worden. Ik denk dat de scherpe vloeistoffen die daar voor nodig zijn, helemaal niet lekker zijn voor het fotopapier als dat gevoel zou hebben. Maar het resultaat is dat je uit de schaduwen het licht haalt.

Dat vurige van Michaël valt helemaal niet mee. In elk mens zit de echte mens verborgen maar zo diep dat hij zichzelf niet meer herkent. Het is alsof een vuurbestendige gouden gestalte verpakt zit in stijf gewonden strobalen. Je ziet nog vaag dat het een mens moet voorstellen maar dat is dan ook alles. Maar nu wordt dat geheel in het vuur gegooid. Het vuur van de pijn, van de eenzaamheid, van de dood. En naarmate het stro verbrandt komt de oorspronkelijke bedoeling van de beeldhouwer te voorschijn. De gestalte wordt steeds duidelijker, zoals je dat bij sommige oudere mensen ziet die een lang en goed leven hebben geleid. Soms, als je die mensen in hun ouderdom ontmoet — zo vol warmte, liefde en echte goedheid — en je krijgt toevallig een foto in handen waarop je ziet hoe ze er veertig jaar geleden uitzagen, dan sta je verbaasd. Zat deze mooie oude mens in die persoon verborgen? Hoe is het mogelijk. Alle hardheid is er uit!

Het zijn allemaal maar onbeholpen pogingen om iets van Michaël te laten zien. De vergelijkingen gaan mank, er zijn te veel uitzonderingen. Ik weet het allemaal wel. Maar misschien mag ik op deze manier iets laten zien van de grote aartsengel die naarmate we hem leren kennen, steeds meer te voorschijn komt als de engel van onze tijd. Want onze tijd is zozeer gevangen in de ban van de vergankelijkheid, dat we wanhopig zijn geworden en onszelf trachten te verdoven om maar niet te bemerken dat alles vergaat. Het zoeken van onze tijd is in laatste instantie niet een zoeken naar meer energie of meer sociale zekerheid maar naar een zinvoller leven.

En ook daar kunnen de ouderen ons veel leren. Die ouderen die we maar het liefst opbergen in een van de vele tehuizen die we daarvoor hebben geschapen.

Ik heb altijd bewondering voor oude mensen die met overgave

aan iets bezig zijn terwijl ze toch vlak voor het vertrek staan. Mijn oude predikant die met moeite een ingewikkeld psychologisch boek las om bij te blijven. Mijn oude grootvader die met de Flora op tafel een klein plantje zat te determineren. Een oude dame, dezelfde die door een engel voor de blauwe tram werd weggesleurd, die minutieus een borduurwerk zit te maken. Ze weten allemaal dat de zin ligt in iets wat hier noch te grijpen, noch vast te houden is. Dat het liefdevolle gebaar, de geïnteresseerde handeling zèlf de zin zijn. Dat de eeuwigheid in elke menselijke bezigheid kan liggen. Ja zelfs in die uiterst zinvolle laatste bezigheid, het uitblazen van de laatste adem.

Dat alles is het terrein van Michaël, de drakendoder. Want de draak is de gevangenschap in de materie, de begeerte om de dingen hier in de stof een blijvend karakter te geven. Zoals die valse ideologieën die een blijvende heilsstaat op aarde willen maken. Asof je ook maar iets hier bestendig kan maken, behalve dan een geraamte. Misschien hebben de totalitaire regimes van onze eeuw daarom zo meedogenloos gemoord, omdat hun aanhangers in hun hart weten dat bestendigheid alleen aan de overkant van het graf wordt gevonden.

Michaël is dus de onverbiddelijke tegenstander van de satan. Van hem die de mens tot materialist tracht te maken. De controverse tussen die twee duurt al van het begin der schepping af, als men de oude verhalen wil geloven.

In het apocriefe evangelie van Bartholomeus wordt verteld dat God de mens naar zijn evenbeeld maakte uit klei die door Michaël van de vier hoeken der aarde werd aangedragen. En dat toen die mens klaar was, de (toen nog niet boze) engel langs kwam. 'Dit', zei Michaël, 'is Gods evenbeeld en we moeten het daarom eer bewijzen'.'Ik, de eerste engel die God ooit gemaakt heeft eer bewijzen aan een stuk klei?' vroeg de boze verontwaardigd. 'Nooit!'

'Je komt in de moeilijkheden als je zo doorgaat', zei Michaël. Maar de boze engel kwam in opstand en met hem vele andere engelen en dat was dan het begin van het kwaad.

Met dit verhaal krijgt het gerucht bekrachtiging dat de val der engelen iets te maken heeft gehad met de schepping van de mens. En heel merkwaardig is het nu dat de mens zich later, door zijn hele geschiedenis heen, meer aangetrokken gevoeld heeft tot de gevallen engelen en al hun boosheid, dan tot de goede kant. Het kwaad ligt hem nader dan het goed en God maakt de mens sindsdien het hof als een afgewezen minnaar een nukkige jonge vrouw.

Hoevelen hebben die opstand der engelen al geschilderd. Michaël met zijn blinkende wapenrusting en Lucifer, die al half in een draak veranderd is, uit de hemel naar de aarde vallend. In de volksverhalen leeft Michaël door als Sint Joris, de drakendoder. De dappere ridder met zijn lange, felle zwaard, staande op een kronkelend ondier.

De kleine zendbrief van Judas, uit het Nieuwe Testament, heeft ook een verhaal over Michaël. Het is een vreemd verhaal. Er wordt daar verteld dat Michaël twistte met de duivel om het lichaam van Mozes en dat hij daar 'geen smadelijk oordeel' durfde vellen, maar dat aan God overliet.

Wat is dat voor een geschiedenis? Een aartsengel en de oude vijand der mensheid die over het lichaam van Mozes twistten? Maar wat is het lichaam van een profeet anders dan zijn nagelaten leer? In deze de vijf boeken van Mozes, de Thora?

Als we het vanuit dat standpunt bekijken kunnen we de ruzie beter begrijpen. Want altijd is het zo geweest dat goede en wijze leren in de loop der tijden corrupt worden gemaakt. Langzaam werden ze door allerlei interpretaties veranderd in hun tegendeel. De zachte drang van de liefdevolle overreding die Paulus gebruikte, veranderde al na luttele eeuwen in de harde dwang en de martelingen van de inquisitie. De aanwijzing om zich te onderwerpen aan de richtlijnen van de overheid, uit Romeinen 13, werd al spoedig door elke overheid gretig gepakt en gebruikt als vrijbrief voor slavernij.

Deze dingen gebeuren niet vanzelf. De boze en zeer intelligente krachten voelen zich bedreigd door de liefde en zullen altijd trachten om liefdevolle wetten zodanig op de spits te drijven dat mensen de wetten gaan vervloeken en het kind met het badwater weggooien.

Kijk alleen maar eens wat de negentiende eeuw met het seksuele leven heeft gedaan. Daar werd iets goors van gemaakt.

Iets verwerpelijks. Iets vies. En dat alles met de Bijbel in de hand en met een vroom gezicht. Geen wonder dat onze eeuw seksueel lossloeg. Dat is overigens geen excuus voor deze eeuw want extremen zijn nooit goed en leiden niet tot geluk.

Het ongelukkig maken van mensen met de Bijbel in de hand, die Bijbel die niets anders is dan een liefdesbrief van God aan zijn mensen, dat heeft Michaël zien aankomen. Hij zag de corruptie aankomen en betwistte de duivel het recht om dat te doen. Maar — en dat is heel geheimzinnig — verder dan dat durfde hij niet te gaan. Het is net alsof elke keer weer de corruptie door de hoogste geestelijke instantie die er in de Hemel te vinden is, wordt toegelaten. Net zoals werd toegelaten dat de rampen over Job kwamen in zijn leven. Blijkbaar is dat een onderdeel van een reusachtig plan waarvan we hier alleen de uitwerking zien.

Soms kunnen we er iets van begrijpen, waarom dat zo zijn moet. Want die uitwerking van de corruptie op aarde is verschrikkelijk. Een zee van lijden en pijn vergezelt de mensheid op haar onheilszwangere tocht. Maar kijken we naar de levens waarin veel pijn en leed is opgetreden dan zien we dat we met mensen te maken hebben die vaak iets wijs over zich hebben. Iets tolerants. Een begrijpen van anderen die in het moeras zijn weggezonken. En we zien ook dat levens die zo erg glad verlopen nogal eens onuitstaanbaar rechtschapen lieden opleveren. Rechtschapen in eigen ogen wel te verstaan. Alsof het gebrek aan rampen te danken is aan een overmaat van burgerlijke braafheid.

Het valt mij trouwens op dat wij in het Nederlands een erg belangrijk woord missen. We kennen veel woorden die beginnen met 'eigen' en ze zijn vaak ongunstig omdat ze wijzen op een gericht zijn op jezelf in het gebied waar het tweede deel van het woord op slaat. We kennen zo de woorden eigenwijs, eigengereid, eigenzinnig, eigenmachtig, eigendunk, eigenwaan. Maar het woord dat ontbreekt is eigenheilig. Degeen die zichzelf bij het leven heilig heeft verklaard, meestal door gebrek aan tegenwind. En om al dat eigene te breken wordt de corruptie steeds weer enige tijd toegelaten, zoals indigestie bij degeen die te rijk eet.

Ja, ik begrijp er iets van waarom Michaël zich van hogerhand moest inhouden maar wat zal het die strijdbare held een moeite hebben gekost.

Tot nu toe volgden we Michaël op zijn weg door de oudheid maar nu zijn we bij het begin van onze jaartelling aangeland. En daar gebeurt iets wat de geschiedenis van onze mensheid fundamenteel verandert. Dat geldt voor iedereen op onze planeet. Je ziet het bijvoorbeeld hieraan dat zelfs een rascommunist die een decreet ondertekent waarin hij zegt dat het Kerstverhaal gelogen is en dat Jezus nooit bestaan heeft, zo'n geschrift toch zal moeten dateren. En dat doet hij dan met een datum die berekend is vanaf de geboorte van Hem die hij met zijn hele wezen ontkent. Het is weer dezelfde zotte situatie als die tussen God en de vorst der Perzen.

Michaël nu was nauw betrokken bij die gebeurtenis. Ds. Bullinger, een der meest geniale bijbelkenners uit de vorige eeuw, heeft na lang speuren de preciese geboortedatum van Jezus ontdekt. Hij ging daarbij uit van een paar belangrijke gegevens zoals de priesterdiensten van Abia waar Zacharias, de vader van Johannes de Doper, toe behoorde. Van het halve jaar leeftijdsverschil tussen Johannes de Doper en Jezus. Van de volkstelling en van nog enkele gegevens en hij kwam tot een verrassende conclusie. Hij ontdekte dat wat wij op 25 december vieren, niet de geboorte van Jezus is maar zijn conceptie. Zijn incarnatie in de stof. En wat wij het Kerstgebeuren noemen, de geboorte van Jezus dus, vond ruim negen maanden later plaats op 29 september. Dat was in dat geboortejaar de eerste dag van het Loofhuttenfeest.

Hij zegt dan: Twee groten in het Koninkrijk der Hemelen werden uitgekozen om deze gebeurtenissen te begeleiden. Gabriël kondigde de conceptie aan op 25 december toen hij aan Maria verscheen. Michaël kondigde de geboorte aan op 29 september toen hij aan de herders verscheen. Hij wordt daar dan wel niet met name genoemd maar een zeer opvallend feit wijst er op dat hij en niemand anders daar op de velden van Efrata de hemelse heerscharen aanvoerde. En dat is dat Michaël hier in het Westen zijn eigen feestdag heeft. En wel op 29 september en die dag heet het feest van Michaël en alle engelen. (Wie de preciese berekening wil volgen leze appendix 179 van de Companion Bible).

Ik heb gestaan op de velden van Efrata en zelfs nu, na bijna 2000 jaar, ligt er nog steeds een glans over dat landschap. Alsof de hemel daar een beetje is blijven hangen.

We hebben Michaël nu dus in verscheidene rollen gezien. De ingehouden, beheerste berisper van Satan. De vurige bestrijder van de vorst der Perzen. De zieleweger. De drakendoder. De aankondiger van grote blijdschap. We kennen hem uit het boek Openbaring als de geweldige die de duivel en zijn trawanten met een blinkend zwaard uit de hemel smijt.

Maar de apocalypse van Paulus, ook een der apocriefe boeken, laat een heel andere kant van hem zien.

Aan Paulus worden de zielen getoond die hardnekkig op aarde geweigerd hebben het goede te aanvaarden. Ze bevinden zich na hun dood in martelingen. Want wie boosheid omhelst op aarde vindt na zijn dood boosheid als zijn natuurlijke omgeving.

En nu zien deze zielen Michaël en zeggen: 'We erkennen dat we het fout gedaan hebben. Wees ons genadig Michaël!'

En dan geeft Michaël ze een roerend antwoord. Hij zegt: 'Ik bid zonder ophouden voor de mensen op de aarde maar ze gaan maar door met kwaad doen. Als ze een klein beetje goed doen zal ik hen al beschermen. En jullie hier: huilt en ik zal met jullie meehuilen en misschien schenkt God jullie dan genade.' Geen wonder dat dit verzoek door God wordt ingewilligd.

Hier zien we dus een zeer emotionele, warme engel. Het is goed dit te beseffen. Schilderijen laten ons vaak engelen zien die er uit zien als tamelijk onaandoenlijke wezens, vervuld van een helder doch koel licht. Dit beeld lijkt onjuist. Hier zien we een der grootsten onder de engelen en hij is warm en begrijpend en hij hoopt vurig op genade en vertroosting voor de aardse mens.

De eeuwige verdoemenis is een uitvinding van de weinig vergevingsgezinde mens. Michaël echter toont aan dat hij zelfs voor de mens in de hel hoop heeft. Als je zelf niet zo'n beste bent is dat een troostrijke gedachte.

We maken nu een gigantische sprong over 2000 jaar en komen in onze tijd terecht. Waar is Michaël tegenwoordig? Het gehele christendom heeft hem eeuwenlang bewonderd en vereerd. Prachtige kunstwerken zijn aan hem gewijd. Een feest is aan hem opgedragen. En nu in de twintigste eeuw, stilte.

Weet nog iemand van mijn lezers dat de 29ste september zijn feest was? Nu, dan wist u meer dan ik, voor ik het bij mijn speurtocht ontdekte. Waar is hij, die oude voorvechter van de underdog? Is hij ons vergeten?

In Amerika woont een predikant die zegt dat hij Michaël heeft ontmoet. Hij beschrijft hem als een zeer grote, krijgshaftige figuur met ogen als poelen van vuur en met een geweldige uitstraling van liefde en erbarmen. Hij ziet er volgens Buck uit als een man van 25 met vlasblond haar, fijne trekken en een huidskleur als geperst koper. Hij is gekleed in een witte mantel met een gouden stiksel en een wijde gouden riem.

Als ik vroeger zoiets gelezen zou hebben dan had ik gedacht: 'Ze doen daar in Amerika ook maar van alles om hun kerk vol te krijgen.'

Maar uit het boekje dat over Buck geschreven is blijkt dat hij het verhaal stilgehouden had en dat iemand er toevallig achter was gekomen en het door had verteld. Dat stilhouden lijkt erg op de ervaringen die ik met mijn geënquêteerden heb opgedaan. Misschien berust het verhaal van Buck op waarheid.

Hij zegt dat Michaël de aanvoerder is van het gevecht tegen de krachten der duisternis die in onze eeuw een zeer vastberaden greep naar de macht op onze planeet aan het doen zijn.

Aanvoerder van een gevecht. Dat roept zoiets op als engelenlegers. Bestaat er zoiets? Sprak Jezus geen gelijkenis uit maar een letterlijke waarheid toen Hij tijdens zijn gevangenneming tegen Petrus zei dat Hij, als Hij dat zou willen, meteen beschikken kon over meer dan twaalf legioenen engelen? (Mattheus 26 : 53)

Ik vind het boek van Buck vreemd en als u het zou lezen zoudt u dat misschien ook vinden. Het heeft net zo'n smaak als de bus van Pater Trapiello. Toch zijn de engelenlegers in deze eeuw gezien. Het is een beroemde gebeurtenis en hij luidt eigenlijk het apocalyptische deel van onze twintigste eeuw in.

Het verhaal wat ik nu ga vertellen speelt tijdens de Eerste Wereldoorlog. Het is toen gebeurd dat het Duitse leger na een geweldig bombardement optrok tegen de Engelse stellingen ten zuidoosten van Lille. Toen zagen de Engelse soldaten iets vreemds. Het ene moment was daar het geluid van de artilleriebeschieting en de aanblik van de oprukkende vijand, het volgende moment hield de beschieting op en zagen ze de Duitsers wanordelijk wegvluchten.

De Engelsen zonden meteen patrouilles uit en namen een aantal Duitse officieren gevangen. De mannen hadden een verdwaasde uitdrukking op hun gezichten en vertelden een ongelofelijk verhaal: Net toen ze onder dekking van hun artillerie oprukten zagen de Duitsers plotseling aan de Engelse kant een leger opdoemen, gekleed in het wit, op witte paarden. De eerste gedachte van de Duitsers was dat er nieuwe Marokkaanse troepen werden ingezet en hun artillerie en hun machinegeweren pompten granaten en kogels in het oprukkende leger.

Maar geen man viel van zijn paard en nu zagen ze duidelijk dat voor het leger uit een grote gestalte reed met goudblond haar en een aureool om zijn hoofd. Hij was gezeten op een groot wit paard.

Panische angst beving de Duitsers en hun zeer gevaarlijke offensief brak af. De Engelsen hadden niets gezien maar in de daaropvolgende dagen werd de gebeurtenis door tientallen nieuwe gevangenen bevestigd. Het is naderhand zowel in de Engelse als in de Duitse annalen opgenomen en het staat nog altijd bekend als het wonder van de witte cavalerie van Iperen.

Alweer hoor ik enkele critici grommen: Waarom werden de Engelsen bevoordeeld? Een engelencavalerie met misschien wel Michaël voorop en dan meevechten aan Engelse zijde? Dat is toch te gek om los te lopen! Is het omdat de Engelsen zo gek zijn op Sint Joris en de draak?

Maar is het wel zo gek?

Het is in deze eeuw erg duidelijk dat sommige staten meer gepakt zijn door de macht van het kwaad dan andere. En dat een blijvende overwinning van zo'n staat over de rest van onze planeet de gehele ontwikkeling van de menselijke geschiedenis honderden jaren achteruit zou kunnen zetten.

Stel je voor dat de barbaarse nazi's de wereld onderworpen hadden. De gasovens hadden eerst gebrand voor alle joden, daarna voor alle christenen en uiteindelijk voor iedereen die ongewenst was. Een voor honderden jaren gekoeieneerde planeet. Het blonde beest alleenheerser.

Of stel je voor dat Idi Amin niet weggejaagd was maar heel Afrika had veroverd. Een terugval in kannibalisme en wreedheid van het ergste soort. Of stel je voor dat het communisme werkelijk de hele wereld in zijn macht zou krijgen, een mogelijkheid die er nu nog dik in schijnt te zitten. Een uiteindelijk uitroeien van het zicht op de hemel. Een Goelag-archipel van planetaire omvang. De ramp zou niet te overzien zijn. De mensheid zou door middel van al onze psychologische en chemische hulpmiddelen, en ook door regelrechte terreur, terugvallen in een staat van doffe slavernij. Want het communisme is die kracht die gezworen heeft af te zullen rekenen met de metafysische mens. Het ziet de mens slechts als nuttig radertje in de massa, als economische werkeenheid. Het ontkent het hemelse stuk van de mens en daarmee zijn menszijn. Het heeft gezworen de metafysische mens met wortel en tak uit te zullen roeien. Daarom zal het de strijd verliezen, omdat de zin van de menselijke geschiedenis gelegen is in zijn hemelse opdracht, niet in zijn economische nuttigheid.

Daarom vechten ook tegen het communisme weer engelen mee. Er is een authentiek verhaal van de Viëtcong die een dorp aan wilde vallen om alle christenen uit te roeien. De christenen vluchtten in de kerk en begonnen te bidden. Er gebeurde twee dagen lang niets. Toen droop de Viëtcong af. Later vertelde een gevangen genomen Viëtcong-strijder dat men niet had durven aanvallen met dat hele leger van in het wit geklede soldaten die in een kring om het dorp lagen.

Ook de Tweede Wereldoorlog heeft glimpen van engelenlegers laten zien. De uitredding van het Engelse expeditieleger uit Frankrijk wordt nog altijd het wonder van Duinkerken genoemd. En dan de battle of Britain: Een van mijn geënquêteerden vertelde me het volgende verhaal: Ze heeft een vriend die tijdens de Tweede Wereldoorlog als oorlogsvlieger meevocht in de slag om Engeland. Die slag was achteraf het keerpunt van de oorlog en het was daar dat Hitler de oorlog verloor.

Deze vriend had haar verteld dat die Tweede Wereldoorlog zozeer een strijd van goed tegen kwaad was dat zelfs de doden meevlogen om in de strijd te helpen.

Ik snapte niet wat ze met dat verhaal bedoelde tot ik enige tijd later Billy Grahams boek 'Angels, God's secret agents' las. Het verhaal wordt opgetekend uit de mond van Air Chief Marshal Lord Dowding die vertelde hoe vliegtuigen waarvan de bemanning gedood was, gewoon doorvochten en dat andere piloten daar figuren op de plaats van de piloot zagen zitten.

Dit verhaal bevestigt het verhaal van mijn geënquêteerde. Alleen de interpretatie van de luchtmaarschalk was een andere. Hij zei dat het zijn mening was dat de engelen daar meegevochten hadden. Het verhaal voert onze gedachten terug naar een ver verleden toen Elisa in de stad Dothan was. De koning van Aram, die erg geïrriteerd is dat Elisa de hele tijd zijn krijgsplannen doorziet, komt achter de verblijfplaats van de profeet en omsingelt 's nachts de stad. 's Morgens staat de bediende van Elisa vroeg op en ziet de grote legermacht om de stad heen. Hij schrikt zich wezenloos en rent naar Elisa maar die zegt: 'Wees niet bang want zij die bij ons zijn zijn talrijker dan zij die bij hen zijn.' En op een gebed van Elisa ziet de dienaar plotseling de andere wereld en ziet hoe de hele berg omringd is door vurige paarden en wagens. (2 Kon. 6 : 15 e.v.) Het verhaal loopt natuurlijk goed af voor Elisa en zijn bediende. Elisa's woorden heb ik als motto voor mijn boek genomen want ze gaan op zowel voor individuele levens als voor volkeren.

Er is zin en bedoeling in de wereldgeschiedenis en de krachten die haar leiden zijn niet bang voor confrontaties want uit botsingen wordt vaak het nieuwe geboren.

Maar als de barbarij blijvend dreigt te overwinnen wordt er blijkbaar even ingegrepen. Even een hemelse scheidsrechter die op het fluitje blaast.

Deze wereld is niet wat hij lijkt. Af en toe, onder bijzondere omstandigheden, wordt even de sluier weggetrokken en dan kan het zijn dat we een aartsengel in volle glorie zien.

Oral Roberts, de Amerikaanse gebedsgenezer en later het

hoofd van de naar hem genoemde Universiteit in Tulsa, Oklahoma, scherpt zijn studenten enkele slagzinnen in. Een ervan luidt: 'Expect a miracle.' Verwacht een wonder.

Nu, met Michaël in de buurt kunnen we niets anders verwachten. En dát hij in de buurt is zou, behalve uit de tekenen der tijden, uit een merkwaardig feit kunnen blijken.

Na de oorlog werd er een congres van Duitse predikanten gehouden. Zij kwamen er achter dat — alhoewel de naam niet in hun families voorkwam — velen van hen een zoon Michaël hadden genoemd.

Het is alsof de slagschaduw van Michaël over deze eeuw valt en vele mensen dat intuïtief aanvoelen en hun zonen naar hem noemen. Dit blijkt ook uit een der grote na-oorlogse romans, het machtige epos van Tolkien: 'De ban van de ring.' In het Oosten staat een duistere macht op die niet met kracht van wapenen te verslaan is. Het Westen wordt steeds meer bedreigd maar het wordt geholpen. Aanvoerder in de strijd van de goede krachten is Gandalf. Hij is ouder dan iemand zich kan voorstellen. Eigenlijk is hij onsterfelijk. Hij is vurig van karakter, teder als een vader en onomkoopbaar in een tijd waar zelfs de groten verraad plegen. Hij rijdt op een groot wit paard, is in blinkend wit gekleed en draagt een beroemd zwaard, Glamdring, aan zijn zijde.

Het is duidelijk dat Tolkien de engel Michaël als voorbeeld heeft genomen in zijn profetische werk. En gelukkig winnen de legers van Gandalf de strijd tegen het kwaad, al is het wel op het nippertje.

Dit was dan de beschrijving van een der werkelijke Leiders van de mensheid. Grote dictatoren, die onze tijd zoveel oplevert, zijn belachelijke marionetten op het toneel der mensheid. Met houten gezichten staan ze op bordessen te pronk, terwijl hun slachtoffers zuchten in moderne slavernij.

Nee, onze échte leiders zien er anders uit. Ze zijn bekleed met werkelijke macht, al maken ze daar maar een uiterst spaarzaam en bescheiden gebruik van. Want ze weten dat hun macht geleend is, dat ze slechts dat licht doorgeven dat van de Schepper Zelf uitgaat. Hoe meer een hooggeplaatste beseft slechts daar te staan 'bij de gratie Gods', hoe meer hij in staat zal zijn werkelijk leiding te geven. En hoe meer hij denkt het zelf te doen met zijn oligarchie, junta of rotgenoten, hoe meer hij een willoze speelbal zal zijn van krachten die hem geheel en al beheersen zonder dat hij dat weet. En dat is dan niet de milde leiding van Michaël. Het is de bezetenheid door de nog altijd actieve boze geesten in de hemelse gewesten.

Michaëls naam is Hebreeuws. Mi-Ka-El betekent 'Wie (is) als God?' Ieder mens die zich dat ook in opperste verbazing en eerbied afvraagt staat in de uitstraling van Michaël. Zelfs als hij bang en ongerust is krijgt hij dan de moed om tegen zichzelf te zeggen: 'Ik ben een held'.

Gabriël

Engelennamen horen op EL te eindigen want dat betekent, in het Hebreeuws, God. Engelen verwijzen namelijk altijd naar God. Hoe verheven ze ook zijn, ze verwachten en wensen geen aanbidding van ons. 'Kijk niet naar mij, ik ben maar een dienstknecht, kijk naar Hem!', zeggen ze.

Soms zegt er een: 'Luister maar niet naar Hem, kijk naar mij!' Dat is dan een gevallen engel.

Gabriël is afgeleid van het woord gibor en dat betekent kracht, of held. Van dit woord gibor is afgeleid het woord geber: een man. In onze taal is dat bewaard gebleven in het oude woord gabber. Gabriël betekent dus: Gods kracht.

Gabriël is ook een oude bekende van de mensheid. Het is alweer Daniël die het eerst over hem vertelt. 2500 jaar geleden had de profeet een angstwekkend visioen. Hij zag een geweldige ram naar het westen, naar het noorden en naar het zuiden stoten en geen dier kon tegen die ram op totdat hij eindelijk in een woest gevecht door een bok uit het westen wordt overwonnen. Het is dan Gabriël die aan Daniël het gezicht verklaart (Daniël 8). De ram is het Medoperzische rijk dat na een tijd van overwinningen, op zijn beurt door de bok, dat zijn de Grieken, wordt overwonnen.

U ziet hier weer de astrologische symbolen ram en steenbok die voor volkeren gebruikt worden. Die symbolen geven de karaktereigenschappen van hun engelenvorsten aan. Het is merkwaardig hoe actueel dat verhaal van die woest stotende ram der Perzen in onze tijd weer is.

Soms vraag ik me wel eens af welk wapen de Nederlanders eigenlijk zouden moeten hebben. Is het wel een leeuw? Of is dat een vergissing? Ik heb meer het gevoel dat het een spreeuw is. De spreeuw is de straatjongen onder de vogels, zoals de Nederlander de straatjongen onder de Europeanen is. Als u dit betwijfelt, luistert u dan even naar het eindeloze gekwetter door radio en t.v. of kijkt u eens goed naar de manier waarop een groepje Hollanders ergens neerstrijkt.

Ook in het negende hoofdstuk van Daniël zien we Gabriël terug. Hij komt daar snel aangevlogen en voorspelt Daniël de komst van de Messias (Daniël 9 : 21-26). En 500 jaar later doet Gabriël dat dan weer maar nu aan Maria.

De eigenlijke naam voor engel is 'boodschapper' en Gabriël gedraagt zich ook als zodanig. Mijn leraar vertelt dat in de joodse overlevering de engel Gabriël aan de noordzijde van de tempel stond. En hij voegt daaraan toe dat de noordzijde de lichaamskant is. Zo'n uitspraak is voor het rationele denken niet te begrijpen. Toch komen dit soort uitspraken uit een oeroud weten en ze af te doen met 'oud bijgeloof' is niet intelligent. Daar verliezen we alleen maar bij.

Wat zien we gebeuren? Gabriël kondigt Zacharias de komst van Johannes aan en direct daarna wordt Elisabeth, zijn vrouw, zwanger. Gabriël kondigt Maria de komst van Jezus aan en direct daarna wordt ze zwanger.

Verder is er een oud verhaal dat vertelt hoe Gabriël de ziel uit het paradijs haalt en die negen maanden lang instructies geeft terwijl het lichaam waar die ziel in zal gaan wonen, in het moederlichaam groeit.

Op die manier wordt Gabriël dus met de lichamen der mensen in verband gebracht. Wij rationele mensen denken daar tegenwoordig anders over. Wij denken dat een zaadcel een eicel vindt en dat dan door een reeks automatische processen een lichaam gaat ontstaan. We redeneren daarmee erg simplistisch.

Stelt u zich voor dat u elke morgen om acht uur naar uw werk gaat en om zes uur 's middags weer thuiskomt. Nu wordt er naast u een huis gebouwd maar de bouwvakkers komen pas om half negen 's morgens en gaan om vijf uur weer naar huis. U ziet ze dus nooit. Het enige wat u ziet is dat er naast u een huis groeit en op een goede dag is het af zonder dat u ooit hebt gezien wie daar werkte. En dan krijgt u nieuwe buren. U gaat daar op bezoek. Dan zegt u toch niet: 'Ik heb uw huis elke dag zien groeien. Wonderlijk hè, zoals zoiets vanzelf groeit!' Ze zouden dan denken dat u gek was. En toch zijn we allemaal zo gek als we menen dat een kind 'vanzelf' in het moederlichaam groeit.

Een nieuw kind is geen Japanse toverbloem die zich automatisch ontvouwt als je hem maar in het vruchtwater gooit. Dat kind wordt zorgvuldig gebouwd, al zien we de bouwmeesters niet.

Maar waarom wordt de kant van het lichaam verbonden met het noorden? In het oude weten betekende het noorden: gevaar! Veel invallen van barbaarse volken vonden vanuit het noorden plaats. En dan wordt een en ander duidelijker. Het indalen in een lichaam is een gevaarlijke zaak. Vanaf onze conceptie bevinden we ons in levensgevaar. De evenwichten in ons lichaam zijn wankel. Elke dag is een overleefde dag. We merken er weliswaar niet veel van maar ons lichaam levert doorlopend slag tegen bedreigingen. Er is de oerkracht van binnen uit die we zien aan de cellen met hun ongebreidelde groeikracht. Als die losbreekt ontstaat kanker. En de oerkracht van buitenaf, de strijd om het bestaan. Ook de strijd tegen infecties door virussen en bacteriën en gifstoffen. Dat zijn twee reuzen die met de koppen tegen elkaar aan staan. En doordat ze even sterk zijn heerst er rust. Maar het is een schijnbare rust. Zou een van beide krachten wegvallen, dan overvalt de ander ons. Bij ondervoeding, als de cellen van ons lichaam weinig veerkracht meer hebben, bespringen epidemieën de mensheid en worden tienduizenden door infecties van buitenaf weggemaaid. Leven we in te grote welvaart en krijgen onze cellen te veel kracht, dan bespringt de kanker ons van binnenuit en maait tienduizenden weg. Hier leven is je in gevaar begeven. Vandaar dat er verteld wordt dat de ziel die door Gabriël uit het paradijs wordt gehaald hevig protesteert. De ziel weet dat het daar op aarde gevaarlijk is. Daarom is de naam van Gabriël en van man, met het woord held verbonden.

Maar afgezien van lichamelijke, bedreigen ons hier nog veel grotere gevaren. We kunnen als ziel de weg kwijtraken en de weg naar huis niet meer vinden. Dan zijn we wel afgedaald uit het paradijs maar keren daar niet heen terug. Vroeger kenden de mensen die angst voor het verliezen van hun ziel nog goed. Tegenwoordig weten de meeste mensen niet eens dat ze een ziel hebben, dus die angst zijn ze tenminste kwijt.

Wat Gabriël betreft kunnen we dus zeggen dat we hem vóór onze geboorte allemaal gekend hebben.

Denk nu niet: 'Hoe kan dat nu, met al die miljoenen mensen?' Want in een wereld waar de tijd anders is dan hier, bestaan zeeën van tijd om persoonlijke contacten met Gabriël te hebben zonder dat de goede engel overwerkt raakt. Misschien wordt de groep van de diepe peinzers wel tot hun gedrag aangezet doordat ze zich de instructies van Gabriël herinneren. Wel niet bewust herinneren, maar toch weten dat ze een intens contact hebben gehad.

Wanneer we de engelen mee betrekken in onze gedachten dan ontstaat er een geheel andere levensinstelling. Dan zeg je bij het ontsnappen aan een ongeluk niet: 'Ik heb geboft!' Maar je zegt: 'Dank u wel Heer, dat U Uw engel op mijn pad hebt gestuurd!' En dan weet je dat dit wonderlijke, aan de ene kant broze, aan de andere kant sterke lichaam van ons, verbonden is met een hoge vorst als Gabriël. Dan begrijp je waarom dat lichaam van ons zoveel wijzer is dan wij zelf zijn. Als je goed naar je lichaam luistert weet je dat namelijk. Het waarschuwt ons steeds: 'Denk er om, dit eten bekomt je niet!' 'Denk er om, je moet ontspannen.'

Er was een man, Mc Dougall genaamd, die multiple sclerose kreeg. Hij raakte verlamd en kwam in een rolstoel terecht. Toen begon de vrouw van Mc Dougall naar het lichaam van haar man te luisteren. Met eindeloos geduld beschouwde ze zijn reacties na elke soort voedsel die ze hem gaf. Na maanden werken had ze een dieet samengesteld dat speciaal voor hem goed was. Het is roerend om de foto's te zien die enige jaren later van Mc Dougall zijn genomen. Een vriendelijke oudere man met wit haar, met een wit vest, een vlinderdas en een jas met een bontkraag, die op één been staat te springen. Omdat het bleek dat Mc Dougall niet tegen granen kon werd hij zó enthousiast dat hij iedereen met multiple sclerose het graanloze dieet aanraadde. En alhoewel er mensen mee vooruitgingen, lukte het bij anderen helemaal niet. En in Duitsland was er zelfs een arts, Evers, die M.S.-patiënten met veel granen genas. Je kunt wat mensen betreft geen algemene dingen zeggen. Je moet ze leren goed naar de wijsheid van hun eigen lichaam te luisteren. Daarom is de huidige tendens om de mensen slechts een beperkt aantal voor iedereen geldende medicijnen toe te staan, zo gevaarlijk. Als je totalitair denken op menselijke lichamen toepast dan genees je ze niet. Je maakt ze dood. Ieder mens is weer een heel aparte schepping en heeft heel eigen behoeften. Dictatoriaal denkende mensen worden razend als ze daar iets van merken. Daarom bijvoorbeeld die grote aanval op de homeopathische middelen. Dat zijn middelen die zeer individueel moeten worden voorgeschreven en dat zint de totalitaire denkers van het ministerie niet. Die zouden het liefst zien dat elk mens geheel gelijkvormig was, met een aantal gleufjes en een aantal lampjes. Als het lampje boven het hoofdpijngleufje aangaat: een standaardtablet. Als het lampje boven het zenuwachtigheidsgleufje gaat branden: een andere tablet.

Maar ja, zo zit de mens niet in elkaar. Eigenlijk is hij die door het totalitaire virus gebeten is een veel zieker mens dan de zieken die hij de wet wil voorschrijven.

Gabriël is anders. Die respecteert juist het absolute anders zijn van elke mens. Misschien heeft de Schepper het wel aan deze engel overgelaten om met eindeloos geduld in de vingertoppen van iedere mens een andere afdruk te graveren.

Er wordt gezegd dat Gabriël ons niet alleen lanceert in deze wereld maar ons ook weer staat op te wachten na onze dood. Een verzorging van de wieg tot het graf. Hoe kan na de dood een ziel dan ooit de weg kwijtraken? Nu, dat behoeft ook niet maar hij kan tijdens zijn aardse leven een antipathie tegen engelen hebben gekregen. En ja, dan kun je zelfs Gabriël mislopen.

De naam betekent: God is mijn welbehagen.

Een engel die voor de mensheid een zeer ingrijpende rol heeft gespeeld in positieve, heilzame zin.

In de Hebreeuwse traditie wordt verteld dat toen de eerste mens Adam uit het paradijs werd verdreven, zich direct het probleem van de menselijke kwalen voordeed. Het zou toen de engel Raziël geweest zijn die aan Adam een boek gaf waarin alle geneeskruiden ter wereld opgetekend waren, om alle mogelijke ziekten te genezen die zich in de mensheid voor zouden doen.

Het lijkt me van belang dat we bedenken dat de geneesmiddelenschat der mensheid meestal niet gevonden is met behulp van het logische, analytische denken. Die is veeleer intuïtief gevonden, zoals in deze eeuw bijvoorbeeld de 38 bloemengeneesmiddelen van dr. Bach gevonden zijn. Bach vond die werking niet door experimenteren en logisch argumenteren maar door urenlang stil voor zo'n bloem te zitten en dan voelde hij in zichzelf, aan in hem opkomende symptomen waar de bloem voor kon helpen, zoals de hulst voor jaloezie en haat en de wilg voor wrok. (Beide zijn gemoedsaandoeningen die tot ernstige lichamelijke kwalen aanleiding kunnen geven.)

Er is een uitdrukking dat er voor elke ziekte een kruid gewassen is en als een arts aan het eind van zijn latijn is zegt hij zuchtend: 'Voor deze ziekte is geen kruid gewassen.' Als je eerlijk bent bedoel je dat je dat kruid niet kent. Want in de oerbossen der wereld, dezelfde die op het ogenblik met huiveringwekkende snelheid ten offer vallen aan begerige houtexploitanten, bevinden zich nog legio sterke geneesplanten die zelfs bij kanker resultaat hebben.

Het is een prachtige gedachte dat de engel Raziël aan Adam advies gaf voor ziekten die er nog helemaal niet waren. Eerst wordt het geneesmiddel geschapen en daarna ontstaat pas de ziekte die er bij hoort. Daaraan kunnen we zien dat genezing en verlossing het doel der schepping zijn, niet ziekte en vernietiging. Op geluk en liefde ligt de nadruk, niet op rampen en haat.

Iedereen die zuivere, vriendelijke middelen vindt om mensen van hun kwalen te verlossen, wordt geïnspireerd door het boek van de engel Raziël. Want engelenboeken zijn niet als menselijke boeken. Ze blijven levend aanwezig in de hemel der engelen en wie er gevoelig voor is kan er in lezen.

Helaas worden dat soort vriendelijke middelen meer en meer uit het ziekenfondspakket geweerd: de technocratische departementen vragen om natuurwetenschappelijke bewijzen. Een genezing is − hoe vreemd u dat misschien ook vindt − geen bewijs. Twintig dooie muizen zijn dat wel. Zo gek zijn we tegenwoordig.

De eigenlijke genezing wordt overigens niet verzorgd door Raziël. Genezing is verbonden met een andere grote aartsengel.

Rafaël

De naam betekent: God geneest. Omdat hij, zoals elke zichzelf respecterende engel, de eer niet voor zichzelf wil opeisen. Hij is de kracht die achter elke genezing staat. Het is goed om dat te weten. In mijn medische loopbaan ben ik altijd weer verbaasd geweest dat een gehechte wond keurig met een fijn streepje geneest. 'Netjes gehecht' zeg je dan per ongeluk hardop met de patiënt erbij. Maar in wezen is het een groot wonder dat de wond dichtgroeit. Dat besef je pas goed als er iets mis gaat en de hechtingen het niet houden of als er een zogenaamd keloid ontstaat, een dik opgeworpen litteken. Dan wordt de structuur niet hersteld en beseffen we dat onze genezing, zelfs van zoiets schijnbaar eenvoudigs als een wond, helemaal niet vanzelf spreekt.

Daar is nog wel wat meer voor nodig dan een hechting of een medicijn. Voor elke genezing is hulp uit de hemel nodig. Dat zijn geen automatische processen. Automatisme bestaat alleen in de machines, die we gebouwd hebben.

In de apocriefen komen we de engel Rafaël tegen als hij Tobias van zijn blindheid geneest. We hebben de engel Rafaël in deze eeuw dus hard nodig, waar er een enorme geestelijke blindheid over de mensheid ligt die ons doet denken dat elk proces een natuurlijke verklaring heeft. Dat elk proces met enige moeite natuurwetenschappelijk zou kunnen worden begrepen.

Die weg moet doodlopen. We leven in een wereld van wonderen, al zijn ze goed verscholen, bijvoorbeeld in het dichtgroeien van een wond. In deze eeuw is Rafaël duidelijk gezien door een Engelse verpleegster, Joy Snell. In haar boekje dat sinds 1918, toen het voor het eerst verscheen, al negen herdrukken beleefde, vertelt ze hoe ze regelmatig aan het hoofdeinde van ernstig zieke patiënten een blinkende, vrolijke engel zag staan. Hij had de rechterarm opgeheven, de wijsvinger wees omhoog in een gebaar van hoop. Elke keer als ze deze figuur zag wist ze zeker dat de patiënt het zou redden en vaak verbaasde ze de artsen met haar juiste voorspelling.

Ook Rafaël heeft een plaats in de tempel, namelijk in het westen. Dit is het laatste deel van de tempel, het heilige der heiligen, het einde van de weg. Evenals de zon opgaat in het oosten en ondergaat in het westen, zo wordt de weg van de mensheid symbolisch afgebeeld als een tocht van oost naar west.

Wat zien we eigenlijk een wonderen op die weg van de mensheid! Nog vóór zijn ziekten zich manifesteren worden aan de mens de geneesplanten aangereikt. Die weg kán namelijk niet zonder pijn en ziekte worden afgelegd. De worsteling hoort erbij maar er is gelukkig hulp in overvloed.

En dan aan het eind van de weg zien we de engel Rafaël staan, symbool van de definitieve genezing. Onderweg hulp en aan het eind verlossing. Dát is de waarheid over de weg.

Vergelijk die optimistische visie nu eens met de drogleer van Karl Marx. Die zegt dat de menselijke weg bestaat uit generaties die 'mest' zijn op de velden der toekomst en dat er dan uiteindelijk een generatie zal komen die in het echte communistische paradijs zal leven. Een paradijs dat overigens als een fata morgana steeds verder terugschuift naarmate je het benadert en dat slechts een zoethoudertje is voor de mensheid die hier en nu in onderdrukking leeft.

Gelukkig hebben Karl Marx, Lenin en Stalin en hun volgelingen zich vergist. God zij dank dat de schepping beter in elkaar zit. De Schepper houdt rekening met genezing en geluk van de hele in de tijd voorbij gegane mensheid. Gods genezende engel strekt ook vandaag zijn handen over iedereen uit. Zelfs een griep, een schram en een hoofdpijn die genezen, hebben met die grote herstelkracht te maken die door Rafaël heen vloeit. Rafaël is niet iemand die ver weg is en eens geleefd heeft. Hij is alledaagse, praktische werkelijkheid voor wie ogen heeft om te zien.

Metatron

Een volgende, zeer belangrijke persoon in de hemel is de engel Metatron. Zijn taak is gigantisch. Je zou hem het hoofd van de archieven of de secretaris van God kunnen noemen, als we de berichten over hem serieus mogen nemen.

In verband met Metatron berichten de Hebreeuwse legenden iets merkwaardigs. Ze zeggen dat hij niet altijd een engel geweest is maar dat hij eens op aarde geboren is als mens. Hij heette toen Chanoch, de zevende aartsvader gerekend vanaf Adam. In het boek Genesis heet hij in de Nederlandse vertaling Henoch.

Dat er met hem iets vreemds aan de hand is geweest blijkt al meteen uit de mededeling dat hij met God wandelde en door Hem werd opgenomen. Hij stierf dus niet, volgens het verhaal, iets wat verder alleen van de profeet Elia wordt verteld.

Aan deze geheimzinnige figuur nu wordt een boek toegeschreven. Het is het uit de eerste eeuw voor Christus daterende apocriefe boek van Chanoch. Dat het toen opgeschreven is wil niet zeggen dat het niet veel eerder bestond. Men zegt dat de mensen vroeger hele boeken uit hun hoofd kenden. Ook van Homerus wordt dat nog verteld. Die boeken werden generaties lang letterlijk doorgegeven. Toen dit vermogen begon te tanen besloot men eindelijk schoorvoetend de teksten op te schrijven en dat gebeurde net in de paar eeuwen voor het begin van onze christelijke jaartelling.

Toen kwam dus ook het boek Chanoch, of Henoch, als geschreven boek te voorschijn. Als iemand de smaak voor engelen te pakken heeft dan moet hij dit boek lezen. Ze worden in grote aantallen met naam en functie genoemd. Zelfs de gevallen engelen worden niet vergeten. Heel interessant is bijvoorbeeld dat het boek 21 gevallen engelenvorsten noemt en ook precies vermeldt wat ze eigenlijk uitvoeren om de mensheid te verderven. Zo is er een gevallen engel die Kasdeja heet en die de mensheid leert hoe ze abortus moet plegen.

Het belangrijkste wat we van Metatron weten lijkt me het zojuist vermelde feit dat hij de schrijver Gods is. Hier wordt geraakt aan een weten dat alles wat gebeurt opgetekend staat. Door middel van hypnose zijn we erachter gekomen dat ook in ons persoonlijk leven alles wat we hebben gezien, gedaan, gesproken en beleefd hebben, letterlijk staat geregistreerd en dat deze registratie plaats vindt vanaf het moment van de conceptie.

De tekst uit Mattheüs 12 : 36 dat de mensen rekenschap zullen moeten afleggen op de dag des oordeels van elk ijdel woord dat ze gesproken hebben, blijkt — om het zo maar eens te zeggen — technisch zeer goed te verwezenlijken te zijn. Je behoeft de gesproken woorden alleen maar af te draaien. Het moet voor vorige generaties een heel gek idee zijn geweest maar voor ons met onze bandrecorders en videoapparaten is het veel begrijpelijker. Per slot van rekening zijn al dat soort uitvindingen slechts veruiterlijkingen van dingen die innerlijk aanwezig zijn.

Je zou kunnen zeggen dat er in onze schepping een dubbele boekhouding bestaat. Alles wat hier gebeurt wordt dáár, in de onzichtbare wereld, in de archieven opgetekend. Dat maakt het voor ons iets begrijpelijker wanneer bijvoorbeeld Swedenborg en Lorber zeggen dat wat je hier op aarde doet en zegt, de bouwstenen levert voor datgene wat je na je lichamelijke dood als omgeving zult aantreffen. Een mens op aarde is eigenlijk te beschouwen als een rups en zijn dood als de verpopping. Daar komt dan óf een hemelse koninginnepage óf een nachtelijke doodskopvlinder uit, een hemel- of een hel-bewoner.

Het is als het kinderspelletje Witte Zwanen, Zwarte Zwanen, wie wil mee naar Engeland varen. Ik herinner me als de dag van gisteren hoe je onder al die armen doorliep en dan, pats, gevangen werd en dan kwam de op fluistertoon gestelde vraag: 'Wat wil je hebben, een gouden appel of een zilveren peer?' Nou, en dan kwam je ter rechter- of ter linkerzijde en dan werd er touw getrokken en dat is precies wat de Bijbel zegt: Je behoort bij de schapen of de bokken (Mattheüs 25 : 32) en dat is precies wat Swedenborg zegt: Je komt bij een hels of een hemels gezelschap.

Zo worden van de aarde uit hemel en hel bevolkt en ze houden elkaar precies in evenwicht. Twee enorme geestelijke krachten zijn in balans maar omdat ze in balans zijn merk je er niets van. Maar als je er een veer ter rechter- of linkerzijde bij doet gaat de hele lading schuiven. Daarom kan een schijnbaar kleine beslissing hier zo'n geweldig effect sorteren.

Voor Swedenborg is na de keuze en de toewijzing tot een hemels of een hels gezelschap de kous af. Een andere beroemde ziener uit de vorige eeuw, Lorber, voegt daar het een en ander aan toe in zijn uitgebreide boekenreeks. Hij meent dat, waar een mens ook in de diepte weggezonken is, er voor bijna iedereen altijd weer kansen zijn, zij het dan na langere tijd. (Al is het gek om in verband met een tijdloos gebied van tijd te spreken).

Lorber staat daarmee dichter bij het aprocriefe evangelie van Paulus dat ik in het Michaëlverhaal noemde.

In ieder geval wordt het doen en laten van een mens 'opgetekend' en heeft dat optekenen te maken met zijn toekomstig lot. En Metatron is de engel die deze boeken 'beheert'.

Er zijn meer aartsengelen dan degenen die ik genoemd heb. De traditie kende er zeven. Zowel joodse als christelijke denkers hebben zich in de loop van duizenden jaren intensief met dit onderwerp beziggehouden. Men leze bijvoorbeeld de erudiete studie van R. Boon: 'Over de goede engelen', waaruit blijkt dat zelfs een theoloog in 1983 nog van engelen houdt.

Ik heb u alleen over een paar van deze aartsengelen willen vertellen en hierbij maak ik een verontschuldigende buiging voor hen die ik niet genoemd heb. Ze zullen het me niet kwalijk nemen want hun énige wil is te wijzen op de almacht en de heerlijkheid van God die het Al geschapen heeft door zijn woord.

Laten we nu nog eens de drie tot nu toe besproken engelengroepen bekijken. De vorsten en de aartsengelen naast elkaar, de beschermengelen vlak bij de mens.

Aartsengelen	Engelenvorsten	⎫
		⎬ Wereld der Formatie
	Beschermengelen	⎭
	Mens	⎬ Stoffelijke wereld

De engelenvorsten beheersen hele volken maar soms gaat dat nog verder. Dan beheerst de cultuur van één volk zeer lang een heel werelddeel, zoals bijvoorbeeld het oude Rome vele eeuwen de toon aangaf in Europa. Dan is misschien zo'n engelenvorst tijdelijk voorzitter van de vergadering geworden.

Dionysius noemt zijn engelengroepen de 'koren'. Deze koren hebben tot doel: de lofprijzing. Lofprijzing kan echter nog wel door iets meer dan door gezang worden gegeven. Elke actie van een stad, streek of land, waarbij gezorgd wordt voor een schonere, betere, vriendelijker aarde, is een lofprijzing.

Wie herinnert zich niet de grote ramp in Londen, in de vijftiger jaren, toen een paar duizend mensen stikten in de beruchte smog, de brei van mist en roet en uitlaatgassen. Toen ging Londen over op schoon aardgas en de tijd van de smog was voorbij. Ik geloof dat zo'n maatregel een lofprijzing is.

Ieder mens die, hetzij op landelijk niveau, hetzij op provinciaal of gemeenteniveau, een beleid voert waardoor meer tolerantie, meer vriendelijkheid, meer schoonheid en meer zuiverheid wordt betracht, kan er zeker van zijn dat hij onzichtbaar wordt geholpen en geïnspireerd door de engelenkoren wiens kanaal hij of zij op zo'n moment is.

Je ziet in mijn schema'tje hoe de beschermengelen vlak aan de grens staan, tussen de eerste hemel en de aarde. En daar onder de mens is ook nog wat. Het zijn de duistere werelden van chaos en haat, de 'hellen'. We kunnen hier voortdurend kiezen tussen inspiratie uit de hemel of uit de hel. Het enige wat we niet kunnen is kiezen voor neutraal. Onze ziel is voorzien van een tweewegklep en die staat óf naar boven óf naar beneden open.

Er is een mooi verhaal over het verschil tussen de hemel en de hel. Er was een mens die een engel om dat verschil vroeg en die engel zei: 'Ga maar mee'.

Eerst kwamen ze in de hel en daar zag je een aantal mensen aan een geweldige lange tafel zitten waar de meest heerlijke gerechten op stonden maar hun armen waren stijf in de ellebogen zodat ze het eten niet naar hun mond konden brengen. Ook waren hun armen te lang en ze konden dus met geen mogelijkheid iets naar binnen krijgen. Daar zaten ze dus. Ze keken watertandend naar het voedsel en leden honger.

Toen nam de engel de man mee naar de hemel en daar zag hij precies hetzelfde tafereel. Heerlijk eten en mensen met stijve, te lange armen. Alleen zaten ze hier heerlijk te eten want iedereen stopte de overbuur het eten in de mond.

Om op de engelen terug te komen: Het lijkt me van belang wanneer we met de ernstige mogelijkheid rekening houden dat engelen ons veel meer verwant zijn dan we doorgaans denken. Indien ze een stadium als mens hebben doorgemaakt, zoals Swedenborg en ook Rudolf Steiner, de grondlegger van de anthroposofie, denken, dan zijn ze van het hetzelfde soort als wij. Dan zien we hoe God levende wezens schept in een geestelijk, tijdloos gebied, hoe deze wezens vervolgens een kringloop door de tijd doormaken, waarna er hetzij een goede geest (engel) hetzij een kwade geest (duivel) uit geboren wordt. En de derde mogelijkheid is misschien dat je gewoon je huiswerk over moet doen.

In ieder geval hoop ik dat u zult glimlachen, de volgende keer dat u een foto ziet van partijbonzen van het Kremlin die een 1 mei-parade afnemen of van een Amerikaanse presidentskandidaat die Churchills V-teken maakt. Dat u beseft dat u hier met figuranten te maken hebt en dat de werkelijke leiders elders zitten.

Ouspensky zegt dat een mens, naarmate hij hoger geplaatst is, minder vrijheid van handelen heeft. De absoluut onvrije is de alleenheerser want die wordt geheel bepaald door het lot van zijn volk, een lot dat niet in zijn handen ligt maar in de krachten die onzichtbaar aan de touwtjes trekken. Misschien maken alleenheersers daarom van die marionetachtige, houterige gebaren. En het is ook goed te weten dat de meest vrije mens de onafhankelijke burger is. En dat, als hij zijn vrijheid gebruikt om het lot van zijn medemensen te verbeteren, hij hulp krijgt uit een onverwachte hoek. Persoonlijke hulp van zijn beschermengel en hogere hulp van de engelenvorst die de tendensen van veel goed bedoelende mensen op wonderbaarlijke wijze kan samenvatten en kan verwerken in het lot van het hele volk.

Het is opvallend hoeveel vrije burgers tegenwoordig weer op kleinschalige wijze aan het werk zijn om het hele leefklimaat te verbeteren. Ze wandelen doodleuk om de bureaucratie heen en doen het gewoon anders. Ze kweken organisch verbouwde groenten en de machtige fabrieken met hun kunstmest en gifspuiten kijken knarsetandend toe.

Ze vragen om veilige homeopatische middelen en de farmaceutische groothandel doet het uiterste om via bepaalde regeringsinstanties daar paal en perk aan te stellen.

Ze trachten mensen te interesseren voor windenergie, voor zonne-energie, ze lopen te hoop tegen de levensgevaarlijke atoomenergie. Er is wat aan het gebeuren. Van onder op begint er een soort grondzee aan te komen die tracht de vervuiling weg te spoelen.

Helaas is er ook een andere kant. Het zijn zij die het een zorg zal zijn wat de ander overkomt. Het zijn de velen die een ander 'passief' mee laten roken in kantoorruimten zodat ook de niet-roker longkanker krijgt. Het zijn zij die de wereld met geluid vervuilen en die geen enkele wezenlijke sociale belangstelling hebben.

Welke groepering is het sterkst?

Dat kunnen we niet weten maar de engelenvorst van een volk vat de gehele innerlijke werkelijkheid van zo'n volk samen en daaruit wordt het lot van een volk geweven. Op die manier wordt elke burger in elke staat, direct medeverantwoordelijk voor de regering die een volk krijgt. Die lijkt er wel via verkiezingen of via een dictatoriale opvolging te komen maar dat is niet zo. Er bestaat een omweg over de hemel. Als er niet genoeg mensen zijn die zich werkelijk interesseren voor hun leefmilieu, zal er een regering zijn die de vervuiling oogluikend toelaat en daarmee de deur wijd openzet voor vele ziekten. Bij dit alles moeten we dan wel rekening houden met het 'tijdsverschil' tussen hemel en aarde, waarbij de onverschilligheid van gisteren de narigheid van vandaag veroorzaakt. En dat 'gisteren' kan dan wel een enkele tientallen jaren terug liggen.

De daad die u vandaag pleegt ten aanzien van het volk waarin u leeft, komt via de hemelse 'computer' soms tientallen jaren later terug op aarde. Denk nooit dat het onbelangrijk is wat u doet, dat het toch maar 'vechten tegen de bierkaai' is.

Juist u, kleine burger, kunt meehelpen de knellende bureaucratie uit haar voegen te tillen, als u maar de juiste instelling hebt. De dictator die er over twintig jaar niet komt bleef weg doordat u vandaag de juiste beslissing nam.

U bent belangrijker dan u denkt!

8. *Deze wereld is zo lichtsterk dat we haar niet rechtstreeks kunnen zien (de corona van de zon bij zonsverduistering).*

4. Twee hogere hemelen

a. De scheppende wereld

Wij spreken meestal — tenminste áls we er nog over spreken — over hemel en aarde. De oude traditie kende echter verscheidene hemelen, de ene hoger of dieper dan de andere.

We hebben in het vorige hoofdstuk gesproken over de eerste hemel, die der 'formatie'. We zullen het nu hebben over de tweede hemel die de hemel der schepping wordt genoemd. Als de aarde de gebakken koek is en de hemel der formatie de koekplank, dan is de tweede hemel de plaats waar de koek gebakken wordt, de bakkerij.

Ondanks de naam komt de schepping niet uit deze hemel. Je kunt eerder zeggen dat in deze hemel een eerste omslag gaat komen van het pure rijk van de scheppende ideeën naar het dichtere gebied van krachtvelden die onze zichtbare wereld gaan kneden en vormen. De tweede hemel is een bemiddelend gebied.

En ook in deze tweede hemel komen we weer engelenhiërarchieën tegen. Ze hebben in het systeem van Dionysius mooie namen, namelijk *exousiai, dunameis* en *kuriotetes*. Deze woorden worden vertaald met machten (of overheden), krachten en heerschappijen. Merkwaardige en op het eerste gezicht weinig duidelijke namen.

Stelt u zich nu geen enge ruimtewezens voor met schubben en antennes maar liever engelen die weliswaar de menselijke gestalte bezitten maar die een geweldige lichtkracht hebben.

Laten we beginnen met de exousiai, de overheden. In Romeinen 13 : 1 staat dat de ziel aan de exousiai onderworpen moet zijn. Dit is een belangrijke mededeling. Ze zijn dus boven onze zielen gesteld. Daarmee staan ze, om het zo maar eens te zeggen, een etage hoger dan de beschermengelen in het gebied van de eerste hemel. Die beschermengelen schieten nogal eens onze lichamen te hulp als die in nood komen. De exousiai hebben hun werkzaamheden in het diepere gebied van onze ziel. We zullen ze dus niet zonder meer kunnen ontmoeten in ons aardse gebied. Misschien komen we hen tegen in dromen of visioenen. Misschien zijn ze verwant aan de archetypen, die machtige krachten die door Jung ontdekt zijn en die zich in onze ziel kunnen uiten.

Ik moet hier nu eerst kort een bepaald principe gaan bespreken zonder welk het u niet duidelijk kan zijn hoe ik de plaats van de verschillende engelenhiërarchieën zo nauwkeurig kan bepalen. Stelt u zich voor dat u naar de plattegrond van Londen kijkt. Een wirwar van straten en pleinen en de Theems die er dwars doorheen stroomt. Nu neemt u een doorzichtige plastic kaart. Deze is even groot als de plattegrond en op dat plastic staat precies het gehele net van de ondergrondse getekend. Wanneer u de plastic kaart dus precies over de Londense plattegrond heenlegt springen plotseling de stations van de ondergrondse en hun onderlinge verbindingen te voorschijn. U hebt dan een idee hoe u snel van de ene kant van de stad naar de andere kant kunt komen en welke lijn u precies moet nemen.

Welnu, het mag misschien wat gek klinken maar uit oeroude tijden is zo'n soort kaart tot ons gekomen. Zo'n plastic model dat je over een bestaand gegeven heen kunt leggen zodat je plotseling plaatsen en verbindingen eruit ziet springen die je eerst niet kon zien.

Laat ik een voorbeeld noemen. We kennen allemaal de tien geboden. Die zijn achter elkaar gegeven en daar staan ze dan. De ene lijkt niet belangrijker dan de andere. Maar als je dit model, waar ik zojuist van sprak, over de tien geboden heenlegt dan gebeurt er iets heel anders. Dan zie je dat de eerste drie geboden in een driehoek liggen waarvan de punt naar boven wijst. Dat de tweede en de derde serie van telkens drie geboden in driehoeken liggen die onder de eerste liggen en waarvan de punten naar beneden wijzen. En dat het laatste, het tiende gebod, een eenzame plaats helemaal onderaan inneemt.

Je ziet dan, op dat oeroude model, eveneens dat er zeer speciale verbindingen tussen de geboden bestaan en dat elk gebod een bepaalde kleur heeft, een bepaald karakter. Net zoals je op de Londense kaart verschillende kleuren hebt voor de central-line, de circleline, de districtline enz.

Overal waar we in de schepping of in oude geschriften reeksen van tien of ook van negen of zeven gegevens tegenkomen, kunnen we dit oude model gebruiken. We kunnen het over onze reeks heenleggen en het karakter van elk punt bepalen en de verbindingen zien.

Stelt u zich dus gerust een doorzichtige kaart van plastic voor, met daarop getekend drie onder elkaar liggende driehoeken, de eerste met de punt naar boven en de twee volgende met de punt naar beneden en tenslotte, helemaal onderaan, nog één punt. Elk van de tien punten van deze samengestelde figuur heeft een bepaalde naam en een bepaalde karakteristiek. Zo heet de eerste 'kroon' en als we dus een reeks van tien hebben in de schepping of in oude geschriften, dan weten we dat de eerste uit zo'n reeks het 'kroon'karakter draagt. Dat je vanuit dit punt iets kan zeggen over wat werkelijk de gehele reeks van tien beheerst. Of als je naar het zesde punt kijkt dan weet je dat elk zesde punt in zo'n reeks van tien te maken heeft met het scheppen van harmonie.

Voor ons westerse logische denken zijn dit bijna onbegrijpelijke zaken, al begint de moderne natuurkunde alweer dichtbij dit vreemde soort samengestelde denken te komen.*

We keren nu terug naar de negen hiërarchieën. Als je daar die oude kaart, dat 'ondergrondse' model, overheen legt zie je plotseling dat de hiërarchieën niet netjes in een lange lijn boven elkaar liggen maar dat ze drie aan drie gerangschikt liggen. Eerst een reeks van drie waarvan één aan de top ligt en dan twee die rechts en links daaronder liggen. Dan, als een soort spiegelbeeld daaronder, rechts en links twee naast elkaar met de derde hoekpunt van de driehoek iets naar onder. Dan daaronder nog eens een drietal dat net zo gerangschikt is. En tenslotte één, onderaan, die er buiten valt.

* Hen die meer over de hemelkaart willen weten verwijs ik naar een der boeken die over de tien Sephiroth geschreven zijn. Dit woord is afgeleid van een Hebreeuws woord dat 'tellen' of 'vertellen' betekent. De tien Sephiroth vertellen over de tien brandpunten van de Schepping.

En evenals onze plastic kaart van de ondergrondse aanduidingen heeft als: Piccadilly Circus, Hammersmith en Bakerstreet, zo krijgen nu de negen hiërarchieën van Dionysius aanduidingen als harmonie, macht, grondlegging, en dergelijke.

Deze redenatie is natuurlijk niet natuurwetenschappelijk verantwoord maar we hebben het hier niet over de natuur maar over de hemelen en daar gelden de wetten van symbolen en gelijkenissen, niet van logica en analytische afleiding.

Volgens dit schema kunnen we ook de exousiai plaatsen. Vergelijk de indeling maar eens met die van de aarde. Daar heb je streken die je ruig kunt noemen en weer andere die groots zijn, zoals bijvoorbeeld de Alpengebieden. Andere zijn liefelijk of vriendelijk zoals Somerset en Exmoor. Weer andere gebieden zijn fris zoals het Friese merengebied.

Zo worden de hemelse gebieden ook ingedeeld maar dan niet volgens een naam, zoals 'Piccadilly Circus' of een beschrijving, zoals 'ruig' maar volgens een innerlijke eigenschap. Dat heb ik zojuist al even aangeduid met namen als 'harmonie' en 'macht'.

De *exousiai* nu 'wonen' in het gebied dat 'harmonie' heet. Het is die streek in de tweede hemel die grenst aan de eerste hemel. Ze zijn de grensbewoners tussen de tweede en de eerste hemel, net zoals de beschermengelen de grensbewoners zijn tussen de eerste hemel en de aarde.

De taak van de exousiai als bewoners van de streek 'harmonie' is het verzoenen van tegenstellingen. En dat is dan ook precies de reden waarom ze over onze zielen zijn gesteld. Want onze zielen zijn het terrein waar de grote strijd woedt. Onze zielen zijn geen eenheid. Ze bestaan uit paarsgewijze tegenstellingen die ons voorkomen als paradoxen. Goed en kwaad, liefde en haat, sympathie en antipathie, vreugde en verdriet. Vaak kiest de mens het één en verwerpt het andere. En dan ziet hij tot zijn schrik dat hoe meer één eigenschap wordt gekozen, hoe meer de andere onstuimig op komt zetten. De rusteloze zoeker naar vreugde krijgt verdriet op zijn bord. De hartstochtelijke liefde kan onverwacht in haat omslaan. De goedbedoelende mens doet een groot kwaad.

En toch moeten we kiezen, zeker tussen goed en kwaad en tussen liefde en haat. Hoe moet een mens uit die paradox komen? Moet hij zeggen: 'Dan maar het kwade doen want dan komt het goede er vanzelf uit'? Of moet hij zeggen: 'Ik kies het goede niet want dan roep ik toch maar de boosheid op.' Het zijn allemaal foute oplossingen. De mens moet kiezen en tegelijkertijd weten dat de tegenstelling aanwezig is.

Als je je onttrekt aan die strijd verval je aan de geesten der verwarring die je in stukjes breken. Dan ben je op je kantoor een keihard zakenman en in de kerk een devoot christen.

Nee, we moeten kiezen in die grote paradoxale wereld van onze ziel en we moeten niet schrikken als het tegenbeeld dan voor ons staat. Net zo min als een boer moet schrikken wanneer er onkruid in zijn akker groeit. Als we zo bewust mogelijk het positieve en het goede kiezen dan komt weliswaar de tegenkracht te voorschijn maar dan komen ook de exousiai te hulp en die verweven de tegenstellingen tot een hogere eenheid. Dan krijgt zelfs datgene, wat je ergerde in de geliefde ander, iets vertederends. Dan blijkt zelfs het kwaad dat je vergeven werd, te hebben meegeholpen een milder mens van je te maken.

Zodra je met de hemel te maken hebt krijg je paradoxen te zien. Het enge natuurwetenschappelijke wereldbeeld wil ons dwingen maar één kant van de Schepping te zien. Zo vindt men nog altijd dat als iets niet natuurwetenschappelijk bewezen is, het geen bestaansrecht heeft. Dit is een geweldige fuik waar we niet in moeten duiken. Ik kan niet natuurwetenschappelijk bewijzen dat ik van iemand houd en toch is het van enorm belang in mijn leven. Ik kan wel natuurwetenschappelijk bewijzen dat mijn geliefde 54 kg weegt maar belangrijk vind ik dat niet (zij overigens wel).

Nee, de echte zaken in dit leven kunnen uitsluitend in tegenstellingen worden uitgedrukt. Als iets ja én nee is, is het pas echt en waar. En daar hebben de exousiai mee te maken. Die verweven licht en donker tot meesterwerken, net zoals Rembrandt dat deed.

Ze hebben met nog meer te maken. Verzoening tussen tegenstellingen wil ook zeggen: vrede stichten. Weer zo'n paradox. De roep om vrede is nog nooit zo groot geweest als in deze eeuw, de kans op vrede nog nooit zo klein. Misschien is vrede een optelsom.

Misschien is het zo, dat als er genoeg vrede in genoeg zielen is, de oorlog ver weg zal blijven. Is er echter veel onvrede in veel zielen dan zal dat uiteindelijk resulteren in een oorlog, in de buitenwereld.

Als dat zo is, is het dus van het uiterste belang dat we ons toeleggen op de vrede in de eigen ziel en op het oplossen van tegenstellingen, hoe razend lastig dat ook is. En vaak zal ons gevraagd worden de innerlijke tegenstellingen op te lossen via probleemstellingen uit de buitenwereld.

Neem het eenvoudige geval van iemand die altijd de waarheid wil spreken en die gedwongen wordt te liegen, zoals we in de oorlog zoveel zagen. Als je toen de waarheid sprak tegen de bezetter, dan gingen er mensenlevens verloren.

Of het geval van een vrouw die altijd het schone gezocht heeft en die een borstamputatie moet ondergaan.

Of het geval van een verfijnd en zachtmoedig mens die in een concentratiekamp een vriend ziet doodknuppelen.

Wat gebeurt daar in die zielen? Welk een storm gaat daar heersen? Hoe komen ze daar uit?

Daar komt dan bij dat er vaak problemen zijn die onoplosbaar zijn. Het duurt lang voor je daar achter komt maar het is zo. Een wijs man heeft weliswaar eens opgemerkt dat als een probleem onoplosbaar is het in wezen geen probleem meer is, maar een simpel gegeven. Een feit waar je gewoon rekening mee moet houden, net als met een bocht in de weg.

Maar daarmee doet het probleem nog evenveel pijn. En toch, als je dan blijft vertrouwen komt er hulp. Dan krijgen de exousiai van hogerhand opdracht om ons te helpen en dan vloeit er een sereniteit in onze ziel. Dan verandert de stemming van licht depressief in gematigd optimist.

Degenen die vrede trachten te stichten krijgen hulp, zelfs al lukt het hen in de buitenwereld niet dat ideaal te verwezenlijken. Ze worden van binnen uit veranderd.

Je pikt die mensen er zo uit, al is het alleen aan hun uitstraling. Net zoals je degenen er uit pikt die een tegenovergestelde instelling in hun leven hebben. Ik geloof namelijk dat de tegenstelling van vrede eigenlijk niet oorlog is maar ontevredenheid. Let u eens op hoeveel mondhoeken er chronisch naar onderen gericht staan. Hoeveel gezichten verstard zijn in een voortdurende afkeuring. Hoeveel ogen je verongelijkt aankijken. Ik ben bang dat het dát is wat op den duur oorlog oproept.

Er zijn natuurlijk reële dingen waar we ontevreden over kunnen zijn maar er wordt tegenwoordig met wellust ontevredenheid geschapen. En ik ben bang dat als die ontevredenheidsepidemie haar toppunt bereikt heeft, de buitenwereld ons gehoorzaam antwoord zal geven en ons een oorlog zal laten zien. Dan is er natuurlijk werkelijk reden voor ontevredenheid maar dan is het te laat.

Is dan elke oorlog door ontevredenheid ontstaan? In principe wel. Als Hitler tevreden was geweest met Duitsland alléén of als Napoleon tevreden was geweest met Frankrijk of het 16e-eeuwse Spanje met Spanje of Caesar met Italië, enzovoort, dan hadden we weinig oorlogen gezien. Maar al die leiders en hun rotgenoten wilden steeds maar méér en ze vonden altijd genoeg mensen om zich heen die niet tevreden waren met hun stukje land of hun bescheiden plaats op aarde en die mee wilden marcheren.

Het griezelige van de tweede helft van de twintigste eeuw vind ik dat die ontevredenheid niet beperkt blijft tot de agressieve toplaag maar dat die zo gemeengoed geworden is. Als je tegenwoordig zegt dat je blij bent met je werk en gelukkig met je gezin, ben je bijna een afwijking.

Die gekweekte ontevredenheid is het die erg gevaarlijke spanningen op kan bouwen maar als we dat beseffen kan misschien een dreigende oorlog worden afgewend, wanneer voldoende mensen hun innerlijke houding veranderen door tevreden te zijn en vrede te stichten in hun eigen kleine kring. En precies daar waar we vredestichters zijn komen de exousiai te hulp. Een ervan lijkt me machtig genoeg om een heel leger tegen te houden maar ze doen dat alleen als ze genoeg vrienden op de aarde hebben. Want de engelen hebben de mensen nodig om op de aarde aan te kunnen grijpen. Als ik vrede sticht heb ik een kanaal gemaakt waarlangs de vrede via de exousiai af kan dalen in het aardse vlak. Ik zeg expres via, want ook de exousiai hebben alles te leen.

Maak ik onvrede dan sluit ik dat kanaal af en dan gaan automatisch de desintegrerende krachten aan het werk, net zoals een lichaam tot ontbinding overgaat nadat de ziel eruit vertrokken is.

Uit de plaatsing van deze machtige vredesengelen in de scheppende hemel, dus in die hemel waar actief nieuwe creaties te voorschijn komen, blijkt dat elke vrede een wezenlijke schepping is.

Er wordt in de politiek vaak gedacht dat de vrede tegenwoordig gehandhaafd wordt door de zogenaamde balance of terror. Het evenwicht der verschrikking. Voldoende kruisraketten aan weerszijden van de lijn. Dat is onjuist. De vrede die dan ontstaat is hooguit een ongemakkelijke wapenstilstand.

We zien twee machtsblokken recht tegenover elkaar staan en het feit dat nog niemand op de knop heeft durven drukken noemen we vrede. Nonsens. Noch het ene, noch het andere machtsblok handhaaft op die manier de vrede. Het enige wat op die manier aan bod komt is de oorlogsindustrie.

Nee, vrede is zelf een actieve, derde macht. Een macht die niet uit die tegengestelde machtsblokken kan voortkomen. Het scheppen van echte vrede is dan ook altijd iets origineels. Iets onverwachts. Iets nieuws. Vaak zo gek dat je er om moet lachen.

Misschien zullen de beide machtsblokken onverwacht worden uitgehold doordat aan beide zijden van het gordijn genoeg jonge mensen enthousiast worden voor zonne- en windenergie. Als er massaal energie wordt opgewekt die noch van de staat noch van de multinationals afhankelijk is, dan krijg je een enorme decentralisatie van macht. Dan krijgt op den duur geen overheid meer soldaten op de been. Ik noem maar eens een originele mogelijkheid op die buiten de machtsblokken om een vredescheppende factor zou kunnen worden. In het verleden hebben we ook van die onverwachte oplossingen gezien.

Neem de alleenheersende koning en zijn absoluut onderworpen volk. Als het te gek werd vermoordden ze zo'n koning en dan werd de bevrijder alleenheerser en begon de narigheid opnieuw. Van willekeur naar moord en revolutie en dan opnieuw naar willekeur.

En toen vonden ze in Engeland een allergekste oplossing. De constitutionele monarchie. Niet de alleenheerser afzetten en een nieuwe ervoor in de plaats zetten maar de alleenheerser zijn macht ontnemen. Hij wordt getemd. Van machtige tiran tot vriendelijk middelpunt.

Niet dat het in het begin altijd lukte maar op den duur was de formule een succes en hij werkt nog altijd. Veel beter dan welke dictatuur dan ook.

Ik vertelde dat de vertaling van het woord exousiai 'overheid' is. En hiermee wordt een merkwaardig licht geworpen op het idee 'overheid' zoals dat in de hemel bestaat.

Overheden zijn volgens de hemel zij die bij machte zijn om uit tegenstellingen harmonie te scheppen. Ze zijn dus eerder dichters dan heersers. En aan die overheden wordt de mens verzocht zijn ziel te onderwerpen.

Iemand die de vrede in zijn land handhaaft door zijn tegenstanders in psychiatrische inrichtingen te martelen is dus van de hemel uit gezien geen overheid maar een ramp; terwijl iemand die in een hoge positie zich dienaar van het volk weet en voortdurend tracht originele syntheses voor tegenstellingen te vinden, vanuit de hemel gezien tot de echte overheden behoort.

In de tweede hemel bevinden zich, zoals gezegd, nog twee engelenkoren, namelijk de *kuriotetes* (heerschappijen) en *dunameis* (krachten). Vraag een mens eens te associëren op het woord 'heerschappij'.

Je hebt een behoorlijke kans dat hij of zij woorden zal gaan gebruiken als bevel, politiecharge, arrogantie, slavernij enzovoort. Helaas is het woord heerschappij beladen geraakt met al deze negatieve woorden.

In de hemel is het totaal anders. Als ik het tienvoudig samengestelde symbool ter hand neem en over de negen engelenkoren heenleg, dan zie ik dat de heerschappijen wonen in een streek die wordt aangeduid met het woord 'genade'. Dat is vreemd want op deze wereld horen heersen en genade hele-maal niet bij elkaar. Heersers kunnen genade schenken als ze met hun goede been uit bed zijn gestapt maar aangezien ze dat maar zelden doen is genade in onze twintigste eeuw een zeld-zaam artikel geworden.

De hemel echter heerst door de liefde, niet door de knoet. En gelukkig kunnen we in onze taal nog vele gunstige betekenis-sen van het woord 'heersen' terugvinden.

'Er heerste daar een weldadige sfeer.'

'Er heerste daar vrede sinds de komst van de nieuwe bedrijfs-leider.'

'De liefde voor haar gezin beheerste haar hele leven.'

'Het lukte hem eindelijk de heerschappij te verkrijgen over zijn drugverslaving.'

Dit soort 'heersen' heeft dus te maken met de *kuriotetes*. Ze zijn kanalen van vergeving. Kanalen, niet meer en ook niet minder.

Vergeving is in de economie van onze ziel van geweldig belang. Onlangs hoorde ik een lezing van Ian Pearce, de man die in Engeland de verbreider is van de zogenaamde Simontonme-thode bij de behandeling van kankerpatiënten. Het is een psy-chologische benaderingswijze. Hij vertelde een aantal roerende geschiedenissen over patiënten die kanker hadden gekregen nadat ze hetzij een ander, hetzij zichzelf, een gebeurtenis uit hun leven niet hadden kunnen vergeven. De haat tegen die on-vergeven ander of de schuld die zo iemand voelde over de fout die hij zelf gemaakt had en die hij zichzelf niet vergeven had, was voldoende om een kanker tot ontwikkeling te brengen die de mensen noodlottig werd.

Of, en dat was zeer hoopvol, wanneer deze mensen de ander of zichzelf vergaven, dan zag je soms hoe het ziekteproces tot stilstand kwam en echte genezingen mogelijk werden.

Pearce zei letterlijk:

'Wrok die niet losgelaten is en schuld die niet vergeven is, zijn de twee meest destructieve gevoelens ter wereld.' En met 'des-tructief' werd hier wel degelijk bedoeld dat het lichaam er let-terlijk aan te gronde kon gaan.

Aan genade en vergeving moeten we dus denken wanneer we

de hemelstreek bezoeken waar de verheven kuriotetes wonen. Vergeving en genade zijn, evenals harmonie en vrede, scheppende begrippen. Het is een ontnuchterende gedachte dat genade een der grondslagen van de schepping blijkt te zijn. Niet zuurstofatomen en koolstofatomen zijn de bouwstenen van de schepping maar verzoening en genade bouwen de schepping op. Iedereen die daar geen rekening mee houdt gaat tegen de wetten in die het heelal in stand houden. Genadeloze dictaturen — of die nu een rechtse of een linkse signatuur hebben — zijn echte degeneratieverschijnselen. Ze blijven een tijd heersen omdat vuil nu eenmaal altijd een periode heeft dat het boven drijft voor het bezinkt, maar ze hebben al lang de tak afgezaagd waarop ze zitten. Hun uiteindelijke verdwijning is zeker.

Maar mensen en staten die de vergeving in hun leven en hun wetgeving hebben opgenomen kunnen heersen over de harten van hun tegenstanders en kunnen verzekerd zijn van de voortdurende hulp van de machtige kuriotetes.

Denk niet dat de kuriotetes krachtig in zullen grijpen als ergens geen genade heerst. Er gebeurt dan iets veel ergers. Ze doen dan niets.

Onder de negen engelenkoren strekken zich negen andere koren uit. Of liever: geen koren maar krijsers. Het zijn de geesten der verwarring en der duisternis. Als de kuriotetes geen plaats in een staatsbestel kunnen vinden, dan gaat de dienovereenkomstige helse hiërarchie vaardig worden over zo'n land. En helse hiërarchieën grijpen wél in. Die staan eenvoudigweg te trappelen van ongeduld om te heersen. Die gaan zo'n volk dan leren hoe je concentratiekampen moet bouwen en hoe je de genadeloosheid moet verheffen als staatsdeugd. De hemel dwingt nooit maar wie haar niet wil volgen wordt vroeg of laat door de hel gedwongen.

Nog een derde engelenhiërarchie, die der *dunameis* of krachten, woont in de scheppende hemel.

Een heel andere hemelstreek moeten we nu bezoeken. We verlaten de bloemenweiden van de exousiai en de prachtige korenvelden van de kuriotetes en komen nu in een ruig berglandschap aan, met felle pieken en onherbergzame gletsjers.

Wat zijn dat voor engelen? Van deze hiërarchie wordt gezegd dat ze 'hindernissen verdrijven'. En dat is een grote zegen want soms moet een mens, of hij wil of niet, knokken.

Hij kan tijdens een bezetting het onrecht niet meer aanzien en gaat ondergronds. Hij leeft in een bureaucratisch bestuurde staat en loopt met zijn kop tegen de muur omdat hij niet anders kan. Het onrecht, de onverschilligheid van de ambtenarij, de arrogantie der hooggeplaatsen wordt te gek. Die mens gaat vechten tegen de bierkaai, voor een rechtvaardige zaak. Voor het behoud van een stuk bos. Tegen het plaatsen van een atoomcentrale. Tegen het afslachten van zeehondjes. Tegen het storten van radioactief afval in de oceaan. Tegen al datgene wat van onze aarde een mestvaalt maakt. En meestal schijnt de bierkaai het te winnen. Daar is het de bierkaai voor.

En toch, het gevecht is niet voor niets. Er dringt iets tot de mensen door. Anderen nemen de fakkel over en plotseling wordt er tegen de bierkaai een succes geboekt omdat de reus, onbegrijpelijkerwijze, over zijn eigen voeten struikelt. Net op het moment dat je denkt: 'Nou kan ik niet meer' draait soms de wind. Dan stroomt je energie toe om het gevecht toch door te zetten en krijg je ook in jezelf meer kracht. De Engelsen noemen dat 'second wind'.

Weet dan dat die extra krachttoevoer geen toeval is. Dat de mens die werkelijk voor een rechtvaardige zaak strijdt machtige bondgenoten heeft. Strijdbare engelen die in de bres gaan staan. Natuurlijk nooit los van Gods wil maar altijd bereid de eenzame strijder voor een goede zaak nabij te zijn, om de hindernis uit de weg te ruimen.

Maar er zit een tweede kant aan de dunameis. Hoe moet ik die uitleggen? Dat is het gevecht met God zelf. Dat is het uiterst leedvolle gebeuren dat een mens af en toe kan overkomen.

Ik trof eens een zeer gelovige vriendin van me in een diep depressieve bui aan. Het was of haar liefde voor haar Heer plotseling op een laag pitje stond. Na enig vissen van mijn kant zei ze: 'Er is iets wat me dwars zit en waar God me geen antwoord op geeft. Meestal kan ik het een tijd vergeten maar af en toe komt het in me op en dan denk ik: Hoe heb je dat kunnen toelaten?'

Ik vroeg: 'Is het iets bepaalds waar je aan zit te denken?'

'Ja', zei ze. 'Ik heb het voormalige concentratiekamp Auschwitz bezocht. Daar was een grote kamer en die was helemaal tot het plafond volgeladen met kleine kinderschoentjes van vergaste kinderen. Hoe kan zoiets gebeuren? Hoe kan een God die liefde is, dit ooit toelaten?'

Zelfs zij, die toch veel had meegemaakt in haar leven, worstelde met dit probleem.

Er is het kleine Viëtnamese meisje dat naar een Amerikaanse soldaat toeloopt met haar afgerukt armpje in haar overgebleven hand. Er is het kleine, bleke meisje dat triest in haar rolstoel blijft zitten tijdens een genezingsdienst, terwijl een oude man juichend opspringt vanuit zijn rolstoel, de versleten heup geheel genezen. (Zodat de leidster van de genezingsdienst de hele nacht niet kon slapen van de woede tegen God). Er is de moeder die haar enige zoon aan leukemie verliest, net toen hij zijn eerste baantje had, terwijl haar 90-jarige grootvader dement ligt voort te leven in een rusthuis.

En nu kun je trachten die dingen rationeel uit te leggen. Je kunt zeggen dat we ons hier niet aan de spelregels houden, dus wat willen we dan? Of we kunnen de oplossing gaan zoeken in reïncarnatie of in karma. Of we kunnen verklaren dat die kinderen in de hemel veel gelukkiger zijn dan hier. Maar dat is de worsteling uit de weg gaan.

Als we alles bij elkaar optellen zit er een kant aan God die ons onrechtvaardig, irrationeel en zelfs wreed voorkomt en waar we af en toe keihard tegenop lopen. En dan is er een stem die fluistert: 'Dat deze dingen worden toegelaten bewijst dat er geen God bestaat of, als Hij bestaat, dat Hij niet de moeite waard is om aanbeden te worden.'

Veel mensen zijn in die fuik gevallen. Het is de hinderaar van binnen en die is duizend maal gevaarlijker dan de hinderaar van buiten. Bij de hinderaar van buiten kun je in het ergste geval je lichaam erbij inschieten maar de hinderaar van binnen tracht je ziel te verderven.

Job worstelde met dat probleem en ook tegenwoordig worstelen mensen met dat probleem. Laat ik dan zeggen dat God het niet erg vindt dat je met Hem worstelt. Dat je eventueel de vuist opheft tegen de hemel en zegt: 'Hoe kan dat!' De mens die dan doorvecht, die niet opgeeft, die vraagt en vraagt en ik zou bijna zeggen zeurt, die God geheel serieus neemt, die mens krijgt dan soms plotseling ruimte van binnen. Niet dat probleem wordt opgelost. De kinderschoentjes blijven in Auschwitz, het Viëtnamese meisje gaat met één armpje door het leven maar het is net of je over de hindernis heen wordt getild.

God leidde Jobs aandacht af. Hij zegt niet: 'Inderdaad, Job, het is bar wat Ik daar gedaan heb!' maar Hij zegt: 'Ken je de tijd waarop de gemzen werpen?'

Wat een raar antwoord.

Ik was eens met mijn twee zoontjes in de bergen en plotseling zei de oudste: 'Pappa, zouden hier gemzen zitten?'

Ik tuurde naar een lage rotswand en zei: 'Nou, ik denk dat ze daarachter wel zitten.'

'Kommee, gaan we kijken,' zei hij en voor ik goed wist wat er gebeurde liep ik hijgend achter de twee jongetjes aan. Eerst over een bergweide en toen recht tegen de tien meter hoge rotsmuur op. Toen ik ongeveer op zes meter was verdwenen mijn jongetjes over de top. Ik keek naar beneden en durfde geen kant meer op. Ik hing daar zwetend en met een enorme hoogtevrees en zag alles draaien. Plotseling verscheen het hoofd van mijn oudste over de rand en hij zei: 'Waar blijf je nou?'

Mijn stommiteit verwensend klom ik met de moed der wanhoop naar boven en liet me op de grond vallen. Er was daar een vrij steil oplopende helling van stenen die eindigde in een hoge rotsmuur die honderden meters boven ons uittorende en die een diepe schaduw wierp. En plotseling, op geen vijftien meter van ons vandaan, sprong er een gems weg. Het beest galoppeerde recht op de enorme rotsmuur af en sprong toen op een nauwelijks zichtbare richel en draafde, schijnbaar klevend tegen de rotswand, naar links om vlug voor onze verbaasde ogen te verdwijnen.

'Dat was nou een gems,' zei ik.

Mijn zoontjes hadden niets anders verwacht. Ze waren nog op die heerlijke leeftijd dat ze niet aan mijn woord twijfelden.

Ik wil met dit verhaal alleen maar zeggen dat de hoogtevrees vergeten was op het moment dat ik geheel gevangen werd door de elegantie, de kracht en de schoonheid van die gems. Ik wist wel dat ik straks weer af zou moeten dalen met die enge diepte onder mijn voeten maar het was nu vergeten.

Zo is het met de mens die serieus met God worstelt. Je bent bevangen door een enorme hoogtevrees. Wie is die God die dit toelaat? En plotseling stelt Hij je in de ruimte. De rotswand is niet weg, de afgrond gaapt nog steeds maar ach, wat een schitterende gems loopt daar! Hij die zo'n beest de macht heeft gegeven om zo'n rotswand zonder moeite te bedwingen, zal die niet alles toch ten goede doen keren, al zien we het hier nog niet?

De dunamis verbinden zich met hem die worstelt. Dan merk je dat je meer onzichtbare bondgenoten hebt dan je dacht. Dan zwijgen de valse influisteringen.

Ik moet aan deze uiteenzetting over de krachten, machten en heerschappijen nog iets toevoegen.

In de loop van de geschiedenis is het een aantal malen voorgekomen dat men de engelenhiërarchieën zélf aanzag voor degenen die onze zichtbare wereld schiepen. Een der laatste vertegenwoordigers van die denkrichting is de anthroposofie van Rudolf Steiner. Zo ziet Steiner de exousiai als hen die de vormen scheppen en de dunameis als degenen die de beweging maken, dus bijvoorbeeld die van zaad tot volgroeide plant en de kuriotetes als degenen die de wijsheid in een plant leggen. Bijvoorbeeld de bewegingen van een zonnebloem die zódanig zijn dat maximaal veel zonnestralen worden opgevangen.

Ik noem deze opvatting volledigheidshalve, maar wil er wel aan toevoegen dat het niet de mijne is.

Alle engelen, van hoog tot laag, zien op tot hun Schepper en het beste wat ze kunnen doen is dóórgeven. Ze zijn geen scheppers maar schepselen, net als wij.

Als Johannes tijdens het ontvangen van de Openbaring zich neerwerpt voor de voeten van een machtige engel om hem te aanbidden, zegt deze: 'Doe dit niet. Ik ben een mededienstknecht van u en uw broederen die het getuigenis van Jezus hebben; aanbidt God!' (Openbaring 19 : 10)

Ik meen dat we er goed aan doen deze raad ter harte te nemen.

En zo zien we hoe een nieuwe driehoek is toegevoegd aan die uit de eerste hemel.

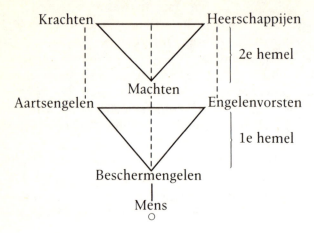

Maar nog zijn we er niet want boven de tweede hemel strekt zich een derde uit, nog dieper, grootser en geweldiger dan de tweede. Als u geen last van hoogtevrees hebt gaan we die thans beklimmen.

9. Ook ons melkwegstelsel maakt weer deel uit van een veel groter geheel, de familie der sterrenstelsels. Hier is er een gefotografeerd. Het is een beeld van de derde hemel die de tweede en de eerste omvat.

b. De wereld in Gods schaduw

Er is een wereld die zo glanzend doortrokken is van Gods liefde dat wij, die op deze verre en tamelijk koude planeet wonen,
ons daar bijna geen voorstelling van kunnen vormen. En ook
in deze wereld wonen engelen.
Ook hier wil ik weer een engelendriehoek oprichten maar deze
keer met de punt naar boven.

Serafijnen

We beginnen dus met de bovenste hoekpunt en plaatsen daar
de serafijnen, de engelen der liefde. Dat is de hoogste engelengroep. Laat ik meteen waarschuwen dat dit woord liefde goed
gezien en begrepen moet worden. Sinds enige tientallen jaren
verstaat men onder liefde zo'n beetje van alles. De liefde be-
drijven is met elkaar naar bed gaan. De liefde tussen twee
filmsterren is na een jaar weer over en vervangen door twee
andere liefden. I can't give you anything but love, baby, zong
een bekend Amerikaans zanger. Dat is wat ik niet bedoel. Met
liefde wordt hier de onbaatzuchtige, zichzelf weggevende liefde bedoeld. Het geven zonder dat je er iets voor terug verwacht. In het Grieks: de Agapè.
Uit dit hoogste punt van die hoogste wereld begint de schepping van hemelen en aarde. Men beseffe dus goed dat de werkelijke essentie van onze gehele schepping de liefde is. Als we
door zouden zoeken voorbij het waterstofatoom, het elektron
en voorbij de lichtquanten, dan zouden we eerst pure vibratie
vinden. En als we voorbij die vibratie zouden zoeken dan zouden we ontdekken dat die vibraties gedachten zijn. En als we
zouden ontdekken dat het gedachten zijn, dan zouden we in
die gedachten warmte ontdekken. Het zijn geen koele, intellectuele gedachten maar warme gedachten.
En zouden we die warmte verder onderzoeken dan zou dat
pure, gevende liefde blijken te zijn. En zouden we dan die liefde verder onderzoeken dan zouden we uiteindelijk uitkomen
op Hem die de liefde schenkt. Vandaar dat er gezegd wordt dat

alles, het geschapene in de zichtbaarheid en het geschapene in de geest, gestempeld is met de geheime naam van God Zelf.

De profeet Jesaja vertelt dat hij de Heer zag zitten op een hoge verheven troon (Jesaja 6 : 1) en dan ziet hij dat boven Hem de seraphim staan, de vlammende engelen, in onze taal de serafijnen. Ieder van die engelen had zes vleugels: met twee bedekt hij zijn aangezicht, met twee bedekt hij zijn voeten en met twee vliegt hij.

Wat is dit voor een geheimzinnige mededeling? Het lijkt me in ieder geval duidelijk dat er met die zes vleugels iets bijzonders wordt aangeduid. Een heel aparte reeks vermogens waar hier op aarde nauwelijks begrip voor bestaat. In onze natuur komt bij mijn weten geen wezen voor dat zes vleugels heeft alhoewel er een fossiel insekt met zes vleugels gevonden is. Maar we moeten ons er vooral voor wachten de zes vleugels te zien als een interessante biologische eigenaardigheid.

We hebben al besproken dat de vleugelen der engelen een symbool zijn voor hun vermogen een onbekende hoek om te gaan en dus plotseling in onze wereld te verschijnen en te verdwijnen. De bekende vergelijking die dit duidelijk moet maken is die der platlanders. Dit zijn fantasiewezens die uitgedacht zijn om ons duidelijk te maken hoe het moet zijn om in een wereld te leven waar de derde dimensie, de hoogte, niet bestaat. Mijn pen bijvoorbeeld, die vanuit de hoogte het papier raakt, is voor de platlanders een wonder. Plotseling, uit het niets, verschijnen er letters. Vanuit de derde dimensie dus.

Zo is er ook een vierde dimensie. Die zien wij niet en vanuit die wereld met vier dimensies stapt een engel bij ons binnen. Een wonder dus. De twee vleugels, of 'hoeken', geven aan dat die engel dat kan. Hij stapt 'de hoek om'.

Maar als we nu de eerste hemel die van de vier dimensies noemen, dan is de tweede hemel voorzien van een vijfde dimensie. Om van de eerste naar de tweede hemel te komen is derhalve een extra paar vleugels nodig. En hoewel we het nooit zo hebben gedaan, zou je de kuriotetes af kunnen beelden met vier vleugels.

En voor de derde hemel wordt nog een dimensie toegevoegd, dit is de wereld van zes dimensies. Nóg een paar extra vleugels is nodig. Misschien is dat de reden dat serafijnen met zes vleugels worden afgebeeld. Met het paar waarmee hij zijn voeten bedekt, kan hij de grens van de aarde naar de eerste hemel overschrijden.

Met het paar waarmee hij vliegt kan hij de grens van de eerste naar de tweede hemel overschrijden. Met die waarmee hij zijn aangezicht bedekt kan hij eindelijk de grens naar de derde hemel overschrijden, de overweldigende lichtwereld vlak bij God. De serafijn is in alle werelden thuis. Liefde kent geen grenzen. (Het idee van de zesdimensionale wereld ontleen ik aan Ouspensky: 'Een nieuw model van het heelal').

Die verheven wezens hebben naar mijn gevoel een eentonige taak. Ze roepen elkaar alsmaar toe: 'Heilig, heilig, heilig is de Heer der Heerscharen, de ganse aarde is vol van Zijn heerlijkheid.' Jesaja voegt eraan toe dat de dorpelposten beefden van het luide roepen.

Laat ik nu eens een kleine oefening met u doen. Ik ga met u luisteren naar de roep der serafijnen. Onafgebroken klinkt het Heilig, Heilig, Heilig. Maar nu ga ik het u in het Hebreeuws laten horen:

Kadoosh . . . Kadoosh . . . Kadoosh . . .

Als u de iets oudere askenazische uitspraak neemt, die dus dichter bij het oorspronkelijke staat, klinkt het als volgt:

Kodoesh . . . Kodoesh . . . Kodoesh . . .

Wat hoort u? Zegt u het eens langzaam en zacht voor uzelf. Hoort u ook wat ik hoor? Begrijpt u nu waarom de dorpelposten beefden?

Kodoesh . . . Kodoesh . . . Kodoesh . . .

U hoort een branding!

En precies op dit moment maak ik even een klein uitstapje naar de aarde die midden in de energiecrisis zit.

In 1857 werd in Joegoslavië een der grootste genieën uit het technische tijdvak geboren: Nikola Tesla. Hij vestigde zich later in Amerika en werkte samen met Edison. Hij was de ontdekker van de zogenaamde Teslastromen.

Hans Nieper vertelt in zijn boek 'Revolution' nog eens het verhaal hoe Tesla een nieuw soort motor in zijn auto monteerde. Deze haalde door middel van een 180 cm lange antenne energie 'uit de lucht'. De auto reed 150 km per uur, behoefde nooit te tanken en reed volkomen schoon.

Tesla nam het geheim van deze auto mee in zijn graf. Dit alles gebeurde in 1931!

Wat was dat voor energie?

De geniale jaargenoot van Freud, Wilhelm Reich, had ook al een nieuwe energie ontdekt, door hem 'orgonen-energie' genoemd. Hij zag kans deze energie te verzamelen en hij gebruikte haar voor verschillende doeleinden, onder andere voor hulp aan kankerpatiënten. Hij zag ook kans tijdens een droge periode deze energie zo te richten dat een regenbui het gevolg was. En volgens zijn vrouw Ilse had hij ook een motor op deze vorm van energie laten lopen. Dit gebeurde in de vijftiger jaren.

Beschouwt u Tesla en Reich als een aanloopje voor de man over wie ik het nu wil hebben: T. Henry Moray. Zijn boek: 'The sea of energy in which the earth floats' is net door zijn zoons in herdruk gebracht.

Moray was een elektrotechnicus die zei dat er in de kosmos genoeg energie zit om voor iedere mens op aarde 1½ miljoen 100-Watt lampen aan te steken. Amerikaanse overdrijving?

In 1911 zei Moray dat een gigantisch energieveld deze aarde bereikt en dat dit in golven gebeurt, net zoals de golven van de zee de kust beuken. Hij noemde die energie 'Radiant Energy' (stralende energie) en hij zag inderdaad in 1925 kans een 100-Watt lamp op deze energie te laten branden. Hij gebruikte een lange antenne en een aardleiding maar geen andere energiebron. Hij heeft dit aan veel mensen gedemonstreerd.

In 1937 brandde hij 40 lampen van 100 Watt. Een foto van deze gebeurtenis komt in zijn boek voor.

De lampen van Moray brandden met een heel bijzonder helder licht, een soort daglicht. Zijn apparaat, niet veel groter dan een flinke koffer, werd nooit warm. En als je het niet uitzette ging het altijd maar door met het leveren van energie. De enige moeilijkheid bij het aanzetten was dat je even moest zoeken waar het veld lag. Je moest 'intunen', net als bij een radiostation. Afgezien van het warmtevrij werken van het toestel, werkte het ook geruisloos.

Moray zei dat zijn toestel niets anders was dan een pomp voor kosmische energie. Hij zette de aanstormende energiegolven om in een gelijkmatige stroom. Net zoiets als wat ons hart doet dat ervoor zorgt, door middel van zijn klepsysteem, dat het bloed maar één kant op kan stromen. Of net zoals je uit de aanstromende golven van de zee de voorste golven in een bassin zou kunnen laten komen, waarvan een klep zich zou sluiten op het moment dat de golf terugstroomde, zodat je een heen en weer stromende golf om zou zetten in een continue waterstroom. En met die stroom kun je dan weer energie opwekken.

De 'klep' die Moray gebruikte was gemaakt van het zeldzame mineraal germanium dat later zo'n grote rol zou gaan spelen bij de transistorproduktie. Moray was dus de eerste die deze stof ooit voor praktische doeleinden gebruikte. Hij zei over dit alles: 'Het heelal is gelijk aan een enorm radiozendstation.'

Welke energie vonden Reich, Tesla en Moray? Er is thans een genootschap, dat in 1980 door Nieper werd opgericht, dat tracht alle gegevens over deze energie te bundelen. Men heeft haar een nieuwe naam gegeven, namelijk: tachyonenenergie. Men vermoedt dat alle hemellichamen drijven in een gigantisch tachyonenveld en dat een der uitingen van dat veld de zwaartekracht is. Het praktisch aanwenden van deze energie zou dus betekenen dat je direct uit zwaartekracht energie kunt halen, iets waar science fiction schrijvers al lang mee bezig zijn. Maar stelt u zich voor dat de praktische uitvoering van zo'n omzetting om de hoek ligt. Dat elk huis, elke stad die energie eenvoudig zou kunnen betrekken door middel van omzettende apparatuur. Die energie zou twee eigenschappen hebben: hij zou geheel kosteloos zijn en hij zou geen enkele verontreiniging opleveren. Alleen de apparatuur zou geleverd moeten worden maar aangezien die geen bewegende onderdelen bevat zou zo'n omzetter vijfhonderd jaar mee kunnen. Wat een gigantische maatschappelijke revolutie zou dat teweegbrengen!

Want macht berust op schaarste maar als voor het eerst in de wereldgeschiedenis de schaarste voorbij zou zijn dan staat elke machthebber voor aap.

We kunnen dus spreken over een energiebranding die zonder oponthoud de kusten van de materie beukt, of het nu sterrenwegstelsels, zonnen of planeten zijn. Een energiebranding die de wereld opbouwt en bij elkaar houdt.

En nu ga ik weer naar de serafijnen en naar hun Kodoesh... Kodoesh... Kodoesh...

Is het te veel gezegd wanneer we stellen dat die energiebranding, die hier te langen leste aanspoelt als 'tachyonenenergie', zijn oorsprong vindt daar in die hoogste wereld? Als dat zo is doen de serafijnen daar iets heel bijzonders. Dan is het Heilig... Heilig... Heilig... een allesbehalve eentonig werk. Het is in de eerste plaats ook niet een jubelzang voor de grootheid van God. Het is iets heel anders, namelijk letterlijk een scheppingsgezang. De serafijnen zijn de eersten die de van God afkomstige scheppingsgolven als in een lens bundelen en de ruimte inzenden. En uit het Kodoesh... Kodoesh... Kodoesh... vormen zich de werelden.

Meteen na het kodoesh staat er 'de Heer der Heerscharen'. Het eerste woord na Kodoesh is dat woord dat men in het jodendom niet uit mag spreken en dat men in de christelijke literatuur als Jahwe tegenkomt. Wat spoelt er aan met die scheppingsgolven? Wat is de kern ervan? De grote geheime Naam van God! De Naam waarvan het jodendom zegt dat die de hoeksteen van de schepping vormt.

Moray was een diep gelovig man en men kan zich voorstellen hoe hij vol ontzag geweest is voor die machtige scheppingsgolfslag die bruisend als een branding tegen de vaste hemellichamen opslaat. Daar, in de wereld van Gods schaduw is het, dat de grondstof van de werelden wordt weggezonden, de ruimte in. Deze grondstof ondergaat daarna verscheidene verdichtingen. In de tweede hemel, die der schepping, wordt zij omgezet in de zogenaamde archetypen, de oervoorbeelden van de wereld. In de eerste hemel, die der formatie, wordt zij omgezet in de matrijzen, de 'koekplanken' van de materiële wereld. En ten slotte verdicht zij zich nog eens tot de wereld die wij kennen. Zij wordt opgeborgen in kleine wervels die wij atomen noemen. We nemen haar waar als licht, onzichtbaar is zij om ons heen als geluidsgolven, radiogolven, zwaartekrachtgolven en alle andere delen van het onzichtbare spectrum.

Uit de branding van energie, afkomstig uit die hoge wereld, zijn de materiële werelden aangeslibd. Het aanstromen van die energie is een fascinerende gedachte. Het is alsof je die grote golven hóórt, een aanhoudende branding die ons gewicht geeft op de plaats waar we staan.

Toch is die energie, daar in die hoge wereld der serafijnen, nog geen zwaartekrachtgolf of vibratie te noemen. Zij is van een veel fijner gehalte. Wat is die dan wèl? Bedenk wat de serafijnen zijn, dáár ligt de oplossing.

Het Heilig . . . Heilig . . . Heilig . . . van de serafijnen is de golfslag van de liefde! En dit is uiterst belangrijk. Als een mens werkelijk onbaatzuchtig liefheeft dan is hij met dit gebied verbonden. Dan is hij een bondgenoot en medewerker van de serafijnen geworden. En dan gebeuren er ook letterlijk wonderen. Dat is niet zo vreemd. De golfslag van de liefde is de grondsubstantie van deze wereld. Wanneer je daar, helemaal aan het begin, een kleinigheid verandert dan zie je hier, helemaal aan het eind, enorme effecten. Net zoals een klein steentje boven in de bergen, beneden in het dal een enorme lawine kan veroorzaken.

Als iemand werkelijk een stukje onbaatzuchtige liefde weggeeft dan is dat als het steentje boven in de bergen. Dan wordt er als het ware een juichtrillertje toegevoegd aan het Heilig . . . Heilig . . . Heilig . . . en dan wordt er iets in de aarde tot in de diepste vezelen van haar structuur veranderd. Het spreekwoord 'Liefde overwint alles' lijkt me dan ook letterlijk waar.

Samenvattend kunnen we zeggen dat niet het waterstofatoom de bouwstof van ons heelal is maar de Naam van God. En niet de quant is de eenheid van energie maar de heiligheid. En niet vibratie is het wezen van energie maar de liefde.

Gods Naam, heiligheid en liefde zijn de grondvesten van het heelal, de gehele Schepping is ervan doortrokken.

Cherubijnen

Een tweede klasse van wezens vinden we eveneens daar vlak bij God.

Als Vondel van zijn overleden Constantijntje zegt dat hij een 'cherubijntje van omhoog' is, klinkt dat lief maar het kan nauwelijks onjuister. Het woord cherubijn is afkomstig van het Hebreeuwse woord cherubim, meervoud van cherub, een ontzagwekkend wezen.

Het woord is waarschijnlijk verwant aan het Nederlandse woord Griffioen, een mythologisch wezen, bestaande uit het bovenlijf van een adelaar en het onderlijf van een leeuw, met spitse oren en een slingerende staart. Het dier komt in de heraldiek voor. Met het woord griffioen is het woord grijpen verwant. De profeet Ezechiël heeft een beschrijving van de cherub gegeven. Hij zegt onder andere (Ezechiël 1):

'. . . zij hadden de gedaante van een mens, ieder had vier aangezichten en ieder van hen vier vleugels. Wat hun benen aangaat, deze waren recht en hun voetzolen waren als die van een kalf en fonkelden als gepolijst koper. Onder hun vleugels waren mensenhanden aan hun vier zijden . . .

. . . En wat hun aangezichten betreft, die geleken bij alle vier ter rechterzijde op dat van een mens en dat van een leeuw; bij alle vier ter linkerzijde op dat van een rund; ook hadden alle vier het aangezicht van een arend . . .

. . . En wat de gedaante der wezens betreft, hun aanblik was als die van brandende vuurkolen, als van fakkels — zich bewegend tussen de wezens; en het vuur glansde en bliksemen schoten daaruit.'

In Ezechiël 10 zien we dan dat dit over de cherub gaat. Zeer merkwaardig is dat een van mijn geënquêteerden, een wat oudere vrouw, me vertelde dat ze eens een paradijselijk visioen had gehad. Er waren daar dieren die omhoog keken naar een glans die ze niet verdragen kon en er was een regenboog. (De regenboog wordt ook door Johannes genoemd.)

Ze was daarna erg gelukkig en ze was sindsdien niet meer bang geweest om dood te gaan maar had het nooit aan iemand verteld. Toen ik haar de desbetreffende passage van de cherubs voorlas was ze erg verbaasd want daar had ze nog nooit van gehoord. Johannes beschrijft in het boek Openbaring (hoofdstuk 4) analoge wezens. Alleen geeft hij ze elk zes vleugels. En zij roepen voortdurend, dag en nacht: 'Heilig, heilig, heilig is

de Here God, de Almachtige, die was en die is en die komt.'
Net als de serafijnen dus.

De detailverschillen in Ezechiël en Johannes zijn gering, het is duidelijk dat hier hetzelfde aangeduid wordt.

De cherub is een der eerste hemelbewoners waarover de Bijbel bericht want deze bewaakt de ingang van het paradijs nadat Adam daaruit verdreven was.

In psalm 18 : 11 zien we God op een cherub rijden en 'hemels rijdier' zou een der woordbetekenissen van cherub kunnen zijn.

We zien de cherub nog ergens anders, deze keer in beeldhouw-werk. Twee gouden cherubs bedekken de ark des verbonds, het meest heilige voorwerp in de eredienst van Israël. Als de hoge-priester in het Heilige der Heiligen binnentrad dan klonk Gods stem van tussen de cherubvleugels. Ook hier hebben zij dus de betekenis van 'Gods rijdier'.

Ik heb een zo volledig mogelijke beschrijving van deze wezens gegeven om te laten zien hoe vreemd en andere-wereldachtig dat alles is. Een beschermengel is een bijna huiselijke verschij-ning vergeleken met dit ontzagwekkende samengestelde le-vende wezen.

Toch geloof ik niet dat er aan de mensen mededelingen wor-den gedaan met het doel hen niet te laten begrijpen wat er staat. Ezechiël, David en Johannes zágen de cherubim en dus moet het voor onze geest mogelijk zijn om — zij het dan een klein eindje — door te dringen in dit mysterie.

Het eerste wat natuurlijk opvalt zijn de vier gezichten. Zelfs als ornament wordt dit onderwerp graag gebruikt. Ik heb zo'n ouderwetse koperen tafelbel met de vier evangelisten er op.

Boven hun vier namen ziet men een leeuw, een rund, een en-gel en een adelaar. Dit zijn de vier punten van het zogenaamde vaste kruis van de dierenriem: Stier, Leeuw, Schorpioen, Wa-terman. Maar ja, met die mededeling komen we nog niet veel verder.

U ziet dat leeuw, rund, engel en adelaar op de koperen bel niet geheel overeenstemmen met datgene wat Ezechiël beschrijft als leeuw, rund, mens en adelaar. Hier zit het oude weten ach-ter dat mens en engel er uiterlijk hetzelfde uitzien. Verder ziet u dat in het bovenstaande rijtje van de dierenriem het derde teken niet de adelaar maar de schorpioen is. Dat komt doordat de schorpioen een dubbel teken is. Aan de ene kant heeft het te maken met de dood en dan zien we als symbool de schorpioen. Aan de andere kant heeft het juist te maken met de overwinning van de dood en dan krijgen we de hoogvliegende adelaar. Merkwaardig is in dit verband dat mensen met een sterke schorpioenbezetting in hun horoscoop, vaak een duidelijke adelaarsblik in hun ogen hebben.

Laten we nu eerst eens even over de mededeling nadenken die ons over de cherubs gedaan wordt, namelijk over het feit dat God rijdt op een wezen met de vier gezichten van de dierenriemtekens stier, leeuw, schorpioen en waterman.

Aangezien God alles geschapen heeft kun je daarmee zeggen dat iedere zaak die we tegenkomen waarschijnlijk vier kanten heeft en dat — wil je er iets van begrijpen — tenminste vier kanten van elk probleem door je bekeken moeten worden. Dat is nogal wat.

We bekijken meestal maar één kant van een zaak, onze eigen, en we vinden het al heel goed wanneer we wijs opmerken (meestal tegen een ander) 'Je moet ook de àndere kant eens bekijken'. Op dit principe, het horen van de andere kant, berust de rechtspraak in een rechtsstaat.

Nu is het niet mijn bedoeling de astrologische betekenissen van de vier gezichten uit te leggen. Het gaat er om dat we begrijpen hoe je vier kanten op moet kijken als je iets van deze wereld wilt begrijpen.

Neem een mens. Je kunt zuiver zijn lichaam bekijken, zoals een chirurg of een laboratorium dat doet. Het pure vlees. Dat is de kant die 'stier' genoemd wordt.

Je kunt hem psychologisch bekijken met zijn ups en downs en zijn verborgen hoeken en gaten. Dat is de kant die 'schorpioen' genoemd wordt.

Je kunt hem van zijn geest uit bekijken: wat is de levensbeschouwing, hoe is het niveau. Dat noem je de 'leeuw'-kant.

En je kunt de mens vanuit de hemel bekijken: heeft die mens contact met God? Bidt die mens? Dat is de 'waterman'-kant.

Bij ernstige ziekte moet je vaak alle vier niveaus bekijken en ook in relatiestoringen is dit belangrijk. Als bij een van de twee partners een niveau onderontwikkeld is, dan staat het ermee overeenkomende niveau van de andere partner in de kou.

In deze tijd zie je veel vrouwen met een goed ontwikkelde 'honger naar de hemel', getrouwd met mannen bij wie dat vrijwel afwezig is. Dan hebben die vrouwen het gevoel of hun huwelijk een verkeerd dichtgeknoopt vest is: niet alleen blijft er steeds één knoopje over maar het hele vest zit scheef.

Maar ook op het politieke terrein gelden de vier niveaus. De kruisraketten bijvoorbeeld, die — gezien vanuit het zuivere vechtniveau (schorpioen) — logisch zijn, zijn vanuit het hoogste niveau: de mens zoals hij hier bedoeld is, een onvoorstelbare ramp. En nu bedoel ik álle kruisraketten, van Oost én West.

En ten slotte: Het leven van Jezus *kon* alleen maar door *vier* evangelisten beschreven worden. Dan pas heb je een zekere mate van volledigheid. Daarom kloppen de vier evangeliën ook niet helemaal met elkaar. Evenmin als de beschrijvingen van vier mensen die van vier kanten een oude woudreus beschrijven, met elkaar zouden kloppen.

Als de vier evangelieverhalen precies met elkaar zouden kloppen, dan zouden ze niet waar kunnen zijn!

Ezechiël schildert de cherubs af als wezens die bedekt zijn met ogen. De Openbaring van Johannes voegt daaraan toe dat ze rondom én van binnen vol ogen waren. Wat zou dit kunnen betekenen?

Let eerst op de vermelding: ogen van buiten én van binnen. Probeert u, lezer, dit zelf. Kijkt u op dit moment naar de woorden die hier staan en richt u tegelijkertijd uw oog naar binnen en kijk naar uzelf die dit zit te lezen. Wat merkt u? Dat uw bewustzijn verandert. Het neemt toe. U bent even in uzelf klaar wakker. Maar dat is, wat u betreft, dan ook alles. U ziet alleen deze woorden en u ziet uzelf die deze woorden leest.

Maar stelt u zich nu voor dat uw bewustzijn zich uit zou breiden. U wordt zich bewust van het boek op uw schoot en van uw huid die de druk registreert. U wordt zich bewust van uw ademhaling, van uzelf die de ademhaling registreert. Van de kleur van het vloerkleed en van uw eigen reactie op die kleur. U wordt dan eigenlijk vol ogen, naar binnen en naar buiten.

Dan gaat u benaderen wat er geschreven is over de cherubijnen. Ze zijn zich voortdurend helder bewust van alle details van de schepping en tegelijk van de bron waar die schepping vandaan komt. Het wil zeggen dat er in onze schepping, hoe ver sommige planeten ook van het centrum verwijderd mogen zijn, geen onderdelen voorkomen die niet in Gods bewustzijn worden vastgehouden. Als de bruisende golfslag van het Kodoesh ... Kodoesh ... Kodoesh ... éven niet zou klinken, dan zou de wereld in één oogwenk verdampen. Dat is de achtergrond van de merkwaardige uitspraak dat de haren van ons hoofd alle geteld zijn (Mattheus 10 : 30).

Het zijn geen blinde maar volkomen bewuste krachten die de schepping opbouwen. Zoekt men naar de grondstof van onze schepping, voorbij de quanten en voorbij de vibrerende energie, dan stuit men niet alleen op de liefde maar bovendien op het feit dat deze verbonden is met een glashelder, intensief bewustzijn. Een bewustzijn dat alle details van de schepping doordringt. Het is een huiveringwekkende gedachte.

De cherubijnen roepen dus ook het Heilig ... Heilig ... Heilig ... maar bij hen ligt de nadruk iets anders. Ligt bij de serafijnen de nadruk op de liefde, bij de cherubijnen ligt die op de wijsheid. Dit valt op te maken uit de plaats die ze in het grote en reeds genoemde tienvoudige symbool over de hemelse gebieden innemen. De serafijnen overstromen de schepping met Gods warmte, de cherubijnen met hun heldere, intense bewustzijn. Dat laatste wordt de logos genoemd, in onze taal wat moeizaam vertaald met 'het woord'.

Laten we eens over dat scheppende woord nadenken. Het woord dat in Gods bewustzijn geformuleerd wordt en door de cherubijnen wordt verder 'gezongen'.

Stelt u zich dat woord niet als een koel zakelijke uitspraak voor. Laten we een heel eenvoudig voorbeeld nemen en ons voorstellen dat God een krokodil wil scheppen en het woord krokodil formuleert.

Dan moeten we niet alleen denken aan de anatomie van een krokodil met haar enorme pantsering, haar ontzagwekkende kracht maar we moeten eraan denken dat de goede God zelfs in dat griezelige beest een enorm plezier heeft. Hij heeft dat woord 'krokodil' uitgesproken met grote liefde, zoals wij de naam uitspreken van een bloem waar we erg dol op zijn. Wijsheid is altijd vol warmte. Wijsheid is overigens moeilijk uit de zintuigelijke waarneming te halen. Die waarneming leert ons dat een krokodil een monster is dat we liever af moeten schieten voor het te groot wordt. We kunnen dan ook nog damestassen van zijn huid maken, of schoenen. Wijsheid wordt op andere manier geleerd. Als je de liefde toepast op je omgeving, ongeacht de reactie van die omgeving, ontstaat er wijsheid.

Je komt die wijsheid soms tegen in oudere mensen die in een lang leven hun mensenliefde niet zijn kwijtgeraakt. Die wordt dan soms heel eenvoudig geformuleerd maar dat milde van de liefde zit er altijd in. Wij hadden in militaire dienst een overste boven ons die een der domste mensen was die ik ooit heb meegemaakt. Hij was langzaam naar boven gesleten en daar zat hij dan. Ik ergerde me groen en geel aan de man.

Nu hadden we daar ook een oudere sergeant-majoor, zo eentje met van dat stugge spijkerhaar, een manusje van alles. En elke keer als ik bijna uit mijn vel sprong keek hij me met zijn wijze, oude oogjes aan en zei hij: 'Dokter, dokter, kalm aan. Je moet een trap van een ezel kunnen velen'. Daarmee weerhield hij mij van het doen van stomme dingen en schiep hij een sfeer van tolerantie die het werken daar onder die overste dragelijk maakte. Hij maakte elke keer ruimte.

Je komt de wijsheid ook tegen in hen die een heel leven ernstig Gods woord hebben bestudeerd en ... (en wat ik nu ga opschrijven hoort er zeer beslist bij) ook hebben getracht het in hun eigen leven toe te passen. Je herkent dat principe in de ogen van mensen. Het is alsof er afstand is tot de wereld die toch meteen weer overbrugd is door grote vriendelijkheid. De wereld kan hen nog wel raken maar nooit meer kraken. En ze zijn niet cynisch maar tolerant geworden. Rijpe oude vruchten in de aardse tuin.

Een ieder die verbonden is met de wijsheid is ook verbonden met de cherubijnen. Zijn woord wordt, zonder dat hij zelf begrijpt hoe, geladen. Het krijgt kracht. Het plant zich voort. Geen wonder want er is resonantie opgetreden met de 'uitzending' die door de cherubijnen wordt verzorgd.

Het doet me denken aan een verhaal dat tante Corrie ten Boom graag vertelde, van een specht die in een boom zat te hakken. Op dat moment sloeg de bliksem in de boom en de boom brak af precies op de plaats waar de specht had gehakt. Het beest vloog hoofdschuddend weg en zei tegen zichzelf: 'Ik had nooit gedacht dat ik zoveel kracht in mijn bek had'.

Zo vergaat het de mensen die ernst maken met de woorden uit de Bijbel. Hun woord wordt ingetuned op het grote Woord en wordt bovenmatig versterkt. Dan kan het zijn dat je, zonder je ervan bewust te zijn, enkele woorden tot iemand in nood spreekt en dat die ander jaren later tegen je zegt: 'Die woorden hebben mijn leven veranderd.' We moeten alleen oppassen niet als die specht te worden en te denken dat die kracht van onszelf is.

We moeten ook enorm oppassen de cherubijnen en serafijnen niet als abstracte krachten te zien. Het zijn aparte individuen, levende persoonlijkheden. Zelfs veel meer dan wij, die nog tamelijk schimmig zijn. Door liefde en door wijsheid raak je verbonden met machtige, levende bondgenoten. En als je goed oplet kun je hun invloed merken.

Ik hoop dus dat niemand bij het woord cherubijn ooit nog zal denken aan een mollig plafondengeltje. Al haast ik me volledigheidshalve te vermelden dat Swedenborg zegt dat de engelen in de hoogste regionen ons soms als kinderen voor kunnen komen doordat ze zo dicht bij God staan en dus vol onschuld zijn.

Het lijkt me overigens waarschijnlijk dat als u ooit een cherubijn tegenkomt deze er zeker niet zo ingewikkeld zal uitzien als in deze beschrijvingen. Ook de cherubijn zal vermoedelijk een stralende menselijke gestalte hebben. De vier aangezichten — waarvan drie dierlijk — en de zes vleugels moeten vooral worden beschouwd als aanduidingen van eigenschappen, niet als letterlijke, uiterlijke kenmerken.

De Ofanim (letterlijk: wielen)

Ezechiël vertelt in zijn eerste hoofdstuk dat er vlak bij elk van de cherubijnen veelkleurige, wielachtige structuren waren. Die wielen waren ringvormig opgebouwd, zodat je als het ware een wiel binnen een wiel zag. Die wielen werden tezamen met de cherubijnen opgeheven van de aarde en gingen overal met hen mee. Er wordt gezegd dat de 'geest van de cherubs' in die ringen was, wat zoveel wil zeggen dat ze hun energie aan de cherubs ontleenden. Zowel in het oude joodse als in het oude christelijke denken worden deze wielvormige structuren aangezien voor een aparte engelenhiërarchie.

Dat het geen mechanische vormsels zijn maar dat er bewustzijn in de wielen schuilt, kunnen we zien aan de mededeling dat de binnenste ring 'vol ogen' was.

Laat u dat beeld nu eens rustig op u inwerken. Veelkleurige, doorzichtige ringen waarvan de een in de ander draait. De binnenste met ogen. Ze stijgen op. Doet u dat ergens aan denken? We kunnen er mijns inziens niet omheen. Het is een bijna exacte beschrijving van een zeer mysterieus verschijnsel dat reeds lang door de mensheid is opgemerkt maar dat speciaal in de tweede helft van de twintigste eeuw explosief is toegenomen. Ik doel op de zgn. vliegende schotels. Die overeenkomst is meer mensen opgevallen en ik haalde daarom reeds het feit aan dat onder andere om deze reden er mensen zijn die de conclusie hebben getrokken dat God in werkelijkheid een astronaut was, een vertegenwoordiger van een hoog sterrenras, die de aapachtige bewoner van deze planeet uit zijn lage staat verhief door aan zijn erfelijkheidssysteem te sleutelen. En die af en toe nog eens een kijkje komt nemen om te zien hoe het er met zijn broedkolonie voorstaat.

Dit is een vreemde redenatie. Want wat je in werkelijkheid doet is alles persen in dat ene stoffelijke vlak. Ook de goden, of god, zijn dan stoffelijke wezens, zij het dat ze verder weg wonen. Er is in zo'n redenatie geen plaats voor hogere werelden. Als ik consequent zo door zou redeneren, zou ik mezelf af moeten vragen waarom engelen als ze uit de hemel komen geen zuurstofmaskers dragen. Want de hemel begint toch immers boven onze hoogste bergtop, de Mount Everest, en iedere engel die naar beneden komt zou dus minstens een ruimtepak aan moeten trekken.

Een tweede moeilijkheid is deze: Als we denken dat de goden

niets meer dan astronauten waren, wie schiep dan wel die astronauten?

Nee, willen we de wereld werkelijk begrijpen dan zullen we hogere werelden, hemelen, in moeten schakelen. Dan zullen we ons begripsvermogen omhoog moeten laten wieken tot helemaal daar bij die serafijnen, cherubijnen en ofanim toe.

De vraag is nu eerst: Wat zijn die vliegende schotels? Hebben ze echt met de ofanim te maken? 10% van de huidige mensheid heeft een vliegende schotel gezien. Wat ziet men daar? Het is bekend dat de vliegende schotels plotseling kunnen verdwijnen. Dematerialiseren noemt men dat. En de science-fictionschrijvers haasten zich ons te vertellen dat zij zich dan op een ver verwijderd sterrenwegstelsel weer materialiseren, zodat ze met een geweldige sprong lichtjaren kunnen overbruggen.

Het is een fascinerende theorie, maar is hij waar? Of zien we in de lucht symbolische voorstellingen van de ofanim, net zoals Ezechiël die zag? En maken we daar met onze technische gedachtengang machines van?

Of hebben vliegende schotels niets te maken met de ofanim en ook niets met reizigers van andere planeten? Zijn het misschien uitingen van datzelfde vreemde tussenras waar vroegere eeuwen meer van wisten dan wij en dat ze aanduidden met de naam elfen? Veel vliegende schotelverhalen klinken naar stoutigheid, naar voor-de-gek-houderij en datzelfde is een constant element in de elfenverhalen.

Ik geef dus geen oplossing voor de vliegende schotels maar ik wilde er alleen op wijzen dat ze een vreemde gelijkenis vertonen met Ezechiëls ofanim, die door Dionysius wordt aangeduid als de derde engelenhiërarchie. En zoiets gebeurt nooit voor niets.

Zelfs als zou blijken dat de vliegende schotels geen uiting van de ofanim zijn, dan nog moeten we ermee rekening houden dat wij op het ogenblik krachtdadig herinnerd worden aan de structuur van de ofanim, omdat de vliegende schotels op hen lijken. Er bestaat tenminste een verwantschap.

De ofanim hebben in het systeem van Dyonysius een andere naam, namelijk 'tronen'.

Gek eigenlijk, dat een engelenhiërarchie er uit zou zien als een wiel. Maar vergeet niet dat dit levende symbolen zijn. Christus werd door Johannes toch ook als een lam aangeduid. Toch zag Hij er uit als een mens. Bijt u zich dus niet vast in dat symbool en denkt u niet bij uzelf: 'Wat griezelig dat een levend wezen er zo uitziet.'

Als u een ofanim van aangezicht tot aangezicht zou mogen ontmoeten, dan zou u gewoon een mensachtig wezen ontmoeten. Die wielstructuur is meer zijn familiewapen. Een vlag die de lading dekt. Waar staan die 'tronen' of ofanim nu precies in de tienvoudige hemelkaart? In welke hemelstreek wonen zij? Precies zoals Ezechiël al zegt staan ze 'naast' de cherubijnen. Ze wonen in een streek waar iets eigenaardigs van verteld wordt. Er wordt over die hemelstreek verteld dat daar de eerste aanleg van de materie ontstaat. Bij de serafijnen en cherubijnen met hun drievoudig 'heilig' kan men nog niet van materie spreken. Meer van machtig, onstuimig aangolvende scheppingsideeën. Maar in de streek van de ofanim gaat er een eerste verdichting optreden. Net zoals het eerste ijs op een sloot.

Laten we dit voorzichtig opbouwen. Stelt u zich voor dat u een idee in uw hoofd hebt. Het idee om een veulen te boetseren. U ziet het veulen in uw geestesoog voor u. Maar het is nog zuiver idee. Het neemt nergens ruimte in. Maar nu gaat u het echt boetseren uit een stuk klei. Dan is het 'gematerialiseerd'. Nu neemt het ruimte in. Overal waar iets tot stof wordt, daar gaat het ruimte innemen. Dat veulen van klei zal echter niet eeuwig blijven bestaan. Op een goede dag verpulvert het weer tot stof. Als iets hier ontstaat in de stof dan verdwijnt het op den duur ook weer. Er komt een 'ervoor' en 'erna'. Zodra er ruimte verschijnt, verschijnt er ook tijd. Die beide begrippen ruimte en tijd komen voor het eerst bij de ofanim te voorschijn. Bij de cherubijnen hebben die begrippen nog geen zin maar bij de ofanim worden ze werkelijkheid.

Nu zult u allemaal wel opgemerkt hebben dat er met de tijd iets bijzonders aan de hand is.

Zo op het eerste gezicht loopt de tijd als een rechte lijn. Maar als we goed kijken zien we dat er na elke zondag op den duur weer een zondag volgt, dat er na elk voorjaar op den duur weer een voorjaar volgt, dat er steeds in ons leven bepaalde fasen terugkeren. Eigenlijk draait de tijd in een cirkel rond, of misschien in een spiraal, want je komt nooit precies op hetzelfde punt weer uit.

Gevoelsmatig ligt de cirkel ook heel duidelijk voor ons. Iedereen die iemand door de dood verloren heeft zal weten dat je extra pijn hebt in de weken die de dood van de geliefde persoon herdenken. Als je moeder gestorven is in juni, ben je in december verder van haar dood af dan in juni een jaar later.

Het is dus misschien zeer zinvol dat de engelenhiërarchie die te maken heeft met de ruimte en tijd, wordt aangeduid als een ronde structuur.

Wat hebben die tronen dus een geweldig belangrijk werkterrein. Ze helpen misschien om dat wat als ideeën bij ze binnenkomt, te verdichten tot echte materie, net zoals wij het idee van een veulen verdichten tot veulen van klei (al is de klei natuurlijk in ons geval al aanwezig). En zodra er ergens stof is kun je ook gaan spreken van aantrekkingskracht van die stof, van zwaartekracht. En zie nu eens waarheen dit ons allemaal leidt.

De modernste natuurkunde leert ons dat er een innige verbinding bestaat tussen drie begrippen, namelijk onze uiterlijke verschijningswereld, het zwaartekrachtveld en de tijd.

U hebt natuurlijk gehoord dat de stof uit kleinste deeltjes, uit atomen, bestaat. Zo ziet men tegenwoordig ook licht als bestaande uit zeer kleine deeltjes, namelijk quanten. En men is nog verder gegaan. Men zegt dat ook de zwaartekrachtgolven uit zeer kleine deeltjes bestaan en die noemt men dan met een ingewikkeld woord 'tachyonen'. En men denkt nu tegenwoordig dat die tachyonen de eigenlijke bouwstenen van de materiële schepping zijn. Dat ze eigenlijk de bouwstenen van de atomen zijn.

Maar wat een vreemde wereld wordt daar door de moderne natuurkunde beschreven als ze het over die zeer kleine deeltjes heeft. Zo zegt ze dat die tachyonen heel snel bewegen en dat, als hun beweging sneller gaat, de tijd wordt samengedrukt en als die langzamer gaat dat dan de tijd wordt uitgerekt.

Dat is natuurlijk voor ons een onvoorstelbare zaak, al weten we wel dat tijd soms lang en soms kort kan duren, al naar gelang we geïnteresseerd zijn of ons vervelen.

De nieuwe natuurkunde ziet dus de 'tijd' niet als iets ongrijpbaars of iets abstracts maar als iets zeer concreets en daarmee is ze eigenlijk teruggekeerd tot het oude Hebreeuwse denken, dat de tijd als iets net zo concreets zag als water.

Wat ik met deze dingen zeggen wil is dat de hedendaagse natuurkunde directe verbanden legt tussen de zwaartekracht, de tijd en datgene wat wij als onze verschijningswereld zien. En dat de 'tronen' of 'ofanim' de plaats zijn in de schepping waar deze drie dingen voor het eerst te voorschijn komen, namelijk ruimtelijke ordening, zwaartekracht en tijd.

Ik waarschuw u dat deze dingen ons begrip te boven gaan. De wanhoop van de natuurkunde is dat ze haar eigen vondsten niet meer begrijpen kan. Ze gaan het begrip van onze menselijke hersenen te boven. Daarom is elke voorstelling die je je probeert te maken, ernaast. Ik stel het me maar zo voor dat de geweldige scheppingsstroom, nadat hij door serafijnen en cherubijnen is heengegaan, zich bij de tronen verdicht. Dat die wervelingen gaan aanbrengen in die scheppingsstroom en dat die wervelingen zich verdichten in de eronder gelegen tweede hemel en dan nog eens in de daaronder gelegen eerste hemel en dat ze tenslotte als een uiterst snelle werveling in onze wereld terechtkomen. En dat zijn dan de atomen, waarvan we weten dat ze eigenlijk bestaan uit uiterst snel wervelende energie, al komt de materie ons ook als strak en onbeweeglijk voor.

Ik begrijp dat ik met al deze dingen de lezer tot het uiterste op de proef heb gesteld. Maar ja, we bevinden ons hier ook in een duizelingwekkend hoog gebied. Eigenlijk zouden we even van de zwaartekracht verlost moeten zijn, die zowel onze gedachten als onze lichamen vasthoudt. Men praat tegenwoordig veel over anti-zwaartekracht en men speculeert erover dat de vliegende schotels daarop vliegen. We hebben veel anti-zwaartekracht nodig om onze gedachten op te heffen tot die derde hemel.

Helpen de ofanim ons nu ook daadwerkelijk? Of zijn ze zozeer verbonden met het scheppingsgebeuren dat ze te hoog voor ons zijn? Welnu, ik geloof dat ze juist innig met ons verbonden zijn. Ons stoffelijk lichaam bestaat uit snel wervelende atomen, dus we zijn tot in de diepte van onze stof met de ofanim verbonden. Maar het zou ook zo kunnen zijn dat een man als Moray, die als ideaal had het zwaartekrachtveld te gebruiken voor schone en goedkope energie, zijn inspiratie kreeg van de ofanim. Misschien is het zo dat ieder mens die tracht de materie van deze aarde zo goed mogelijk te gebruiken, een verbinding heeft gemaakt met deze strenge engelen. Het gevecht tegen de vuile, fossiele energie en tegen de nog vuilere atoomenergie, zal alleen worden gewonnen door hen die verbinding hebben gemaakt met die engelenhiërarchie die aan de bakermat van de materie staat.

Ik moet nog even wat meer geduld van u vragen. Ik moet u namelijk nog een Hebreeuws woord leren. Het andere woord voor wiel, dus naast ofanim, dat ook door Ezechiël gebruikt wordt. Dat is het woord galgal.

Die naam galgal heeft in het Hebreeuws een dubbele betekenis, namelijk wiel en pupil (van het oog). Dank zij de pupil van het oog vormt zich het beeld van de buitenwereld op ons netvlies. Maar dat is van ons uit geredeneerd, die het beeld ontvangen. Stel nu eens voor dat de galgal, de pupillen, daar in de hoogste hemel een voorstelling zijn van Gods ogen, die Hij gericht houdt op de schepping. En nu niet alleen om het beeld van de schepping op Zich te laten indringen en tegen Zichzelf te zeggen 'Dat is goed'. Maar ook om door die pupillen heen de wereld naar buiten te projecteren, zoals we een film projecteren door een lens heen.

Dan zouden de 'tronen' dus eigenlijk Gods ogen zijn. En het merkwaardige is dat de mensen altijd hebben gedacht aan dat grote oog van God, dat naar de schepping kijkt. In sommige grote kerken is helemaal bovenin een geweldig oog geschilderd, dat naar beneden kijkt.

Laten we nu nog eens bezien wat we gevonden hebben over de drie hoogste hiërarchieën. We zien dan een taakverdeling:

De serafijnen zenden de draaggolf uit die vibrerend de grondtoon van deze wereld vormt.

De cherubijnen moduleren daarop en maken van de draaggolf een symfonie.

De ofanim concentreren die symfonie tot een zichtbare schepping. En dit niet zelfstandig, maar in voortdurende, innige verbinding met de schepper zelf, zodat je kunt zeggen: God denkt en het is, God spreekt en het verschijnt.

Mijn verhaal over de ofanim zou niet volledig zijn wanneer ik niet vermeldde dat het woord galgal (pupil) verwant is aan het woord gilgoel. En dat betekent: de wederkeer van bepaalde dingen. In het oude Hebreeuwse denken kende men zoiets als reïncarnatie. Zo zei men dat Abraham een reïncarnatie, of gilgoel van Adam was. Maar het lag allemaal niet zo gemakkelijk als de reïncarnatiegedachte die men in de huidige populaire literatuur aantreft, waarbij ik bijvoorbeeld de reïncarnatie van een Tibetaanse monnik ben die weer de reïncarnatie van een Atlantische priester was.

In het Hebreeuwse denken konden namelijk verschillende delen van een mens op verschillende plaatsen terugkeren: Iemands hoofd bij de ene figuur, iemands ziel bij de andere figuur, zodat wat nu bij mij een eenheid vormt straks verdeeld is over een aantal mensen. Een enge gedachte maar u moet die dan ook niet letterlijk nemen. Er wordt waarschijnlijk heel iets anders mee bedoeld. Dit soort dingen wordt verteld om de toehoorder iets in te scherpen, namelijk dat de gehele mensheid, zowel verspreid in de ruimte van één tijdsvlak, als verspreid in de geschiedenis van zijn bestaan op aarde, een éénheid vormt. Sommigen vertalen daarom ook graag het woord 'adam' met 'mensheid'. We zijn met zijn allen veel inniger met elkaar en met onze voorouders verbonden dan we zo op het eerste gezicht misschien zouden denken.

En bedenk dan even dat drie van de vier aangezichten van de cherubijnen aangezichten van dieren zijn. Is het niet een aanduiding dat we, behalve met elkaar, ook innig verbonden zijn met het gehele dierenrijk? Worden we er niet met de neus op gedrukt dat de gehele schepping een éénheid is, iets waar de nieuwe wetenschap van de ecologie de laatste tien jaar moeizaam achter begint te komen?

Ja, en kijk nu eens even naar onze beschaving. Een beschaving die om aan energie te komen op gewelddadige wijze de bouwstenen van de materie, de atomen, uit elkaar rijt. Zouden we de ofanim daarmee verwonden? Zou daarom het beeld van de 'raderen' zo veelvuldig in de wolken verschijnen, als waarschuwing om zo niet door te gaan?

Al die gedachten moesten we ontwikkelen in verband met de drie hoogste engelenhiërachieën. En het is maar een fractie van wat je er verder over zou kunnen denken.

Het is dus nogal wat, die wereld daar in de schaduw van God. Denkt u zich eens even in dat wanneer de serafijnen en de cherubijnen één minuut niet het 'Heilig, Heilig, Heilig, de Here der Heerscharen' lieten klinken en wanneer de ofanim even de ogen sloten, uw familie, uw huis, uw tuin, uw planeet, uw sterrenhemel, uw zon en maan en, last but not least, uzelf verdwenen zouden zijn alsof u er nooit geweest was.

Eigenlijk is de wereld 'in Gods schaduw' dus minder ver weg dan je zou denken. Uzelf leeft in Gods schaduw. De hele kunst is je dat voortdurend te realiseren.

We kunnen nu de heel structuur der hiërarchieën nog eens opzetten.

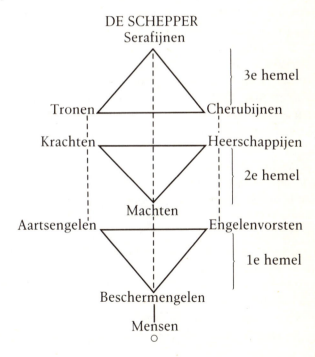

DE SCHEPPER
Serafijnen

3e hemel

Tronen — Cherubijnen

Krachten — Heerschappijen

2e hemel

Machten

Aartsengelen — Engelenvorsten

1e hemel

Beschermengelen

Mensen

Er is over deze structuur veel te zeggen maar dat gaat verder dan het raam van dit boek. Ik wil echter twee opmerkingen maken: In de rangschikking der bewuste wezens zien we dat de mens op de onderste trap staat. Hij is dus niet het toppunt van bewustzijn zoals sommige evolutionisten denken. Hij is dat alleen op de aarde. Dat onttroont hem natuurlijk wel een beetje maar hij is duidelijk iets anders. Hij is de tiende engelenhiërarchie. De mens is een engel in aanleg en hoe eerder hij dit beseft, hoe beter het voor ons allemaal is.

Misschien zegt de mens: 'Maar dat wíl ik helemaal niet.' Tja, dat bewijst juist dat hij tot de bewuste wezens behoort. Hij kan 'nee' zeggen. Als een engel 'nee' zegt tegen zijn opdracht wordt het een gevallen engel. We behoeven dus niet zo lang te zoeken om erachter te komen tot welke categorie wij als mensen behoren: tot de verheven of tot de gevallen engelen. Maar iemand die gevallen is kan weer opstaan. Het ziet er dus ernstig maar niet hopeloos uit.

De tweede opmerking is over God. Het geldt tegenwoordig in intellectuele kringen als een teken van geestelijke diepgang wanneer je God aanduidt als een 'verheven gedachte' of als 'het puur Zijnde'. Ik meen dat men dan de plank misslaat. Om te denken over God als over een verheven, abstracte gedachte is heiligschennis. Dat is niet 'ver' of 'geestelijk', het is verwrongen en juist aards. Zoals een wiskundige formule aards is. Er staat weliswaar geschreven dat niemand ooit God gezien heeft maar dat wil niet zeggen dat Hij geen gestalte heeft. Niemand heeft ook ooit een ander mens echt gezien. De gestalte bedekt de ander en die ander kijkt je even uit zijn ogen aan maar slechts op bijzondere ogenblikken. Of je hoort die ander af en toe uit de stem of je ziet die ander uit een gebaar. Het innerlijk zit bij de mens verborgen en zit ook bij God verborgen.

Als God aan de mens verschijnt dan kiest Hij als bedekking van Zijn onbegrijpelijke grootsheid de eenvoud uit van de menselijke gestalte. Als God aan ons verschijnt dan is het als de lijdende dienaar van de naar zijn verderf hollende mensheid. In het Oude Testament verschijnt Hij aan Adam, wandelende in de Hof. En aan Abraham, als de geheimzinnige priesterkoning Melchizedek. De joden verwachten Hem als de Koning Messias. In het Nieuwe Testament verschijnt Hij als Jezus Christus. Hij die de christenen voor de tweede keer verwachten is Dezelfde als die de joden voor de eerste keer verwachten. Hij verschijnt als een liefdevolle, vriendelijke, eenvoudige man. Een man waar Adam, de mensheid, op lijkt. Een man die als Adam van de verboden boom heeft gegeten, niet tierend uitroept: 'Wat heb je nou toch uitgeveterd?' maar die bescheiden vraagt: 'Adam, waar ben je?' (alsof Hij dat niet wist). En die als Jona woedend op God is omdat Hij Ninivé niet vernietigd heeft en hij, Jona, dus voor gek staat met zijn doemprediking, zacht zegt: 'Is het wel helemaal juist dat je kwaad bent?' En niet: 'Jona, zeur niet!' Of denk aan Job die het bestaan heeft tegen God te zeggen: 'Ik roep je in een rechtszaal op als getuige tegen jezelf dat je me onrechtvaardig behandeld hebt.'

En dan laat God Job de wonderen van Zijn Schepping zien. 'Niet sportief van God,' vindt Jung, 'Job kreeg geen antwoord'. Toch wel, Job kreeg zijn eerste ecologische les en zag dat er veel grotere samenhangen waren dan hij ooit beseft had en waarin zijn kleine lijden op wonderbaarlijke wijze paste.

Denk aan Abraham die met God een soort koehandel begon om Sodom en Gomorra van de ondergang te redden. 'Als er maar 50 rechtvaardigen zijn, zoudt U dan de steden ten onder laten gaan. Nee toch?' En God laat die koehandel toe. Abraham dingt maar af, tot 10 rechtvaardigen toe. Zou God plezier in Abraham hebben gehad, zoals hij daar pleitte? Zoals een man plezier heeft in zijn zoon?

God in menselijke vorm. Is dat niet profaan? Nee, juist niet. God als gestalteloze abstractie, dát is profaan. Als we alle engelenvorsten, alle pracht en praal, alle heerlijkheid gehad hebben, staat er alleen nog een mens vol liefde met uitgespreide armen. Het is te eenvoudig om waar te zijn, een dwaasheid. Misschien dacht Lucifer daarom dat hij God beter af kon zetten. Misschien voelen vele mensen zich daarom meer tot de niet-bijbelse godsdiensten aangetrokken. Die sporen de mens tenminste aan om steeds hoger te klimmen en beloven hem steeds diepere inwijdingen in steeds grotere geheimen die niet toegankelijk zijn voor het gewone volk. Met aan het eind een god die alleen een abstract licht is, een – om met Alice in Wonderland te spreken – grijns zonder kat. Voor wie het verhaal niet kent: Alice zag een grote grijnzende kat in een boom zitten en op een gegeven moment verdween de kat maar bleef zijn grijns over.

Eigenlijk is God, als eenvoudige man verschijnend, ook wel een belediging voor al die hoogklimmers. Want stel je nu voor dat je honderd levens de meest geweldige ontberingen hebt ondergaan om een eindeloos hoge toren naar de hemel te beklimmen. In het eerste leven koop je een toegangskaartje van een eenvoudige portier en dan maar klimmen en klimmen. En eindelijk ben je in het honderdste leven boven aangekomen en je doet het hekje van het paradijs open en je ziet tot je vreugde een grote engel die plechtstatig zegt: 'Ik zal je persoonlijk voor Gods aangezicht brengen'. En dan neemt hij je mee naar een vijver en daar op een bankje, aan de rand van het water, zit die eenvoudige portier die je in dat eerste leven je kaartje voor de toren verkocht. Je denkt: 'Hoe komt die hier nu, dat moet een vergissing zijn,' en dan zegt de portier tegen de engel: 'Dank je Gabriël, laat hem verder maar aan mij over' en dan wendt hij zich tot jou en zegt vriendelijk: 'Waar bleef je nou zo lang. Ik zit hier al 99 levens op je te wachten!'

Zou je je dan niet gegrepen voelen? Had je niet iets hogers, iets beters, iets waardigers verwacht na al je moeite, dan die portier? Nee, als je zo'n klimmer bent voel je niet veel voor een eenvoudige, menselijke God.

Ik zelf ben geen klimmer want ik krijg hoogtevrees. Daarom ben ik blij met het feit dat de hemelse portier naar beneden is gekomen en een andere route naar het paradijs aanbiedt. Een route voor mensen zoals ik, met weinig heiligheid en veel hoogtevrees. Trouwens, het is me onmogelijk om van een abstracte God te houden. Ik kan ook niet van de stelling van Pythagoras houden. Maar van een God die in een onbegrijpelijke bescheidenheid als mens verschijnt, ja, van Hem kan ik veel houden.

Ik geloof dat we de uitspraak dat wij in het beeld van God geschapen zijn, veel letterlijker mogen nemen dan meestal gebeurt. Als wij inderdaad in Zijn beeld geschapen zijn dan zegt dat niet alleen iets over ons maar ook over Hem. Het vertelt ons hoe Hij er uit ziet als wij Hem ontmoeten en het verklaart ook waarom de meeste hemelingen er als mensen uitzien. De mensengestalte is de Godsgestalte.

Welke weg je ook gaat, de weg van de klimmers of de weg van de mensen met hoogtevrees, uiteindelijk kom je na alle groten van de aarde en de hemel te zijn gepasseerd, na één of na honderd levens, bij de eenvoud van God uit en die stelt je voor de keuze: Te lijken op Hem en voor alle eeuwigheid eenvoudig en dienend te blijven of te lijken op de oervader van alle gevallen engelen en een hooggeplaatste te worden in het rijk van de wanhoop. Vrijwilligheid is de basis van de verhouding tussen de Schepper en het schepsel. Daarom neemt Hij ook tegenover ons die eenvoudige vorm aan. Zouden we Hem ook maar in één flits zien zoals Hij van binnen is, we zouden tot niets verteerd worden. De menswording Gods is een onvoorstelbare zegen voor ons, zwakke mensen.

Omdat God ook die kant heeft van 'verterend vuur', daarom 'bedekt' Christus God. In Christus beschermt God ons tegen Zichzelf.

We hebben nu alle hemelen doorlopen en zijn doorgedrongen tot het begin. Eerst zagen we mensen die opkeken naar de hemel, naar de beschermengelen en wat daarachter ligt. En nu, aan het einde van de weg, zien we een menselijke gestalte die zeeën van liefde uitstraalt. Begin en einde haken ineen. De verste hemel is het dichtste bij. De cherubim mogen in de hoge hemel wonen maar als het goed is woont God in je hart.

Maar omdat dit boek over engelen gaat moet ik nu de vraag stellen: Hoe moeten we dan tegenover de engelen staan, als God Zelf de gids en begeleider der mensen blijkt te zijn. Er is een uitspraak die zegt dat God moeders schiep, omdat Hij niet overal tegelijk kon zijn. Dat is natuurlijk grote nonsens. Dat kan Hij nu juist wel en nog wel met alle tijd van de wereld. Het is niet de bedoeling dat we de engelen in plaats van God gaan stellen. Dat we ze gaan aanbidden en vereren en ze aanzien voor onze eigenlijke hulp in nood en gevaar. Dat zijn ze zeker niet. Ze zijn bewoners der geestelijke wereld. Ze zijn, net als wij, mededienaren van God. Ze kunnen uitgestuurd worden om boodschappen te geven of te helpen. Ze hebben regelende en besturende taken. Zo vermeldt bijvoorbeeld de Zohar dat er een speciale engel is, Sangariah, die hen op aarde onder zijn beheer heeft die bezig zijn te vasten. (Boek IV, 207 a)

Het is meer zo dat als wij de weg naar God gaan, we engelen op ons pad zullen vinden. De leidende hand achter hen is die van een God die zo bescheiden is dat we geneigd zijn Hem over het hoofd te zien. Een man die toen Hij op aarde rond-liep, van Zichzelf getuigde: 'Ik ben zachtmoedig en nederig van hart'. (Mattheüs 11 : 29).

Zou dat kunnen? Zou God eenvoudig, vriendelijk en liefdevol kunnen zijn? Zouden wij niet overweldigd behoeven te zijn van ontzetting voor die ándere kant van Hem, die sterrenweg-stelsels en atomen schept? Dan zou je Hem om de werken bo-venmatig kunnen bewonderen maar nog niet liefhebben. Je kunt Hem liefhebben om wie Hij Zelf is. Om Zijn eenvoud, om Zijn wil Zich in te zetten voor de geringste van Zijn schep-pingen. Dan komt God als goede Herder die er op uit trekt om één verloren schaap te vinden, ons nader dan God als bouw-meester die de sterren elk hun plaats aanwees.

Herinnert u zich nog de film 'Grazige weiden'? De droom, op zondagsschool, van een klein negerjongetje? Zijn blik zwerft naar buiten, naar de witte wolken. Op wolken zitten grote ne-gers met witte vleugels, te vissen. Overal lopen negerengelen rond. Alles is even prachtig. En op een gegeven moment staat iedereen op. Er wordt een wolkenboog gevormd en God Zelf komt er aan. Hij heeft een wat nauw, versleten pak aan en een wat sjofele zwarte hoge hoed op het grijze kroeshaar. Hij is de oude dominee van de zondagsschool, want zo stelt het jongetje zich God voor.

Ik geloof nu, vijftig jaar nadat ik de film gezien heb, dat het negerjongetje meer van God had begrepen dan menige hoge goeroe die een godsbegrip leert, zo abstract dat je bijzonder hoog tegen jezelf opkijkt dat je zoiets kunt begrijpen.

God, even eenvoudig en liefdevol als een oude zondagsschool-meester. Het is om te lachen. Nu, dat mag, als het dan maar een lach van opluchting is. Te gek gewoon. U behoeft niet meer te mediteren, u behoeft niet meer naar India te reizen of oranje kleren aan te trekken, u behoeft alleen maar te houden van een God die als mens met u mee reist en mee lijdt en van alle mensen om u heen omdat Hij die mensen Zijn kinderen noemt.

Tja, een Hollander kan nooit nalaten even een preek te houden. We zijn nu helemaal boven op die kerktoren. Pas op met de borstwering, die is niet al te stevig. Boven ons de onbegrijpelijkheid van de Schepper, onder ons de hiërarchieën. Naast ons de gids. De zaak zit, zo te zien, goed in elkaar. Waarom is het dan zo duidelijk misgelopen?

Dat is het onderwerp van het volgende hoofdstuk.

11. *(Lucas 10 : 18): 'Ik zag de satan als een bliksem uit de hemel vallen.'*

5. De strijd in de hemel

Oude verhalen vertellen over een enorme strijd die in de hemel zou hebben plaatsgevonden. Een deel der engelen zou, onder hun leider Lucifer, in opstand zijn gekomen tegen de Heer der Heerscharen, en zou als gevolg daarvan door de engelen die God trouw bleven onder leiding van Michaël, uit de hemel zijn gegooid. Het onderwerp heeft niet opgehouden de menselijke geest bezig te houden. Brueghel de Oude heeft die strijd in groot detail geschilderd en hij was één uit velen.

Dante plaatst de gevallen Lucifer in het diepste van de hel, niet in hete vuren maar in een ijzige vrieskou.

Lorber, de ziener, zegt iets heel anders. Hij stelt dat Lucifer het eerste levende schepsel Gods was en dat het de bedoeling was geweest dat uit hem op harmonieuze wijze het heelal bevolkt zou worden. Maar toen hij viel veranderden hij en zijn trawanten in materie. En eigenlijk is alle materie die wij — waar dan ook in de wereldruimte — kunnen waarnemen, niets anders dan tot materie gestolde, gevallen engelen. De tragiek van dit geheel — ik haal nog steeds Lorber aan — is dat alle geesten die in Lucifer vervat waren met de bedoeling hen eens als vrije geest een zelfstandig bestaan te geven, tevens gevangen werden in die materie. En dat het verlossingsplan hieruit bestaat die myriaden geesten terug te winnen uit de gestolde materie. Er komt daartoe éénmaal een moment in hun bestaan, dat ze als vrij mens rondwandelen en een bewuste keus moeten maken voor de oude gevallen engel of voor de Heer die hen wil verlossen.

Het is een merkwaardige opvatting maar ik geef hem hier om te laten zien dat steeds weer mensen intensief bezig zijn geweest de macht van de gevallen engel te overdenken.

Rudolf Steiner heeft een andere opvatting over de materie. Die zegt dat het de gestolde substantie van de ofanim is en dat de ofanim deze basis voor ons materiële bestaan vol liefde hebben geofferd.

De twee opvattingen van Lorber en Steiner staan niet zover van elkaar af als men denkt. Steiner ziet meer de aanleg van de materie, zoals die bij de ofanim zou kunnen beginnen. Lorber zegt eigenlijk dat de materie veel harder is geworden dan de bedoeling was, door de val die er geweest is. Sinds men met behulp van het moderne ruimteonderzoek heeft ontdekt dat er een planeetbaan tussen Mars en Jupiter 'open' is en dat er in die baan enorme brokstukken materie om de zon cirkelen, meent men daaruit te kunnen afleiden dat er daar een planeet in stukken gebarsten is en meteen zijn er weer speculaties losgekomen of daar misschien de plaats is geweest waar de beroemde strijd in de hemel heeft plaatsgevonden.

Het is natuurlijk moeilijk om er een verlossend woord over te spreken want we zijn er niet bij geweest. Maar we kunnen iets anders doen. We kunnen uitgaan van onze huidige situatie en dan is één ding erg duidelijk: dat er behalve medewerkende, ook tegenwerkende krachten op ons inwerken. Laten we dat eerst eens in het persoonlijke vlak bekijken.

Ieder mens die dit leest, niemand uitgezonderd, zal mij toegeven dat hij of zij de dingen die hij of zij in het leven doet, goed bedoelt. Je moet wel erg verdraaid in elkaar zitten wanneer je bewust het kwade wilt doen. Dan ben je rijp voor een psychiatrische behandeling.

En toch zal men eveneens toegeven dat er van die goede bedoeling vaak weinig terecht komt. Ja, het is zelfs zo dat de mensen die het meeste van elkaar houden, elkaar het meeste pijn kunnen doen. Het christendom legt daarom erg de nadruk op het feit dat de mens een gevallen wezen is en daar is, ook wanneer je hem vanuit een niet godsdienstig oogpunt waarneemt, veel voor te zeggen. Maar het zal ook iedereen duidelijk zijn dat kwaad, of het nu in het volkenkundige of in het persoonlijke vlak ligt, de neiging heeft te escaleren. De mens die het kwaad loslaat heeft het al heel gauw niet meer in de hand, het gaat een eigen leven leiden. Het valt op dat vele moordenaars voor de rechter verklaren dat ze helemaal niet de bedoeling hadden de ander dood te slaan en ook valt het op dat een ruzie vele anderen meezuigt, dat een oorlog klein begint en ondanks alle pogingen van de volkerenorganisatie zich steeds meer uitbreidt en dat steeds verschrikkelijker wapens worden ingezet.

Het kwaad leidt een eigen leven als je het de kans geeft en de meest voor de hand liggende conclusie is dan dat het dus een eigen leven heeft en slechts tracht zich via de mens te manifesteren.

Het is ook duidelijk dat de vooruitgang van de mensheid op elk punt van haar mogelijke ontwikkeling ernstig wordt tegengewerkt. Het duidelijkst is dat natuurlijk te zien daar waar mensen optreden die de mens in geestelijk opzicht verder willen helpen. Daar treedt ogenblikkelijk en automatisch vervolging op. Bijna alle oudtestamentische profeten zijn gewelddadig aan hun einde gekomen en Jezus Christus, die volgens het christelijke standpunt een verschijning van God Zelf was, werd gekruisigd. En kijk in de geschiedenis van Europa naar al degenen die trachtten het geloof weer te zuiveren van materialistische invloeden of afgodendom. Ze werden met grote hardnekkigheid vervolgd en met grote wreedheid afgemaakt.

Maar ook op andere gebieden zien we die merkwaardige, remmende en vervolgende kracht optreden. Nieuwe doorbraken in de medicijnen worden honend weggewuifd, nieuwe inzichten in de politiek worden onder het bureau geveegd, nieuwe vindingen op energiegebied worden doodgezwegen. Het heeft er alle schijn van dat er krachten aan het werk zijn die de mens geen goed hart toedragen.

In ons beeld van de schatzoekers op de zeebodem zouden we kunnen zeggen dat er niet alleen behulpzame geesten zijn die ons van zuurstof, informatie en andere noodzakelijke benodigdheden voorzien maar dat er op die zeebodem, in diepe grotten, ook kwaadwillige, intelligente monsters wonen die elke schat op de zeebodem als hun eigendom en elke indringer als een smakelijk hapje beschouwen.

En dan is het hier de plaats om te vertellen hoe het verder ging met die wonderlijke, schone energie die Tesla voor het eerst gebruikte en die Reich en Moray opnieuw ontdekten.

Tesla was een wijze oude vos en hield zijn vinding geheim. Maar Reich die merkte wat voor oerkracht hij ontdekt had — op een goede dag veroorzaakte hij zelfs een aardbeving — publiceerde zijn vondsten.

De F.D.A. (Food & Drug Administration) een der grootste bureaucratische lichamen in Amerika, daagde hem voor de rechter. Het werd een vreemd proces. Reich had energie opgewekt — en wel heel wat — zonder fossiele brandstof te gebruiken, zonder een windmolen te laten lopen, zonder enig ander duidelijk energie-opwekkend apparaat. Die energie kwam dus uit het niets opdoemen. De rechter besliste in zijn vonnis dat Reich iets gedaan had wat hij niet gedaan kon hebben, dat Reich dus een oplichter was en hij gelastte hem zijn onderzoekingen te staken.

Toen Reich toch doorging (zijn eigenlijke beroep was psychiater) werd hij in de gevangenis gezet. Hij stierf daar in het begin van 1957. In datzelfde jaar kreeg de Food & Drug Administration het voor elkaar dat er een rechterlijke uitspraak kwam die beval dat Reichs boeken en uitvindingen officieel verbrand moesten worden. Ook in 1960 vonden nog verbrandingen van Reichs boeken plaats in de openbare vuilverbrandingsoven van de stad New-York. (Energy and Character Jan. 1972)

Dit, lezer, speelt niet in de middeleeuwen, ergens op een duister kasteel maar in 1960 in de Verenigde Staten van Amerika. Begrijpt u wat ik bedoel met krachten die de ontwikkeling tegenhouden? Als alles niet goed gedocumenteerd was, dan was dit te ongeloofwaardig om aandacht aan te schenken.

Maar Moray dan, die al die 100 Watt lampen onder getuigen liet branden, door zijn apparaat af te stemmen op de kosmische energie? Hoe verging het hem? Waar is zijn toestel gebleven?

Waarom modderen we nog aan met onze oliecrisis? Had Moray geen vrienden die hem hadden kunnen helpen het apparaat op grote schaal te verspreiden? Nee, veel vrienden had Moray niet. Er was er één, Lovesy, die zei dat wat er ook gebeurde, hij Moray zou helpen. Maar ja, met dat soort uitspraken moet je in deze wereld oppassen want hij had er niet op gerekend dat iemand hem op raadselachtige wijze aan zijn eind zou helpen.

Later zond de Amerikaanse regering een man, Frazer genaamd, die het instrument maandenlang aan alle kanten bestudeerde en het toen op een goede dag met een grote bijl in gruzelementen hakte.

Moray zelf ontkwam driemaal aan een moordaanslag door de gelukkige omstandigheid dat hij beter schoot dan zijn aanvallers. Na de oorlog stierf Moray, diep gedesillusioneerd dat hij de mensheid niet een schone, goedkope energie had kunnen nalaten.

Alvorens we verder op deze tegenstrevende krachten ingaan, wil ik even met u mijmeren wat er zou gebeuren als de zwaartekrachtenergie gemeengoed zou worden op onze planeet. Je zou een gigantische decentralisatie krijgen, een overbodig worden van veel belastingen, afschaffing van het kapitalisme omdat iedereen kapitalist zou zijn en afschaffing van socialisme en communisme om dezelfde reden. Het zou zijn alsof ieder mens een woeste bergstroom naast zijn huis heeft waar hij elektriciteit mee opwekt. En het gekke is: die stroom *is* er. Dat is de zwaartekracht. En in principe weten we nu dat die energie te benutten is, de praktische toepassing is alleen nog een kwestie van tijd.

Robert Jungk heeft in zijn boek 'de Atoomstaat' heel duidelijk aangetoond dat het overschakelen op kernenergie volgens volstrekt logische weg zal leiden tot de vorming van harde, autoritaire politiestaten.

Maar waar zou het massaal ontwikkelen van déze energie toe leiden? Tot een massale vrijheid van de mensen en tot een planetaire toestand waarin de ergste oorlog die zou zijn om de wereldvoetbalcup? Of zou de mens dan gaan moorden uit verveling? Of om alweer een nieuwe, krankzinnige ideologie te verdedigen?

Is het zo dat alleen een nieuwe mens deze nieuwe energievorm 'aan' zou kunnen? Het vrij toegankelijk zijn van een schone energie die niets kost is een zaak die ons voorstellingsvermogen wat zijn consequenties betreft, te boven gaat. Maar daarom heb ik deze verhalen hier ook niet gegeven. Hoe de mensheid zo'n gift zou gebruiken ligt aan haar. Maar dat het een gift zou zijn is zonder meer duidelijk. De luchtverontreiniging zou verdwijnen, de vloek van de hoge rentevoet, de onverdraagbare bureaucratie. En wat al niet meer. In naam van wat zou je de mens nog moeten verdrukken als hij tevreden leeft van de aanwezige energie, net zoals op verre eilanden tevreden inwoners nog leven van vis en kokosnoten?

Ik beschouw Tesla, Reich en Moray dus als positief geïnspireerde mensen en het is duidelijk dat zij die Reich in de gevangenis brachten en zijn boeken verbrandden en zij die Moray's apparaat vernietigden en op hem schoten, negatief geïnspireerde mensen waren.

Een inspiratie is niet iets dat een mens heeft omdat hij zo voortreffelijk in elkaar zit maar omdat hij het letterlijk inspireert, inademt, zodat die inspiratie hem dus toestroomt. Je zou kunnen zeggen dat er boze machten zijn die het liefst de gehele mensheid zouden willen vernietigen, of misschien nog liever in slavernij brengen, hier in dit leven zowel als na onze dood. Ze inspireren de mensen tot verschrikkelijke uitvindingen als waterstofbommen en zenuwgassen, politiestaten en concentratiekampen en waar ze er maar kans toe zien werken ze alle goede impulsen tegen. Impulsen zoals het uitvinden van milieuvriendelijke energiebronnen, ecologische inzichten, tolerante politieke systemen en al die andere mogelijkheden om de mensheid uit het slop te halen.

De boze inspiraties zijn dus niet afkomstig van abstracte krachten. De boze krachten worden bewerkstelligd door gevallen engelen, zij die met grote woede bezield zijn ten aanzien van de mensen omdat ze zelf gebonden zijn en daarom een ander de vrijheid misgunnen. Als een soort duister spiegelbeeld van de hemelse hiërarchieën strekken zich onder ons de gevallen engelenhiërarchieën uit. Inspiraties stromen ons van boven én van beneden toe.

Wie is eigenlijk die Lucifer, de oude vijand van het menselijk geslacht, met zijn gevallen engelenschaar? In het Hebreeuwse denken worden hij en zijn scharen de 'schillen' genoemd omdat ze uit de kern zijn weggevallen. Ze zijn helemaal buitenkant geworden.

Het wordt mijns inziens te weinig beseft dat de oude vijand van het menselijke geslacht eens een cherub geweest is.

Ezechiël geeft in zijn achtentwintigste hoofdstuk een beschrijving van dit wezen. Het schijnt even dat Ezechiël over de koning van Tyrus schrijft maar de oude teksten verstoppen wel vaker belangrijke mededelingen in dat soort aardse beschrijvingen. Er verschijnt voor onze ogen een 'beschuttende cherub' in de tuin van Eden. Hij is bedekt met prachtige edelstenen, vol wijsheid en schoonheid, perfect in zijn wegen.

En dan plotseling gebeurt er een onvoorstelbare ramp: Hij valt en dat is wijten aan zijn hoogmoed.

Om volledig te zijn moet ik hier overigens aan toevoegen dat in het apocriefe boek Bartholomeus de boze geest de eerste der geschapen aartsengelen genoemd wordt, die voor zijn val Sataniël en na zijn val Satanus heette. (Begrijpelijk als men weet dat het toevoegsel 'el' God betekent.)

Is de boze nu een gevallen cherub of een gevallen aartsengel? We weten het niet en het hoort ook helemaal bij de aard van de boze macht dat zelfs zijn herkomst niet geheel duidelijk is. Het boze kenmerkt zich vaak door vaagheid.

Wanneer we in oude legenden of verhalen of berichten lezen dat er in de hemel eens een gigantische strijd is geweest, dan moeten we beseffen dat hiermee eeuwig geldende principes worden beschreven. De legers van Michaël en Lucifer staan nog steeds tegenover elkaar, want in de hemelse gewesten hebben we met een eeuwig nu te maken. De strijd tussen deze legers in de hemel, is dus eigenlijk niet voorbij maar is — als we goed naar de wereldgeschiedenis kijken — nog steeds aan de gang. Er zijn eeuwen dat die strijd wat rustiger is en er zijn eeuwen dat Michaël en Luficer het weer in volle hevigheid met elkaar aan de stok schijnen te hebben. Zo'n tijd is de onze en het gaat er om in zo'n tijd kleur te bekennen, te weten van wie men de inspiratie wil hebben. Wil men de pure berglucht van Michaël of de lijkenlucht van Lucifer. Een neutraal bestaat er — zoals de heer Cohen ons leerde — niet meer.

Het is overigens niet eens zo eenvoudig om een inspiratie te herkennen. Uit welk gebied komt hij? Hoort deze geest bij de hemel of bij de hel? De inspirerende boze geesten zijn uitermate slim en doen zich graag voor als weldoeners der mensheid.

En wie zijn zij die luisteren? Eén ding is me wel duidelijk geworden. Al degenen die vechten tegen de slavernij van de mensheid zijn niet de in hoogheid gezetenen. Het zijn vaak kleine groeperingen goed bedoelende mensen zonder macht, met alleen een soort gedrevenheid. Ze gaan als vrienden met elkaar om, al komen ze uit de meest verschillende lagen voort. Ze behoeven geen — in de orthodoxe zin van het woord — gelovigen te zijn. En al degenen die zich inzetten voor het in slavernij brengen van de mensen zien er heel anders uit.

Jungk noemt een paar karakteristieken: In het contact met de enthousiaste verdedigers van de echt menselijke waarden zijn ze verveeld, koel, arrogant, geïrriteerd, zonder spoortje van warmte of vriendelijkheid.

Boze geesten maken gebruik van redelijke argumenten, liefst overgoten met een vroom sausje. Zo werd de eerste atoombom in de Verenigde Staten gebouwd, uitgaande van het redelijke argument dat ook Hitler op dat idee zou kunnen komen. Na de oorlog bleek Hitler inderdaad op het idee te zijn gekomen maar de in zijn dienst staande atoomgeleerden hadden het plan gesaboteerd. Een volslagen logische redenering van de leiding in de Verenigde Staten, leidde tot het loslaten van de hel.

Het is een enorme vergissing te denken dat de boze geesten niet godsdienstig zouden zijn. Jullie geloven dat God Eén is? Daar doe je goed aan, dat doen de boze geesten ook en ze sidderen, zegt Jacobus (2 : 19).

Atheïsme is slechts een overgangsfase, daar hebben de boze geesten niet veel aan. Het is de fase van het losweken van de hemel. Maar het werkelijke doel van de boze inspiratie is het aanbidden van het verkeerde.

Er is gelukkig een manier om te herkennen uit welke hoek de wind waait. De hel wil altijd heersen. Zodra je heerszucht gepaard ziet gaan met een zogenaamd verlicht idee, moet je wantrouwen gewekt zijn. In plaats van het opheffen van het proletariaat, de dictatuur van het proletariaat. In plaats van een samenwerkingsverband, een establishment. Nog eenvoudiger gezegd: Helse inspiratie leidt vroeg of laat tot onderlinge achterdocht en haat, en uiteindelijk tot onderdrukking en moord. Hemelse inspiratie leidt tot onderling vertrouwen en liefde.

Wij zijn geen willoze slachtoffers van deze zich boven en onder ons uitstrekkende hemelse koren en helse kakofonieën. Wij zijn vrij om te kiezen, dat is een der grootste wonderen van de schepping.

We kunnen alleen niet zeggen: 'Ik bemoei me er niet mee.' Als we dat doen bemoeit dat gebied zich met ons, vaak op wat hardhandige wijze.

Er wordt wel degelijk een keuze gevraagd en wel een bewuste. Onze vrijheid ligt in het ja of nee zeggen tegen het goed of het kwaad. Hij ligt niet in het afwijzen van de keuze, we zijn niet als kwal geboren.

Maar het blijft erg belangrijk dat als wij ja zeggen, die keuze niet zo gedaan wordt dat we ons onderwerpen, als een slaaf aan een meester. Als wij 'ja' zeggen tegen de hemel, stellen de engelen alles in het werk om ons vrij te laten in onze beslissingen, dat is heel gek. Wij blijven hier de handelende personen en wij mogen onze beslissingen in vrijheid nemen.

Zeggen we daarentegen 'ja' tegen de boze inspiratie, dan zal de hel alles op alles zetten om ons te onderwerpen en ons tot een geïnspireerde slaaf te maken. Vandaar dat sommige godsdienstige sekten duidelijk te herkennen zijn als de aanbidding van een boze geest. De sekteleden zijn willoze slaven geworden in handen van hun leider die letterlijk alles van zijn volgelingen kan eisen, tot prostitutie of zelfmoord toe. Geloof is nooit blind, bijgeloof altijd.

Er ligt een merkwaardige parallel met het kankervraagstuk. Er is ontdekt dat veel kankerpatiënten een bepaalde karakterstructuur hebben. Ze zijn vrijwillig slaaf geworden van hun omgeving en die omgeving laat zich dat graag welgevallen. Moeder is de slaaf van iedereen, zelfs van haar al getrouwde kinderen. Een man is verslaafd aan zijn zaak en hij is de enige die door zijn nooit aflatende werklust alles weet, hij is onvervangbaar. En dan doet de echtgenoot van moeder een stap buiten het bed of de zaak van de man gaat plotseling slecht en de wereld van deze mensen stort in. Alles waar ze voor leefden is betrekkelijk geworden, het leven is niet meer de moeite waard om geleefd te worden, de weerstandskracht breekt en de kanker begint te groeien.

Je moet deze mensen leren dat zij nooit de leiding over hun leven uit handen moeten geven. Dat zij niet geleefd moeten worden door wie of wat dan ook maar dat ze zelf moeten leven. Dat er ook voor hen een stuk vrijheid is. Dat moeder dan in vredesnaam de boel de boel maar eens moet laten en een middag moet gaan doen waar zij zin in heeft en dat een man maar eens wat meer tijd moet besteden aan die hobby waar hij vroeger zo'n belangstelling voor had.

Is dat geen ontwikkeling in egoïstische zin? Nee, het is een ontwikkeling die leidt tot meer innerlijke vrijheid. En dat is niet tegen Gods bedoeling in, zoals wij in onze samenleving soms menen te denken als we nog gelovig zijn. De nadruk is zozeer gelegd op het liefhebben van de naaste, dat men vergeten heeft dat er geschreven staat: Heb u naaste lief *als uzelf*. Je hoort er zelf ook bij.

Wij moeten hier oefenen om lief te hebben, dat is een van de grote bedoelingen van deze exercitieplaneet die aarde heet. Maar we moeten ons ook oefenen in vrijheid want liefde en vrijheid behoren samen te gaan.

Het is de hemel die tot deze vrijheid aanzet en het is de verkeerde inspiratie die voortdurend aandringt op slavernij. Liefst vrijwillige slavernij, dan heb je naderhand geen last van rebellen.

Dat is de strijd in de hemel binnen in ons allen. De strijd om onze wil die vrijer wordt naarmate wij ons naar boven en onvrijer naarmate we ons naar beneden richten.

Laat ik nogmaals Moray's uitspraak aanhalen: 'Het heelal is gelijk aan een enorm radiozendstation.'

Prachtig. Als dat zo is dan is er niet alleen een mensheid die ontvangt maar dan is dat zendstation ook bemand. En ik bedoel dat zo letterlijk mogelijk.

Nu wil ik er wel voor waarschuwen de strijd in de hemel te zien als een ontmoeting van twee legers die geheel aan elkaar gewaagd zijn en die eeuwig strijd voeren met als slagveld de menselijke ziel. Je vervalt dan gemakkelijk tot een wereldbeeld zoals dat in Perzië bestaan heeft, waarin de geesten van het licht en die der duisternis even sterk zijn en er nooit één de overwinning behaalt.

Dit gespleten wereldbeeld is zeer waarschijnlijk onjuist. Het werd eigenlijk al overwonnen nog vóórdat die Perzische opvatting tot volle bloei was gekomen, namelijk in een der oudste bijbelboeken: het boek Job. Daar zie je God Zelf rustig praten met de Satan, de hinderaar. Die weet God zelfs zo ver te krijgen dat hij aan hem, de Satan, toestaat een serie rampen over de goede Job te laten komen.

Het blijkt dan dat die wereld, die ons zo gespleten voorkomt, in God toch één is. Zelfs de Satan heeft daarin zijn taak. Misschien wel een erg tragische. Misschien is dat wel de reden dat Michaël tegen hem geen beschuldiging durfde uit te brengen, zoals we besproken hebben. Een gevallen familielid geef je geen trap na. Door het voortdurende gehinder worden er hier op de aarde dan toch maar fikse overwinningen geboekt. Spieren worden gesterkt, krachten worden gestaald, een mens krijgt ruggegraat.

Zelfs die rashinderaar heeft een taak te volbrengen in het grote geheel, misschien wel zonder dat hij dat weet, al moeten we zijn intelligentie niet onderschatten. Hij test voortdurend het menselijke materiaal, net zoals in een staalfabriek de kracht van het staal wordt getest, voor het verkocht wordt.

We moeten de Satan met kracht weerstaan, dat is onze taak. Maar laten we, evenmin als Michaël al te snel beschuldigingen tegen hem inbrengen, laat staan vloeken over zijn hoofd uitgieten. Zelfs hij is een schepsel Gods en we mogen aannemen dat het — zelfs wat deze gevallen engel betreft — God niet uit de hand is gelopen.

6. De geur van jasmijn

We keren nu terug naar onze oude aarde. En naar u en mij. Ik neem aan dat u, net als ik, tot die vermoede 98½% van ons volk behoort die nog nooit een engel heeft gezien. Wat voor praktische hulp kunt u dan hebben van een boek als dit? En ik vind zo'n boek alleen maar zin hebben als er praktische hulp uit voort kan komen. We zijn als mensheid veel te ver op weg naar een enorme catastrofe, om de tijd te hebben wat over engelen te kletsen.

Begint u, lezer, te vermoeden dat ik het grotendeels ontkerstende Nederland terug wil drijven naar de kerk? Vergeet u dat dan meteen, ik kijk wel uit.

Zal de 98½% van zo'n boek als dit niet zeggen dat het zuiver speculatie is? Een teruggrijpen naar middeleeuwse sprookjes, verstevigd met wat spreekuurgevallen?

En zullen al degenen die niets van het bijbelse christendom moeten hebben maar zich veeleer voelen aangetrokken tot de oosterse godsdiensten, niet een heel sterk argument kunnen aanvoeren, namelijk dat je in andere religies eigenlijk niet over engelen hoort praten?

Voor dat laatste punt heb ik wel een verklaring.

De westerse beschaving heeft als grondslag de judeo-christelijke wereldbeschouwing en die berust op het geloof in één God. Zodra dat begrip wegvalt zie je iets eigenaardigs gebeuren. Dan zie je de engelenscharen een andere rol gaan vervullen in het volksgeloof. Ze schuiven in rangorde op en worden tot goden.

En dit geldt zowel voor de gevallen als voor de niet gevallen engelen. Neem maar eens, om dicht bij huis te blijven, het oude Griekse godendom. De oude Zeus met zijn grillige aard, die bovendien niet vies was van avontuurtjes met menselijke vrouwen. Is hij niet een duidelijke beschrijving van een van die gevallen engelen, waarvan de bijbelse verhalen berichten? Zij die hun hemelse verblijfplaats verlieten en die reuzen verwekten bij menselijke vrouwen? (Genesis 6 : 1-4).

Ik geloof dus dat de goden der volkeren dezelfde zijn als de engelenvorsten van het christendom en dat de deva's van India de engelen van het Westen zijn. De naamgeving is anders, het wezen is hetzelfde.

Ik moet hier nog iets aan toevoegen.

Er werkt op onze wereld een eigenaardig principe dat zeer zeker ook met de invloed van engelen te maken heeft. Dat principe is moeilijk zuiver te benamen maar de werking ziet er als volgt uit: Je richt je geconcentreerde aandacht op een bepaald onderwerp en na enige tijd worden je uit de buitenwereld allerlei gegevens aangedragen die meer licht werpen op dat onderwerp. Mensen zenden je spontaan een boek dat er op slaat, een krant die toevallig voorbijwaait aan een bank waar je op zit, bevat een hoogst belangwekkend bericht erover, een opmerking in een gezelschap geeft plotseling nieuwe inzichten.

Zo gebeurde het dat ik enkele weken nadat ik deze regels geschreven had een boek cadeau kreeg. Het heet 'Angels', is geschreven door Peter Lamborn Wilson en het is prachtig geïllustreerd met afbeeldingen van de verschillende engelenhiërarchieën.

Dat boek toont glashelder aan hoe in alle ons bekende tijden, bij alle volkeren der wereld, engelen een belangrijke rol hebben gespeeld als bemiddelaars tussen hemel en aarde. Enige tijd heeft de leer der engelen stilgestaan onder invloed van het rationalisme van de vorige eeuw. Nu is die leer kennelijk weer in opmars. Dat houdt verband met de tijd waarin we leven. Daarin zien we een duidelijke verandering van de menselijke belangstelling, de mysterieuze kant van het leven telt weer mee.

Maar nogmaals, wat heb je er aan? Kun je er wat mee doen of is het alleen maar leuk om te weten? Weer eens iets anders dan gewoon. En dan meen ik dat we er wel degelijk praktisch iets aan zouden kunnen hebben.

Wij leven in een tijd die anders is dan alle tijden die in onze geschreven geschiedenis aan ons voorafgingen, met uitzondering misschien van de eeuw die voorafging aan de zondvloed. Wij bezitten, zoals iedereen zo langzamerhand weet, de wapens om het grootste deel van het leven op deze planeet uit te roeien. Die wapens staan aan weerszijden van de ijzeren en bamboegordijnen opgesteld en wachten op de eerste de slechtste die op de knop drukt.

Vele mensen zijn het er daarom over eens dat er iets moet veranderen. En na lang speuren komen meer en meer mensen er achter dat je maar één ding kunt proberen te veranderen in het samenspel van krachten dat ons bedreigt en dat is de mens zelf. Niet de waterstofbommen op zichzelf zijn het grootste gevaar maar de mens die zich er niet voor schroomt ze te gebruiken.

Sinds de zestiger jaren zijn er daarom een groot aantal experimenten gedaan om te bekijken of je die mens niet een wat nuttiger lid van de schepping zou kunnen maken. Een stel goed — en soms ook minder goed — bedoelende hobbyisten heeft zich met groot enthousiasme op deze taak gestort en dingen bedacht als sensitivity-training, scientologie, transcendente meditatie en andere min of meer schilderachtige takken van groepspsychologie, met het oogmerk van die mens een vriendelijk, meegaand schaap te maken. Goeroes bieden hun al dan niet in het oranje geklede volgelingen hun eigen merk verlossing aan en voeren deze volgelingen daarbij soms in een geestelijke slavernij die afgejakkerde stakkers van ze maakt.

Ook in de politiek zien we het volkomen obsolete communistische systeem nog steeds oprukken onder het vaandel van de bevrijding uit alle sores. Wie echt wil weten wat het communisme is die ga eens praten met de Nederlanders die voedsel brengen naar de arme Polen.

De reizende leraar Krishnamurti hamert ook al op dat veranderen van de mens maar bewust of onbewust beperkt hij zich zozeer tot het leeghalen van de binnenkant dat hij leegte in plaats van vervulling achterlaat. Een prachtmens die Krishnamurti maar geen man van oplossingen. Meer van liquidatie.

Wij kunnen nu, in deze tachtiger jaren van de twintigste eeuw, stellen dat we gefaald hebben de tijdbom mens te demonteren en dat het gevaar·bestaat dat er binnen afzienbare tijd niet alleen tussen Mars en Jupiter maar ook tussen Venus en Mars de brokstukken van een vernietigde planeet rondvliegen, sombere herinnering aan de plek waar eens de schone azuurblauwe aarde hing.

Een tendens die zich hier en daar al zeer duidelijk af begint te tekenen is dat de mensheid steeds indringender om een sterke man zal gaan roepen en een dictatuur op wereldniveau wordt dan een feit. Dan vliegt weliswaar de planeet niet in stukken maar de mensheid wordt gereduceerd tot mierenhoop en dat is haar opdracht niet. Haar aardse opdracht is het maken van een gemeenschap waar liefde heerst. Een liefde die zich uitstrekt over alle medemensen en over de onder ons gelegen rijken: het dierenrijk, het plantenrijk en het mineralenrijk. Haar opdracht is broederschap, niet onderworpenheid en heerszucht. Haar hemelse opdracht is om, mens voor mens, terug te keren tot God, tot Hem die ons vraagt bescheiden te dienen en warm te zijn. En dat kan natuurlijk niet in een dictatuur want daar regeert de angst.

Een dictatuur zonder terreur is nog nooit mogelijk gebleken. Dromen over een rechtvaardige dictatuur zijn net zo vreemd als dromen over een maagdelijke hoer. Een dictatuur van wereldomvang is geestelijk gesproken een onvoorstelbare ramp.

Maar als wij zelf blijk hebben gegeven het niet te kunnen en een werelddictatuur een slecht alternatief is, wat dan?

Dan kunnen we alleen maar toegeven dat we hulp nodig hebben. En dat is het allerlastigste wat de eigenwijze mens kan doen. Stel dat de partij die met verkiezingsleuzen de kiezers tracht te winnen zou toegeven: 'Ik heb geen flauw idee hoe we de zaken écht op moeten lossen.' Of dat een machtige dictator zou zeggen: 'Wil iemand van het volk me misschien zeggen of hij een oplossing uit de problemen ziet? Ik zelf zie er op het ogenblik geen gat in.' Of dat een belangrijke professor uit een kankerinstituut eens zou ophouden met steeds mooiere genezingsstatistieken de wereld in te sturen en zou verzuchten: 'Er gaan er steeds meer dood!' Hebt u zich de situatie voorgesteld? Dan weet u meteen wat er mis is. De mens bijt liever zijn tong af dan toe te geven dat hij een probleem niet aan kan, zeker als hij in hoogheid is gezeten.

En toch hebben we dringend hulp van buitenaf nodig want wij hebben als mensheid bewezen het niet te kunnen. Dit is dus een absolute klemsituatie: De mensheid holt naar de afgrond en heeft hulp nodig om er niet in te vallen. De leiders van de mensheid, en dus hun achterban (en dat zijn wij) geven niet toe dat ze het niet kunnen maar beweren dat ze met voldoende belastinggeld elk probleem zullen kunnen oplossen.

De catastrofe schijnt onvermijdelijk.

En daar staat dan het gegeven tegenover dat onze hemelse achterban waarschijnlijk zeer goed weet hoe we onze problemen op moeten lossen en ons overstroomt met goede impulsen om ons te helpen.

En daar staat dan weer tegenover dat er ook veel slechte inspiraties op de mens worden afgestuurd en dat de mensheid geneigd is naar die slechte inspiraties te luisteren omdat ze altijd genot opleveren. Niemand zou naar slechte inspiraties luisteren wanneer ze niet strelend waren voor een of ander genotsgevoel in ons.

Nu is het zo, dat er bepaalde vrome kringen zijn die zeggen: 'Laten de mensen zich houden aan de tien geboden en alles komt voor elkaar.' Dat is natuurlijk waar. Als onze maatschappij werkelijk als basis de tien geboden weer zou hebben, dan waren we al een heel eind. Maar ja, dat is nu eenmaal niet zo. En daar komt bij dat we met een aantal bijzonder ingewikkelde vraagstukken zitten. Dat onze samenleving dermate ingewikkeld geworden is, dat je met de tien geboden niet zonder meer de praktische problemen van vandaag zou kunnen oplossen. De tien geboden zijn dan ook meer te vergelijken met de grondwet maar de uitvoering van die tien geboden in onze twintigste eeuw behoeft een aan deze eeuw aangepaste formulering en die is nog grotendeels afwezig. En dat geeft een grote verwarring.

Laat ik een praktisch voorbeeld noemen. Jarenlang is de homeopathie juist bij de christelijke bevolking van Nederland erg geliefd geweest want deze medicijnen werden meestal meteen aan Gods natuur ontleend. Daar is de laatste vijf jaar een kentering in gekomen. Plotseling verschijnen er christenen op het spreekuur die zeggen dat ze geen hoge potenties willen hebben want dat zou occult zijn. Ook willen ze geen medicijnen hebben die door Weleda of Wala zijn geproduceerd want 'antroposofen zaaien hun planten bij bepaalde soorten maanstand' en dat is heidens. Het ontgaat deze goede lieden dan meestal dat ze er geen been in zien hormoonpreparaten te slikken die uit de urine van drachtige merries zijn gemaakt, voorwaar toch weinig in overeenstemming met de Mozaïsche voedselwetten. Of om bij spanning een tranquillizer te nemen terwijl de Bijbel toch heel duidelijk zegt: 'Wees waakzaam!'

Hier kun je zien dat de grondwet weliswaar juist is maar dat er verwarring over de toepassing bestaat in deze nieuwe tijd waarin zo ontzettend veel fundamenteel veranderd is, dat bijna niemand het tempo bij kan houden.

Ook laten de tien geboden ons praktisch in de steek wanneer het gaat om het oplossen van de energiecrisis, de milieuverontreiniging, de geldontwaarding, de overbevolking, om maar een paar hete hangijzers te noemen.

Nu bestaat er weliswaar een uitwerking van de tien geboden in de Bijbel, namelijk de 248 dingen die je wel en de 365 dingen die je niet moet doen, maar ook die geven geen aanwijzingen voor de hedendaagse moeilijkheden. Ze waren geschreven voor een agrarische, niet geïndustrialiseerde bevolking en ze zouden vertaald moeten worden naar deze tijd toe om tot oplossingen te komen van onze vraagstukken. Maar dan niet vertaald in de zin van: 'Uit goed Hebreeuws naar goed Nederlands', maar meer in de zin van een droomvertaling.

Je ontdoet een bepaald symbool van de kleren van die tijd en trekt het de kleren van onze tijd aan en dan kun je pas enige conclusies trekken. Om een voorbeeld te noemen:

De Mozaïsche voedselwetten vertellen ons precies wat rein en wat niet rein is. Maar iemand die zich daar in deze tijd precies aan houdt loopt toch heel gemakkelijk beschavingsziekten op als hij zich voedt met geraffineerde suiker, wit brood, vlees uit blik, groenten uit blik, frisdranken met al hun kunstmatige kleur- en smaakstoffen, en als hij sigaretten rookt (die nergens in de Bijbel genoemd worden).

De begrippen rein en onrein zullen dus opnieuw moeten worden gedefinieerd. Op zichzelf zijn ze goed en juist maar deze tijd behoeft een herwaardering omdat we veel viezer zijn dan die oude tijden toen je alleen nog vieze en schone dieren had maar geen tweeduizend nieuwe en grotendeels kankerverwekkende chemische stoffen in het milieu.

En daar is dan weer zo'n gek gegeven. Vele christenen kijken argwanend naar reformhuizen, terwijl daar toch voedsel wordt verkocht dat Mozes niet versmaad zou hebben. Maar in reformhuizen vinden we vaak ook reclame voor deze of gene meditatietechniek of deze of gene oosterse denkwijze en dan menen ze dat het met dat zuivere voedsel in religieus opzicht ook wel niet zuiver op de graat zal zijn.

Zo zie je het vreemde geval zich voordoen dat juist zij die menen bijbels sterk te staan, zich achter datgene scharen wat uiterst onheilig is; en dat degenen die niet veel in de Bijbel zien, vaak juist degenen zijn, die technieken en eetgewoonten en medicijnen aanprijzen welke in wezen met de heiliging van onze planeet te maken hebben.

De evangelische christen koopt voor haar gezin voedsel dat stijf staat van de bespuitingsmiddelen en de kunstmatige toevoegingen, veel goeroevereerders gebruiken hun laatste centen om onbespoten voedsel te eten en hun lichaam schoon te houden.

Het doet denken aan die kinderboekjes waarin je steeds andere hoofden op andere lijven kunt zetten. Het hoofd van een burgemeester op het lijf van een clown, het hoofd van een besnorde politieagent op het lijf van een balletdanseres.

Daarom bestaat er voor onze tijd een schreeuwende noodzaak om opnieuw goed te definiëren wat nu op de drie gebieden van geest, ziel en lichaam de waarden zijn waar het om gaat en hoe we die waarden kunnen toepassen in onze maatschappij.

Een aantal van die waarden zijn natuurlijk bekend maar het ligt allemaal geweldig verdeeld zodat niemand precies weet waar hij aan toe is.

Een gereformeerde dominee zei eens tegen mij: 'De gereformeerde kerk is bij de jeneverfles groot geworden' (waarna hij zichzelf er eentje inschonk). De vraag is nu waarbij de nieuwe mens groot moet worden. Bij whisky? Of bij vruchtensap?

Mag ik nog eens even enkele dingen herhalen:

1. In de wereld der engelen is alle hulp aanwezig die de mensen nodig hebben.
2. Die wereld wil ons onder Gods leiding helpen.
3. Nieuwe ideeën stromen ons steeds toe, zowel in positieve als in negatieve zin.
4. Wij hebben als mens steeds te kiezen tussen de stroom van boven of de stroom van beneden maar we moeten niet denken dat wij de stromen maken. We zijn ontvangers en kiezers, geen scheppers.
5. De problemen der wereld zijn onoplosbaar geworden voor gewone menselijke kracht en leiden duidelijk regelrecht tot een catastrofe van wereldformaat.
6. De leidinggevende figuren der mensheid, zij die over de macht beschikken, zijn niet van plan werkelijk constructief in te grijpen in deze fatale ontwikkeling. Ze zijn horende doof en ziende blind of ze denken: na mij de zondvloed.
7. De niet leidinggevende figuren der mensheid, dat zijn zij zonder macht, dus u en ik, willen heel graag verandering in de toestand brengen maar missen het vermogen er iets aan te doen.

Als we deze zeven punten overzien lijkt het alsof de situatie klem zit, alsof je die met geen mogelijkheid op kunt lossen. Toch zijn er mensen die voldoende beweeglijkheid hebben om te handelen. Wie zijn dat? Dat zijn de mensen uit punt 7. Wij, en daar bedoel ik dus mee de gewone kleine burgers zonder macht, moeten om hulp vragen. Zo eenvoudig ligt dat.

Maar hoe moet je zoiets uitvoeren? Ik kan toch moeilijk midden op een grote verkeersweg gaan zitten zodat er een opstopping ontstaat en als de politie dan vraagt: 'Wat doe je daar?', antwoorden: 'Ik zit hier om hulp te vragen tegen de atoombewapening'. Dat zet geen zoden aan de dijk en de atoombewapening gaat gewoon door.

Laten we nu eens op een rij proberen te zetten hoe we contact maken met de hemel, waar onze hulp vandaan moet komen. Dus uitgaande van het feit dat we hulp moeten gaan halen.

Ik zal niet volledig kunnen zijn in mijn opsomming maar ik noem een aantal mogelijkheden.

A. Het gebed

In het gebed erkent de mens dat hij niet zijn eigen baas is maar dat hij een schepsel is dat zijn Schepper om raad kan vragen.

Het principe van het gebed is dat het duidelijk en goed geformuleerd moet zijn. Dan zie je keer op keer wonderen gebeuren. En je moet bovendien de instelling hebben dat je er geen moment aan twijfelt dat je geholpen zult worden. Ja, het moet zo zijn dat je al bedankt vóórdat je de hulp gezien hebt.

Ik vraag nogal eens aan mensen over hun relaties. 'Hoe is de verhouding met je man?' 'Hoe is de verhouding met je kinderen?' En soms vraag ik dan op precies dezelfde toon: 'Hoe is je verhouding met God?'

De meeste mensen kijken je dan verbijsterd aan. 'Hoe bedoelt u dat?'

'Nu, hebt u contact met God?'

Dan zeggen ze: 'Maar kan dat dan?'

'U zou eens kunnen bidden.'

Dan zeggen velen: 'Dat heb ik vroeger wel gedaan maar ik heb nooit antwoord gekregen. Op een goede dag ben ik er maar mee opgehouden.'

Dat is een belangrijk probleem. Ik dacht vroeger dat het probleem hier lag dat de mensen die zo spreken inderdaad geen antwoord kregen maar zo langzamerhand ben ik tot een geheel andere conclusie gekomen. De mensen denken maar dat ze geen antwoord hebben gekregen, dit is echter vaak onoplettendheid of zelfs vergeetachtigheid. Stelt u zich voor dat u een probleem hebt en u legt in het gebed uw probleem uit. Verwacht dan geen pasklare oplossing. Schrijf precies op wat u gevraagd hebt en ga dan vol verwachting kijken wat er gebeurt. Lees na een maand uw vraag nog eens over want dan blijkt heel vaak dat het probleem opgelost is. Maar het ging zo onopvallend, zo vriendelijk, dat u helemaal vergat dankbaar te zijn voor de oplossing. U vergat de gebeurtenis.

Antwoorden op gebeden komen heel vaak pas na enige tijd en als je niet waakzaam bent mis je ze.

Maar er zijn ook van die grote, tragische problemen als de ongeneeslijke ziekte van een geliefd iemand of een verkoeling in de liefde. En zelfs al gelooft een mens dan met man en macht

in een wonder, dan nog wordt zo'n gebed vaak niet verhoord.
Hoe zit dat dan? Bad je dan niet goed? Of was je niet voldoende de moeite waard? Of te zondig?

Dit kan een groot leed betekenen. Je hart uitstorten in het gebed, je probleem voorleggen wil nog niet zeggen dat het op *jouw* manier zal worden opgelost. Wel zie je vaak dat de mens wiens gebed niet verhoord wordt iets anders krijgt. Een onverklaarbare extra steun. Een innerlijke vrede.

'Hoe moet ik dan bidden?' vragen de mensen. En ook: 'Daar kan ik de grote God toch niet mee lastig vallen?' (Alsof Die het te druk zou hebben.)

Welnu, de christenheid heeft al tweeduizend jaar het Onze Vader gebeden. Iedereen die niet weet hoe hij of zij bidden moet en er daarom maar niet aan begint zou dat gebed kunnen leren.

Er zit in dat Onze Vader een merkwaardige clausule: 'Vergeef ons onze schulden, gelijk ook wij vergeven onze schuldenaren' (Matth. 6 : 12). Het is me in de praktijk vaak gebleken dat gebeden niet 'op willen stijgen' als de mensen in hun hart een rancune koesteren. Dan is er inderdaad een verbroken verbinding met de hemel. En als ze die rancune loslaten dan plotseling herstelt de verbinding met God zich of misschien komt zij zelfs voor het eerst tot stand.

Eigenlijk zit dat hele Onze Vader vol wonderen. Het zou een apart boek vergen dat op te schrijven. Ik wil hier wijzen op de vreemde uitspraak: 'Leidt ons niet in verzoeking . . .'

Kan dat dan? Kan God een mens in verzoeking leiden? Meent Hij het dan niet goed met ons? En toch, iets van die uitspraak begrijp ik. Stelt u zich voor een mens die in eigen ogen uiterst rechtvaardig is. Hij heeft zich stipt aan de tien geboden gehouden en doet nog veel goed ook. Maar hij heeft één moeilijkheid: Hij is intolerant ten aanzien van mensen die zich niet precies aan de tien geboden hebben gehouden. En naarmate hij ouder wordt groeit zijn intolerantie. Hij zucht over de slechtheid van de wereld, ja preekt daartegen met grote kracht. Eigenlijk begrijpt hij de inquisitie heel goed. En dan op een dag struikelt zo'n figuur. Het kan een scheve schaats zijn met een andere vrouw of een breuk met zijn ouders of een geldzaak. Maar de prachtige vaas is gebroken. Niemand weet het misschien maar de rechtvaardige is er gewoon ingetuind, net als een gewoon mens.

En wat zie je dan gebeuren? Dan wordt zo'n mens na enige tijd mild. Hij gelooft nog steeds in de tien geboden maar hij staat niet meer verheven boven de zwakke medemens. Dan heeft God hem in verzoeking geleid om een bepaalde moeilijkheid aan de kaak te stellen en te breken.

Als je dus bidt: 'Leid mij niet in verzoeking', dan zeg je eigenlijk: 'Laat het niet nodig zijn. Laat ik de moeilijkheid tijdig zien, zodat ik het niet op de pijnlijke, harde manier moet leren.'

Dus: Als u de gewoonte verleerd hebt, begin eens opnieuw te bidden en schrijf op wat u vroeg. Ons geheugen is in deze dingen zwak. Of, als u nog nooit gebeden hebt, begin eens heel eenvoudig, elke dag, en zie hoe dit een bepaalde geur aan uw leven kan geven. Zodat u meer wordt zoals u bedoeld was.

Gebeden doen me soms denken aan vuurpijlen. Zo'n pijl stijgt op en dan komt er een ster en elke straal van die ster spat uiteen in zeven nieuwe stralen en bij de heel dure vuurpijlen zie je dat proces nóg een keer doorgaan. Zo gaat het vaak ook met gebeden. Je vraagt iets eenvoudigs en er komt een kettingreactie. Mijn gebed beïnvloedt het leven van mijn zoon, zijn leven beïnvloedt daardoor zeven andere levens en die levens beïnvloeden elk weer zeven andere levens. En dat kan jaren doorgaan. Als je daar oog voor krijgt kun je met open mond staan kijken. En dan staan echte grote bidders niet zo ver van je af als je eerst dacht want het is niet de kracht van ons gebed maar de kracht van God die verhoort, waardoor de wonderen gebeuren.

Twee verhalen over zulke wonderen:

Een der beroemdste gebeden uit deze eeuw is dat van generaal Patton. Na de grote doorbraak in Normandië waren de geallieerde legers uitgezwermd over Europa en stonden nu langs de Duitse grenzen, tot Arnhem toe. Maar er zat een gevaarlijk dunne plek in hun linies en toen het zo hard begon te sneeuwen dat de geallieerde luchtmacht aan de grond moest blijven, viel de Duitse generaal Von Rundstedt in de Ardennen aan, in een poging Antwerpen te heroveren. Tijdens dat Kerstoffensief in 1944 hing het lot van het geallieerde expeditieleger in de balans. Alles hing van het weer af en de weerberichten bleven somber.

Het is toen gebeurd dat Patton woedend zijn kaartenkamer binnenstapte en tot verbijstering van zijn staf een hartig woordje tegen God begon te spreken. 'Ik heb vier dagen mooi weer nodig,' zei hij, 'anders sta ik niet voor de gevolgen in.'

Hij liet dit gebed ook op 300.000 kerstkaarten drukken.

Toen scheurde de lucht vaneen, de geallieerde luchtmacht steeg op en het Duitse offensief werd gesmoord. Patton vergat niet zijn Heer hartelijk te bedanken, weer ten aanhore van zijn staf, daarbij op de kaart aanwijzend hoe het Duitse offensief gestopt was. Vier dagen duurde het mooie weer. Was God aan de geallieerde kant? Iedereen die de foto's heeft gezien van de concentratiekampen die werden ontdekt bij de verovering van Duitsland zal er niet aan twijfelen dat God inderdaad partij had gekozen.

Een iets huiselijker voorbeeld:

De oude tante Corrie ten Boom, de evangeliste, logeerde in het huis van een invalide vriend in Florida. Toen kwam er een waarschuwing voor een van die orkanen met zo'n vriendelijke meisjesnaam, Elly of Frieda of zo. En na enkele peilingen bleek de wervelstorm rechtstreeks over het huis van die vriend te zullen gaan. Nu, dan kun je je huis verder wel vergeten, dat wordt gewoon door een grote stofzuiger weggezogen.

Tante Corrie begon dus te bidden en de orkaan stond aarzelend stil. Ze bad door en de orkaan haalde zijn schouders op, sloeg rechtsaf en verdween naar het noorden, waar hij in de open zee verwoei.

Een mens die in vertrouwen bidt kan dus wonderen verwachten. Ik heb er persoonlijk zoveel gezien dat de kracht van het gebed voor mij geen vraag is.

Er zijn over dit onderwerp zoveel uitstekende boeken geschreven dat ik de lezer die er meer over wil weten daarnaar verwijs. Bijvoorbeeld de boeken van Francis Mc Nutt of die van Kathryn Kuhlman.

Hans Schroeder zegt iets merkwaardigs over het gebed. Hij

vertelt dat als wij bidden, onze beschermengel altijd met ons meebidt. Dat die als het ware zijn eigen geur aan ons gebed toevoegt, waardoor het gemakkelijker op kan stijgen tot God. Onze beschermengel hoopt er op dat wij tot God zullen bidden. Want het hoogste geluk van elke engel is om tot de Heer op te zien. Maar omdat hij ons de hele dag in de gaten moet houden en wij alsmaar met de wereld bezig zijn, komt zijn opzien tot de Heer nogal eens in het gedrang en dat betekent voor hem een groot leed.

Ik kan niet nagaan of dit waar is maar ik acht het zeer waarschijnlijk dat een biddend mens niet alleen zelf zegen ontvangt maar ook zijn engel gelukkig maakt.

B. De droom

Er bestaat voor de mens nog een andere plek die hem met de hemel verbindt. Deze is veel minder zeker dan het gebed, veel grilliger maar toch van groot belang. Het is een plek die iedereen elke nacht betreedt, alhoewel niet iedereen er zich van bewust is. Dat is de droomsfeer.

Ieder mens droomt vijf keer per nacht, of hij zich dat nu herinnert of niet. Dat zijn dus in Nederland 5 × 14 miljoen, dat is dus 70 miljoen dromen per nacht. Een ontzagwekkend aantal. Per jaar worden er dus in Nederland 25550 miljoen, of wel ruim 25 miljard, dromen geproduceerd.

Die dromen zijn niet uitsluitend persoonlijke uitstapjes, nee, ze bevatten vaak zeer waardevolle aanwijzingen.

In 1981 schreef ik 168 dromen op en toen ik dit materiaal aan het eind van het jaar ordende bleken er 14 dromen precies te zijn uitgekomen. Eén op twaalf dus bevatte een zeer precieze aanwijzing over de toekomst.

Van sommige dromen was dat zonder meer duidelijk, al meteen toen ik ze opschreef. Andere dromen konden echter pas achteraf als toekomstdromen worden herkend.

Zo zag ik een goede vriendin met een helemaal opgezet gezicht en een dicht oog. Ik kon de droom niet interpreteren maar dat bleek achteraf ook onmogelijk te zijn want enige maanden later zag ze er werkelijk zo uit doordat ze een autoportier tegen zich aan had gekregen.

Op 15 maart 1981 zag ik een grote wond aan mijn hand waar bloed uit op welde. Eerst op 2 mei 1982 hakte ik me met een bijl in mijn hand. De wond was precies even groot als in mijn droom, alleen de lokalisatie was iets anders.

Soms interpreteer je dromen symbolisch en dan blijkt het toch anders te zijn:

Zo droomde ik op 30 januari 1981 dat een van ons een boot bestuurde (een zeilboot) en een verkeerde afslag nam, een kanaal in. De boot maakte een rondje door veel kroos en voer toen tussen wat groene stronken door en legde rechts aan de wal aan. Als commentaar schreef ik diezelfde dag bij die droom dat dit familielid nogal had moeten manoevreren bij het opstellen van een lastige brief en ik was erg trots op die heldere uitleg. Op 15 juli echter, speelde deze droom zich letterlijk af, in Friesland. Alleen de stronken waren onjuist, dat waren waterplanten.

En soms vervult de droom zich op enkele niveaus tegelijk:

Op 9 maart 1981 droomde ik dat het huis van mijn moeder in verregaande staat van onttakeling was. Het rieten dak was er af, overal lagen planken. Ik heb dat geïnterpreteerd als de komende dood van mijn moeder en dat kwam inderdaad zo uit na drie maanden. Maar wat ik niet verwacht had was dat het huis zich in slechte staat bleek te bevinden en dat ik in 1982 een deel van hetgeen ik droomde letterlijk zag, namelijk onttakeling en overal planken en dat ik in 1983 het tweede deel van die droom zag, want toen moest het dak vernieuwd worden.

Soms duikt de droom een probleem binnen en komt met een glasheldere diagnose naar boven:

Zo droomde ik eens dat ik een vezelige vrucht in de hand had. Ik schilde hem open en zag van binnen een fijn rood vezelwerk, iets rafelig. Toen ik wakker werd tekende ik de vrucht precies na en toen bleek me dat ik een baarmoeder getekend had. Enige dagen daarna moest een patiënt van me gecuretteerd worden en ik was ongerust over haar omdat de specialist een kanker vermoedde. Op grond van deze droom heb ik toen echter meteen opgeschreven dat er geen tumor gevonden zou worden want de baarmoeder zag er normaal uit. Dat kwam ook precies zo uit.

Uit deze dromen kunnen we zien dat er veel waars, ook over ons gewone dagelijkse leven, vervat zit in dromen. Er ligt een enorme mogelijkheid in dromen maar behalve op de psychoanalysebank worden ze nauwelijks gebruikt.

Het gebied waar we ons tijdens onze dromen in begeven is helemaal niet zo privé als we misschien zouden denken. Zo vermeldt het Brain-Mind bulletin van 13 september 1982 het volgende:

In Virginia, U.S.A., heeft een groep mensen een droomexperiment gedaan dat verbazingwekkende uitslagen gaf. Men sprak met elkaar af, elkaar onder bepaalde omstandigheden in de droomwereld te ontmoeten. Onder de deelnemers bevonden zich een student, een professor in de wiskunde, een dominee, iemand die medisch-technisch werkte, enz.

'In een van onze dromen ontmoetten we elkaar in een bus', vertelde een van de leden van het gezelschap. 'Bijna iedereen was er.' Maar het gekke was dat de andere tien leden van de groep dat beaamden en één zelfs een cartoon maakte van het gebeuren. Het is een schok voor sommige mensen dat een ander zich jouw droom kan herinneren maar toch is het mogelijk.

Dromen zijn dus te beïnvloeden door de besluiten die je neemt voor je gaat slapen en bovendien kun je samen in je dromen iets gaan ondernemen.

De groep in de Verenigde Staten was zo samengesteld dat de helft van de dromers gewone dromers waren maar de andere helft lucide dromers. Ann Faraday heeft in haar bijzonder goede droomboeken over dit fenomeen geschreven. Iemand die het zelf niet mee heeft gemaakt is dit moeilijk uit te leggen maar een lucide droom is een droom waarin de slaper zijn droom niet ondergaat zonder zich van zichzelf bewust te zijn maar waarin hij over een zeer helder dagbewustzijn beschikt en daardoor ook over vrijheid van handeling. Ik zal trachten u dit aan een voorbeeld duidelijk te maken. Ik droomde dat ik over een grote weg vloog. Nu vlieg ik veel dus dat is niets bijzonders. De weg ken ik goed, hij is hier niet ver vandaan, met rechts een bos en links weilanden die eindigen bij het begin van de duinen.

Over de weg was een enorme, oeroude poort gebouwd, van verweerde gele stenen. Er was een inscriptie in oude Griekse letters. Plotseling viel mijn blik op mijn handen en ik besefte dat ik droomde. En vanaf dat moment was ik totaal wakker middenin mijn droom. Ik kon gaan waarheen ik wilde, ik zag de kleuren die veel intenser en helderder waren dan in het waakleven en ik wist voortdurend dat ik droomde en dat ik vrijheid had binnen in mijn droom. Eerst veel later las ik in de boeken van Castaneda dat een oude Indiaanse Sjamaan hem aanraadt te proberen naar zijn handen te kijken gedurende zijn dromen, omdat je dan tot luciditeit kan komen.

De beleving van de lucide droom is iets wonderbaarlijks. Je bent geheel helder, gelukkig en vrij van het zware lichaam. Je hebt door middel van je gedachten grote invloed op je omgeving. Zo probeerde ik mezelf te bewijzen dat ik inderdaad droomde en verlengde mijn ene arm om iets te pakken wat midden in een vijver stond. Toen ik het gepakt had zei ik triomfantelijk: 'Zie je wel, ik droom inderdaad!' Want het verlengen van een arm is in dit dagleven natuurlijk onmogelijk.

Ik begrijp dat Freudianen deze droom meteen seksueel uit zullen leggen maar dat doet er niets aan toe of af dat ik volkomen helder en bewust 'aanwezig' was, bewuster dan ik meestal overdag ben.

In het boek 'Angels' wordt gezegd dat elke mens een onzichtbare dubbelganger heeft, een soort hemelse tweeling. Het is de engel die je zou kunnen worden en waar je — als je tot de hemelse gezelschappen gaat behoren — na je dood één mee wordt. Tijdens lucide dromen bestaat die eenheid met de hemelse dubbelganger even. Een wonderbaarlijke belevenis.

Nu zou ik me kunnen voorstellen dat, evenals mensen samen om iets bidden, mensen die heldere dromers zijn, met elkaar afspreken om een bepaald probleem mee in hun droom te nemen. Zo'n droomgroep zou dan na afloop de oplossingen met elkaar kunnen vergelijken en ik ben ervan overtuigd dat er zeer originele vondsten uit de bus zouden komen. De hemel helpt ons graag en het enige wat er van ons gevraagd wordt is om goed contact te maken.

Belangrijk is dat als een mens in het gebed of in een droom

een opdracht krijgt, hij die opdracht ook uitvoert. Er ontstaat dan een soort bloedsomloop met de hemel. Je vraagt om leiding, je krijgt een antwoord, je voert het antwoord uit en je krijgt verdere hulp bij de uitvoering. Wel horen en niet doen, verstopt de kanalen.

Bij dat doen moet men wel enkele eenvoudige criteria in acht nemen:

1. Kijken of de opdracht uit de hemel komt.
2. Erop toezien dat hij bij de uitvoering niet verziekt wordt door kwalijke impulsen die de oorspronkelijke goede inspiratie ombuigen naar hun tegendeel.

Het eerste punt herkent men hieraan:

Alle boodschappen uit de hemel zullen er altijd toe aanzetten de liefde tot God en de liefde tot de mensen toe te laten nemen. Ze zullen dus nooit aandringen op heerszucht of bemoeizucht. De helse geesten die verkeerde inspiraties kunnen mengen met de goede, zijn vaak erg slim. Die verpakken hun heerszucht in dermate schoon schijnende leuzen dat soms de besten er in vliegen.

Wat het tweede punt betreft:

Ik wil hier twee voorbeelden geven hoe gedachten die in zichzelf goed zijn secundair verziekt kunnen worden. Ik haal die voorbeelden uit mijn eigen vak omdat ik er met de neus op heb gestaan.

Voorbeeld 1. Goede impuls: Men is bezig een wetje aan te nemen dat huisartsen verplicht van tijd tot tijd nageschoold te worden. Prachtig dus, de huisartsen blijven bij en dat komt iedereen ten goede.

Er zit echter een geweldige adder onder het gras. Er bestaat namelijk een verregaande koppeling tussen het chemisch farmaceutische denken over de geneeskunde, en de opleiding. Dat wil zeggen dat er weer zo'n overheidsorgaan komt dat er op toeziet dat alle artsen goed in de rij blijven lopen. Want reken er niet op dat natuurgeneeswijze, homeopathie of andere milde geneesmethoden tot de nascholing behoren. Zoals het er nu uitziet wordt het een nascholing in de officiële lijn.

Een wetje dat er dus erg mild uitziet zal heel gemakkelijk misbruikt kunnen worden om alle originaliteit in artsen te doden

195

en ze bloot te stellen aan een enorme bemoeizucht van onder-de-maatse medische ambtenaren.

Dat ik niet overdrijf ziet men aan het feit dat men al een poging heeft gedaan om de effectieve homeopatische middelen uit het ziekenfondspakket te verwijderen. Een kwestie van geld kon dat niet zijn want ze zijn goedkoper dan de meeste chemische middelen. Er werd daar even een stukje handelsoorlog zichtbaar die over de hoofden van het publiek dreigde te worden uitgevochten.

Voorbeeld 2. Het wetsontwerp op de beroepen in de individuele gezondheidszorg. De wet B.I.G. Een goed getroffen naam. Op bladzijde 2 ziet men de volgende hoogdravende verklaring: 'In brede kring huldigt men de opvatting dat de patiënt de vrijheid moet worden gelaten om daar bijstand met het oog op zijn gezondheidstoestand te zoeken waar hij deze hoopt te vinden en dat de wetgever van deze eigen verantwoordelijkheid van het individu moet uitgaan.'

Prachtig, prachtig, zult u roepen. Eindelijk inzicht.

Maar als u dan die wet goed gaat lezen, blijkt de vlag een totaal andere lading te dekken. Want de patiënt blijkt wel vrij te zijn maar de arts wordt dermate gekneveld dat hij zich wel driemaal zal bedenken die vrije patiënt ook volgens zijn wil te behandelen.

Die arts kan namelijk tot zes maanden gevangenisstraf of tot twintigduizend gulden boete worden veroordeeld wanneer hij in de uitoefening van zijn beroep schade of een aanmerkelijke kans op schade aan de gezondheid van de behandelde persoon veroorzaakt. (Artikel K 1).

Lees hier niet overheen. Veroordeling kan volgen bij 'kans op schade'. En wie bepaalt dan wel of er kans op schade is? Dat gaat via de tuchtcolleges. En wie zitten er in die tuchtcolleges? Stelt u zich voor dat een arts voor alternatief toegepaste kankertherapie een patiënt behandelt en om een of andere reden voor een tuchtcollege wordt gedaagd. Wordt hij dan beoordeeld door andere alternatief werkende artsen? Welnee, hij komt voor orthodox werkende artsen te staan en daarmee dus tegenover zijn tegenstanders. Er is reeds — vooruitlopende op deze wet — een alternatief werkend arts aangeklaagd omdat hij een kind met kanker enige tijd zonder cytostatica heeft behandeld. Het kind is in leven maar hij had 'kans' gehad schade te veroorzaken.

Met andere woorden: wat er dan beoordeeld wordt is niet wat er in feite met de patiënt gebeurd is. Men kijkt of een arts zich wel aan de officiële lijn houdt.

Vroeger kon je nog bij de gewone rechtbank beroep aantekenen maar als de wetgever zijn zin krijgt wordt dat in deze wet afgeschaft. Het centraal medisch tuchtcollege is dan de hoogste instantie waar je beroep bij kunt aantekenen en daar stopt het. En dat zijn weer dezelfde soort mensen. Daarmee wordt aan artsen, verpleegkundigen en andere officieel medische werkers een fundamenteel recht onthouden. Een moordenaar kan doorvechten tot aan de Hoge Raad maar als de B.I.G. onverkort wordt aangenomen, zijn alle medische werkers overgeleverd aan de willekeur van vaak jaloerse collegae.

Het woord BIG voor deze wet is dus goed gevonden. Het is een varkensachtige wet die men daar aan het gaarstomen is, onder de schone vlag van 'meer vrijheid voor de burger'.

Ik geef u deze voorbeelden omdat ze zo typerend zijn voor de storing die op deze wereld steeds optreedt wanneer een goede impuls geboren wordt. Dan staat altijd de draak klaar om hem te verslinden. Dat hindert verder niet, als we het maar weten. Want dan kunnen we ervoor zorgen dat de impuls niet alleen hier geboren wordt maar ook opgroeit. Vruchtbare gedachten besmetten op positieve wijze een wijde omgeving en siepelen door in denkwijze en handelen van een hele gemeenschap.

Op buitengewoon treffende wijze is dit fenomeen beschreven door Ken Keyes, in zijn boekje 'The hundredth monkey' (De honderdste aap). Een aantal wetenschappelijke onderzoekers introduceert in een apengemeenschap op het eiland Kosjima een zoete aardappel. Ze gooien die in het zand voor de apen neer en kijken wat er gebeurt. De apen vinden de aardappel lekker maar het zand dat er aan kleeft vinden ze niet lekker.

Dan ontdekt een vrouwtjesaap dat je de aardappel in een beekje kunt wassen. Daar moet je natuurlijk een vrouw voor zijn. Ze leert dat trucje aan haar directe omgeving zodat je nu twee soorten apen krijgt: in de directe omgeving van de nette apen eten ze gewassen aardappels, de rest eet aardappels met zand. Maar langzamerhand begint deze gewoonte zich te verbreiden. Op een gegeven moment is er blijkbaar een soort kritische lading bereikt want letterlijk in één dag vindt er een sprong in de apencultuur plaats en wast 's avonds de gehele apengemeenschap haar aardappels. Dus eerst een langzame opbouw van één apin naar honderd apen en dan plotseling een sprong van honderd apen naar alle apen van de hele stam. De periode van de langzame opbouw duurde jaren, de periode van de kritische doorbraak één dag.

Maar dan gebeurt het allergekste: daarna springt de gewoonte spontaan en zonder dat er zichtbaar contact is geweest, over op apengemeenschappen die op andere eilanden wonen.

Blijkbaar kan dus een idee, als het eenmaal in genoeg bollen is doorgedrongen, plotseling gemeengoed worden. Daarom moet je nooit twijfelen wanneer je begint, je moet langzaam maar zeker naar de kritische lading toewerken.

In dit verband is het revolutionaire boek van Rupert Sheldrake: 'A new Science of Life' van belang.

Hij zegt dat als er op aarde iets nieuws ontstaat, dit een bepaalde gedachtenvorm opbouwt en dat dit nieuwe daardoor steeds gemakkelijker overal zal doordringen. Een eenvoudig voorbeeld:

De eerste Nederlanders die leerden fietsen bouwden een zogenaamd 'fietsveld' op, zodat elke volgende generatie makkelijker zal leren fietsen. Niet alleen Nederlanders maar ook bijvoorbeeld een stam uit de binnenlanden van Afrika, die nog nooit een fiets gezien heeft.

Positieve besmetting via zogenaamde 'velden' (hij noemt ze morfogenetische velden, namelijk structuurverwekkend) wordt dus sinds Sheldrake's werk hier en daar als een zeer serieuze mogelijkheid gezien. Dit levert een geheel nieuwe evolutieleer op.

De velden komen overigens niet uit onszelf. Al het scheppende wordt eerst in ons gelegd. Steiner zegt dat het een der taken van de hiërarchie der beschermengelen is om vruchtbare beelden in onze ziel te leggen.

Als u dus in uw gebed of in uw droom een positieve impuls hebt ontvangen en doorgegeven, wie weet hoe ver dat door zal werken.

C. Meditatie

Evenals er over het gebed en de droom veel gepubliceerd is, is er ook veel over meditatie geschreven. De bedoeling is niet dat ik daar iets aan toe ga voegen, ik wil alleen trachten iets recht te zetten.

Het valt namelijk op dat kerkgelovigen vaak vreemd aankijken tegen meditatie. Ze zien daar een oosterse infiltratie in het westerse geloofspatroon in.

Aan de andere kant zie je vaak hoe de mensen die meditatie beoefenen wat neerzien op degenen die bidden, aangezien ze meditatie als een hogere vorm van gebed beschouwen.

Dit nu is onjuist. We hebben hier met twee totaal verschillende dingen te maken. Gebed is het bewust contact zoeken met God. Meditatie is het tot rust brengen van de geest. In de meditatie is de mens als een schildpad die kop en poten intrekt. De vijf zintuigen komen tot rust en alle gedachten die aan de vijf zintuigen vastzitten komen ook tot rust. 'Stilzitten en niets doen' is de Zen-beschrijving van meditatie.

In het gebed richt men zich tot de Schepper met lofprijzing, dankzegging en smeekbeden. Meditatie brengt je bewustzijn op het niveau van een hogere wereld. Gebed doet je spreken met Hem Die daar woont. Het meditatieve tot rust brengen van de geest kan dus het gebed ondersteunen.

Een merkwaardige zijtak van de meditatie is de in de geneeskunde toegepaste bewuste visualisatie. Het is de levendige voorstelling van een geneesproces dat de genezing kan bevorderen. Of zelfs de voorstelling van een innerlijke gids die raad geeft.

Deze stelt men zich dan voor als een oude man op een bergweide en die is voor de mensen met een sterk beeldend vermogen écht aanwezig en geeft vaak fijnzinnige levensaanwijzingen. Die raad kan zó origineel zijn dat de vrager zegt: 'Dat ik daar nooit eerder aan gedacht heb!'

Het blijkt dat ook in meditatieve toestand vaak oplossingen

worden gevonden voor levensproblemen. Of wel het probleem wordt minder belangrijk of er valt 'zo maar uit de lucht' een originele oplossing.

Meditatie is dus zeker een der belangrijkste manieren om het kanaal naar boven schoon te maken. Meditatie is niet: ergens over nadenken. In die zin wordt het nogal eens gebruikt. Nee, het is het openen van de rechterhersenhelft, het richten van de radarantenne naar de hemel.

Het is opvallend hoezeer de hedendaagse mens het vermogen verloren heeft om te beseffen dat hij behalve een buitenwereld ook een binnenwereld heeft. Dat is natuurlijk altijd min of meer zo geweest maar deze eeuw slaat wel alle records in dat opzicht.

Misschien zal iemand zeggen: 'Maar ik weet toch dat ik voel, ik merk toch dat ik denk!' Dat antwoord wordt me tenminste nogal eens gegeven wanneer ik tegen mensen zeg dat ze zich niet bewust zijn van zichzelf. En dan luidt de tegenvraag: 'Weet u dat wel zeker?' Om een voorbeeld te geven: een gevoel van teleurstelling trekt door me heen. Ik had van iemand achting, eerbied, egards verwacht en deze behandelt me alsof ik maar een gewoon mannetje ben. Ik voel me te kort gedaan.

Ik zal de mens die me dat aandoet onsympathiek vinden en ik zal zelfs trachten hem of haar een hak te zetten als me dat lukt. Maar dit alles is nog geen zelfbewustzijn, het is zuiver een gevoel dat me beheerst. Ik bén op dat moment mijn frustratie.

Maar stel nu voor dat ik mijn zintuigen tot rust breng, dat ik die aftrek van de buitenwereld, aftrek van de mens die mij te kort gedaan heeft. Dan observeer ik kalm die frustratie die daar in mij ligt, net alsof ik een ander ben die naar mijzelf kijkt. Alleen is die ander die naar mezelf kijkt, veel meer 'mij' dan degene die daar die frustratie heeft.

Je voegt dan aan het zuivere gevoel van gefrustreerd zijn een lichtstraal bewustzijn toe en daardoor blijft die frustratie niet liggen. Als je kalm en objectief blijft kijken begint dat negatieve gevoel te verdampen, als een nevel die door de zon wordt beschenen.

Er is dus een zeer groot verschil tussen het hebben van een binnenwereld en het bewustzijn ván die binnenwereld. Héb je hem alleen maar, dan schrijf je die binnenwereld aan de buitenwereld toe en dan ben je beledigd, teleurgesteld, wild, fanatiek, enz. enz. Maar laat je bewust licht binnen in die binnenwereld, dan voeg je een dimensie aan je leven toe, dan ga je pas écht leven.

Welnu, daar heeft meditatie mee te maken.

Gebed, droom en meditatie kunnen de zo enorm naar buiten getrokken twintigste-eeuwse mens weer naar binnen richten en hem helpen de weg te vinden naar de werelden van waaruit ons hulp toestroomt. Het is goed dat niet in je eentje te doen. Het opbrengen van de regelmatige discipline gaat beter als je een groep hebt waarvan de leden elkaar stimuleren. Een gebedskring, een droomgroep, een meditatieclub en misschien wel een combinatie van de drie. Van zo'n groep gaat in de wijde omtrek een weldadige invloed uit. Het draagt waarschijnlijk meer bij aan het tot stand komen van wereldvrede dan een demonstratie met spandoeken. Want zout in het eten heeft een intensievere werking dan melk die overkookt.

Ik pleit dus voor het oprichten van veel kleine, gelijkgezinde groepen die bewust contact met de hemel willen leggen. De engelen wachten daarop.

De moeilijkheid is dat zowel de gehele communistische top, als het grootste deel van de westerse technologen, geen verbinding met de hemel heeft en daarom wijd open staat voor inspiratie uit de hel. Het gevolg zien we dagelijks om ons heen. Laat ik me tot één voorbeeld beperken.

Men is tegenwoordig druk in de weer met reageerbuisbaby's. Maar ja, er blijven dan altijd een stel embryo's over en die embryo's moet je dan weggooien. Dat is toch zonde? Je kunt daar toch veel beter leuke proeven op doen?

Hoe lang kun je ze in leven houden? Kan een kind helemaal buiten de baarmoeder groeien? Hoe reageert het op pijn?

En iedereen weet toch zo langzamerhand dat er ook proeven worden gedaan op door abortus verkregen embryo's die niet zo verstandig waren om meteen dood te gaan?

Kijk, daar zie je de hel aan het werk. Het is de expert, de technocraat die zijn ziel aan de duivel heeft verkocht en dat gaat o zo gemakkelijk. Alles uit naam van een wetenschap zonder geweten. En daar komt geen krachtig protest tegen. Hoort u dat in de kerken? Is er één kerk die zijn lidmaten met uitstoting heeft bedreigd wanneer ze ook maar in verwijderde zin meewerken aan deze praktijken?

Er wordt nog geen duidelijk antwoord gegeven op de ontmenselijking van onze tijd. Hier en daar in kleine groepen wel maar het moet beter en zuiverder geformuleerd worden.

Als veel mensen zich daarvoor gaan inzetten dan ontstaat een nieuwe elite. Ik weet dat dit tegenwoordig een vies woord is want elite berust vaak op geld, macht en familie en dat is in veel landen, vooral de dictatoriaal geregeerde, nog steeds zo. Maar zo'n elite bedoel ik niet.

Het moet een elite zijn van mensen die machtsuitoefening radicaal afwijzen. Mensen die bereid zijn met de hemel samen te werken tot heil van onze planeet. Er zal dus een zekere selectie plaats moeten vinden maar die is heel eenvoudig. De nieuwe elite zal worden beoordeeld naar de vraag:

Behoor je bij de hemel of behoor je bij de hel?

En dan moeten we de hemel en de hel ook weer goed definiëren want anders krijg je o zo gauw onderlinge verkettering en dan begint het spel van voren af aan. De hemel is verbonden met alles wat deze planeet en haar bewoners schoner, gezonder en gelukkiger maakt. De hel is verbonden met alles wat deze planeet en haar bewoners viezer, ongelukkiger en onderworpener maakt. Natuurlijk zal de boze inspiratie alles op alles zetten om binnen de leden van de groep onenigheid te stichten.

Het is goed om nog wat verder in te gaan op datgene wat er met een groep mensen zou kunnen gebeuren die tracht zich met de hemel te verbinden. Als valse informatie herkend wordt en een poging om tweedracht te zaaien niet lukt, zit zo'n groep dan op rozen? Nee, dan komt de aanval van buitenaf. Laten we ons voorstellen dat er een groep is die impulsen vanuit de hemel heeft ontvangen en die nu tracht deze impulsen op de aarde te gaan verwezenlijken. Wat gebeurt daarmee?

Die wordt eerst doodgezwegen. Als dat niet helpt wordt zij belachelijk gemaakt. Gaat dat niet dan wordt de kreet 'onwetenschappelijk' gehanteerd. En lukt dat allemaal ook niet dan wordt de eigenlijke aanval gelanceerd, meestal onder een hoogdravend mom.

En dit gebeurt overal, daar waar een groep mensen vernieuwende ideeën aanbrengt. Ik had het weliswaar over gebeds- of meditatiegroepen maar eigenlijk heb ik het over elke groep mensen die wezenlijk en zonder bijbedoelingen bezorgd is over het lot van onze planeet en onze mensheid en die daar wat aan wil doen.

Laat ik weer een actueel voorbeeld noemen:

Hoe meer je de aarde beschouwt, hoe meer je tot de conclusie moet komen dat deze planeet niet zomaar een begroeid stuk steen is dat in een lege ruimte rondtolt. Je krijgt bij langduriger beschouwing het duidelijke gevoel dat deze planeet een levend wezen is. Weliswaar niet zo gebouwd als wij maar wel degelijk met leven van zichzelf. Als we over de grote regenwouden praten dan hebben we het over de 'groene long' van deze planeet. En we spreken over de grote wateraderen. En werkelijk, als je over onze planeet heenvliegt dan zie je duidelijk dat de rivieren levende aderen zijn. De planeet ademt, heeft een bloedsomloop, een eigen lichaamswarmte.

Denk eens aan de eb- en vloedbewegingen. Zijn die niet een prachtig voorbeeld van een levende aarde? Ja, ik weet heel goed dat er nu is ontdekt dat de maan deze getijdestromingen veroorzaakt maar dat is weer zo'n typisch materialistische verklaring die ons halverwege laat hangen. Het is heel leuk om het te weten maar je verliest het zicht op het wonder.

Als een reusachtig dier ligt die zee daar te ademen. Zes uur inademen en de vloed komt op, zes uur uitademen en het wordt eb. Hier zijn we er aangewend geraakt maar ga eens in Bretagne kijken. Het ene moment ligt er een zee voor je met eindeloze stranden, met hier en daar begroeide heuveltjes, en dan zie je de vloed vanuit de verte komen aanrollen. Die kruipt over al die kilometers strand aan en na enige uren is er niets meer van de stranden over en steken hier en daar nog wat eilandjes uit de zee.

Wat is dat voor een machtige beweging? En als alles wat we met onze zintuigen kunnen waarnemen behalve een materiële, ook een diepere betekenis heeft, wat is dan de innerlijke zin van die beweging? We hebben dus te maken met het verschijnsel van een ritmisch stijgen en dalen van de waterspiegel. Enige tijd geleden stond ik met mijn vrouw te kijken bij de grote sluis van IJmuiden. Er werd daar een Panamese tanker geschut. Het was laag water en nadat de sluisdeuren naar de zeekant gesloten waren moest het schip enige tijd stijgen om het hogere peil van het Noordzeekanaal te bereiken en door te kunnen varen naar Amsterdam.

En terwijl ik daar rustig stond te kijken begreep ik plotseling dat dit gebeuren een perfecte afspiegeling was van de eb- en vloedbeweging in ons bewustzijn.

Als we 's morgens wakker worden, kruipen we als het ware uit de grote zee van het onbewuste, het land op. Ons dagbewustzijn wordt wakker. Ons schip begint door een kanaal te varen van het hoger gelegen land. We zijn 'geschut' naar het land toe. Maar dat is niet abrupt gegaan. Er is altijd een overgangsperiode tussen waken en slapen en dan zitten we in een soort psychische sluis.

's Avonds wordt ons schip teruggesluisd naar de zee. Na een tussenperiode slapen we weer in. De verschillende hoogten van waterspiegels duiden als symbool op verschillende lagen van bewustzijn.

Het is maar goed dat de sluizen in IJmuiden er zijn. Stel je voor dat die er niet waren. Bij vloed zou het land dat te laag ligt overstromen. Ook dit vindt zijn beeld in de mens terug. Er zijn mensen bij wie iets aan de sluis ontbreekt of bij wie de sluis vrijwel afwezig is. Die worden ongeremd overspoeld door hun onbewuste inhouden. Die mensen noemen we dan krankzinnig. Er zijn ook mensen bij wie het levende onbewuste zich te ver heeft teruggetrokken. Het land ligt droog en zout in een onvriendelijke zon. Ze zijn zich voortdurend op negatieve wijze van zichzelf bewust. Dat noemen we dan een depressie.

Maar niet alleen kunnen we in onszelf die grote ritmen van dag en nacht waarnemen. We hebben ook overdag voortdurende wisselingen van bewustzijnsniveau. Ons bewustzijn is geen starre continue oppervlakte maar het stroomt heen en weer, het ene moment helder, het andere moment wat doffer, het ene moment vrolijk, het andere moment ernstig.

En kijk nu weer eens naar die aarde als één groot organisme, als een levend wezen. Kijk naar die stijgende en dalende waterspiegels, naar dat voortdurend vrijgeven van land en weer opslokken van land. Zou die aarde ook een schommelend bewustzijn hebben, net als wij? Zouden we die schommeling uiterlijk kunnen zien aan de eb- en vloedbeweging?

Het zijn slechts wat speelse beelden die ik hier geef maar ze willen de lezer iets laten meebeleven van het levende van onze aarde.

Zo verbeeld ik me soms dat wanneer ik in een kaal winterbos loop, ik een microscopisch klein diertje ben en dat de kale bomen die ik boven me zie afgetekend tegen de winterhemel, de haren zijn van de huid van de aarde.

En om nog eens op de oceanen terug te komen, wat zijn het niet een bronnen van leven. Ze wemelen ervan. Heel klein leven, zoals de prachtige kleine koraalvisjes en het grillige plankton en leven dat bijna net zo intelligent is als het onze, zoals dat van de walvisachtigen.

De meeste mensen denken niet vaak aan de levende zeeën maar er is een kleine groep mensen die echte liefde voor de wereldzeeën heeft. Dat zijn de green-peacemensen. Met hun kleine schuitjes varen ze pal voor de schepen die de oceanen met atoomafval gaan vergiftigen. Of ze komen op voor hun broeders de zeehonden en de walvissen en worden dan opgepakt omdat ze trachten foto's te maken van de slachting onder deze vriendelijke dieren.

Die green-peacemensen worden er niet beter van. Ze dienen duidelijk politieke noch commerciële doelen. Ze krijgen er maar een hoop gedonder mee. Maar blijkbaar zijn ze zo'n eenheid dat ze niet geïnfiltreerd konden worden door hun vijanden en blijkbaar hebben ze, ondanks al hun teleurstellingen, hun enthousiasme bewaard. En wat gebeurt er dan?

Grof geweld. Schip aan de ketting. Mensen opgepakt.

En dan zie je soms weer dat wonderlijke gebeuren dat als ze

toch doorzetten, hun morele overwicht de tegenstander breekt. Mensen die alleen gewapend zijn met enthousiasme en filmcamera's breken het moreel van mensen die gewapend zijn met helicopters en machinegeweren.

Je kunt je bijna voorstellen dat de planeet zelf opgelucht ademhaalt, dat er tenminste nog iemand voor haar in de bres springt. Misschien heeft ook elke planeet een engel die over haar waakt en die op dat moment zegt: 'Green-peacemensen, nu kom ik met jullie meedoen. Ik houd van mijn zeeën en van mijn zeehonden en walvissen. En nu zal ik, omdat iemand het durfde opnemen tegen de machten van de uitbuiting, met jullie mee gaan doen. Ik zal meehelpen het moreel van de vijand van binnen te breken.

Zijn er aanwijzingen dat er zo'n engel van de planeet bestaat? Zuiver intuïtief zou ik zeggen dat het de vrouwelijke gestalte is die af en toe gezien wordt en die ook in deze eeuw voor wonderen gezorgd heeft, zoals bij Fatima.

Ik weet niet tot welke hiërarchie zo'n planeetengel behoort. Misschien weet een van mijn lezers dat. Maar ik weet wel dat het geweld dat van buiten af kleine goedwillende mensen aanvalt, vaak op wonderlijke wijze op de aanvaller zelf terugslaat. Op een wijze die je niet logisch kunt verklaren.

Overal staat de draak klaar om nieuwe impulsen te verslinden. Ja, je kunt zelfs zeggen: Als de draak niet aanvalt, zit ik dan wel op de goede weg?

Licht uit de hemel roept slagschaduwen op aarde op. Wie dat niet weet, raakt ontmoedigd.

Laten we alleen nooit denken dat we het alleen afkunnen. We moeten hulp gaan halen daar waar die hulp altijd vandaan gekomen is: uit de hemel.

Het zal onmogelijk blijken te zijn om het materialisme met het materialisme te bestrijden. Dat is macht tegen macht plaatsen, dat is kruisraketten tegen S.S.20, dat is steeds verschrikkelijker ontmenselijking. Alleen vanuit hemelse inspiratie is hulp en uitkomst mogelijk.

Ik moet dan nu ingaan op een gedachte die zowel in Europa als in Amerika leeft onder grote groepen christenen. Deze gedachte luidt als volgt: Wij leven in de tijd van het einde die door alle profeten voorspeld is. De verdrukking, de vervolging en de terreur zullen steeds meer toenemen. Hongersnoden, epidemieën en oorlogen zullen in heftigheid toenemen. Aardbevingen zullen elkaar steeds sneller opvolgen. Ook een atoomoorlog wordt ons niet bespaard. Een der meest wrede dictatoren uit de wereldgeschiedenis die zich eerst als een vredesvorst voordoet, zal de macht over deze planeet grijpen en velen vermoorden. Dan, als het niet erger meer kán, komt Jezus Christus terug en vestigt een absolute theocratische macht met als centrum Jeruzalem. De verdrukking is voorbij. De vijanden der mensen worden met ijzeren hand 'gehoed' en een duizendjarig vredesrijk breekt aan.

Er zijn over dit programma al vele boeken vol geschreven. Hal Lindsey is een der meest bekende schrijvers over dit onderwerp. De schrijvers baseren zich op de bijbelse profetieën, op de profetische rede van Jezus en op het boek Openbaring. En men zegt daar eigenlijk: Het is vechten tegen de bierkaai. We zullen onze kraag op moeten zetten en zo goed mogelijk door de verdrukking heen moeten zien te komen, tot de Heer terugkomt.

Een aparte groep uit deze christenen meent dat zij vóór de grote verdrukking van deze aarde zal worden opgenomen om dan van boven af te zien hoe de rest in de moeilijkheden zit. En ze menen dat uit bepaalde bijbelse profetieën te mogen afleiden.

Ik meen dat, zuiver van de mens uit geredeneerd, er een gevaar aan deze interpretatie zit. Hij neigt namelijk, evenals de reïncarnatiegedachte in het Oosten, de mens passief te maken ten aanzien van de omstandigheden van dit ogenblik.

De ene groep zegt: 'Als de Heer terugkomt, zal Hij dat allemaal opknappen.'

De andere groep zegt: 'In dit leven lukt me dat niet dus daar gebruik ik dan wel een volgend leven voor.'

Ik wil geen enkele uitspraak doen over het al dan niet juist zijn van bovengenoemde profetie-uitlegging. Als je om je heen kijkt zie je onrustbarende tekenen die erop wijzen dat een aantal van de profetieën in onze tijd zijn uitgekomen. Ik wil alleen wijzen op het effect van deze houding op de mensen. Soms is het effect zo dat men zegt: 'Laten we nog zoveel mogelijk mensen tot de Heer brengen, voordat de duisternis valt. Het schoonmaken van de aarde moeten we aan Hem overlaten.'

Het is eigenlijk het oude idee van de kerk, dat het winnen van zielen belangrijker is dan het aardse leven.

Laten we nu eens even aannemen dat u de koningin op bezoek krijgt. U wordt opgebeld door haar secetaresse en u hoort dat ze van plan is volgende week bij u te komen eten.

Wat zou u dan doen? Wat zou u praktisch doen?

Nu, ik denk dat het huis piekfijn werd schoongemaakt. Dat die nieuwe eetkamertafel, die er al zo lang moest komen, nu gekocht wordt. Dat die afgeschilferde plek op het kozijn in de eetkamer een lik verf krijgt. Dat de huisvrouw nu toch maar die nieuwe jurk aanschaft, die haar zo verleidelijk aankeek. Dat de kinderen tot hun ontzetting gedrild worden in tafelmanieren en zelfs naar de kapper worden gestuurd.

Kortom, dat ene telefoontje zorgt voor een golf van activiteit om de koningin zo goed mogelijk te ontvangen. Misschien zegt iemand nu: Maar ik voel niets voor de koningin.' Kiest u dan iemand anders die u hogelijk bewondert. Johan Cruyff of Joop Zoetemelk of Mick Jagger van de Rolling Stones.

Het doet er niet toe wie, als het maar iemand is van wie u vindt dat het een grote eer is dat die uw huis bezoekt. Het komt er op neer dat u zegt: Hij komt! Hij komt zélf! Hij komt mij persoonlijk opzoeken!

Als dan grote groepen christenen menen dat hun Koning er aan komt, waarom ziet men hen dan niet op de bres staan om het huis schoon te maken? Waarom zijn *zij* niet degenen die zich verweren tegen vuile energie, vuile landbouwmethoden, vuile voedselindustrie? Want deze planeet is ons huis en het is zo vies dat het kilometers hoog stinkt. Zielehygiëne is niet genoeg, we moeten meewerken die aarde écht schoon te maken.

Wat de christenen met de Messiaanse verwachting op het ogenblik zeggen is: 'Wees vrolijk en vrees niet. Als de Heer komt zal Hij het huis wel schoonmaken.'

Is me dat een behandeling van de Koning? Dat doe je toch niet? Geen enkele Messiaanse verwachting ontslaat ons van de plicht nu met man en macht orde op zaken te stellen. Dat we daarbij hulp vragen van een hemelse schoonmaakploeg is geoorloofd. Maar het is niet toegestaan met de handen over elkaar te gaan zitten wachten tot het voor ons zal gebeuren.

Maar nu die Messiaanse verwachting zelf. Ook in het jaar duizend heerste deze sterk onder de christenen. Men verwachtte toen in angstige spanning het einde van de wereld.

We zijn nu bijna bij het jaar tweeduizend aangeland en met iets meer reden dan toen verwachten velen weer het einde van de thans bekende wereld en de terugkeer van Jezus Christus.

Is er enige reden om te denken dat Hij, van wie alle engelenhiërarchieën slechts nederige dienaars zijn, bezig is terug te komen?

Tijdens het schrijven van dit boek deed iemand me een wonderlijk boek cadeau, het tweede dat 'zomaar' uit de lucht kwam vallen. Dit boek was uit Zweden afkomstig. In de Duitse tekst heet het 'Sie erlebten Christus' en het is geschreven door Hillerdal en Gustafsson.

Via een advertentie in een grote Stockholmse krant riepen deze twee theologen mensen op om te berichten of zij Christus hadden ontmoet tijdens hun leven. Die advertentie werd geplaatst op 24 december 1972.

Hier kwam een stroom van brieven op los en daaruit bleek dat veel mensen een belevenis hadden gehad van de opgestane Heer.

De overeenstemmingen van dit onderzoek met het mijne zijn frappant. Het betreft hier normale mensen, mannen en vrouwen, die vaak gedurende een periode van geestelijke of lichamelijke nood deze buitengewone ontmoeting hebben meegemaakt. Die ontmoeting veranderde hun leven en hun instelling fundamenteel. En toch hadden velen de belevenis nooit aan iemand verteld. Ze hadden hem zorgvuldig voor zich gehouden, uit angst om voor gek te zullen worden versleten.

Als je dan zo'n boek leest en het met je eigen onderzoek vergelijkt, vraag je jezelf af wat er eigenlijk aan de hand is. Zou een dergelijk onderzoek als het honderd jaar geleden was uitgevoerd, hetzelfde resultaat hebben opgeleverd?

Ik denk het niet. Je hoeft alleen maar de literatuur van de vorige eeuw te lezen om te zien dat er toen een totaal andere sfeer heerste. Wel een sfeer van fantastische dingen, zoals Jules

Verne bewees, maar meer in de zin van ongelofelijke prestaties van de mens die gerealiseerd werden door verregaand technisch vernuft. Ik heb echter het idee dat er op het ogenblik iets heel anders aan het gebeuren is en ik hoop daar in het volgende hoofdstuk op in te gaan.

Eén ding is erg belangrijk als je brug wilt zijn tussen hemel en aarde en dat is: met beide benen op de grond blijven staan. Anders kunnen er gekke dingen gebeuren. Enige jaren geleden logeerde er een zendeling bij een collega-zendeling in Afrika. Op een morgen werd hij vroeg wakker in het nog doodstille huis en plotseling hoorde hij een eigenaardig indringende stem zeggen: 'Pray for the peace of Jerusalem' (Bid voor de vrede van Jeruzalem).

De vrome man had nog nooit een stem uit de hemel gehoord en hij was zeer geroerd deze regelrechte opdracht te krijgen. Hij stapte zijn bed uit, knielde neer en zond een vurig gebed op voor de vrede van Jeruzalem.

Die morgen aan het ontbijt vertelde hij vol vreugde aan zijn gastheer dat hij voor het eerst in zijn leven een directe stem uit de hemel had gehoord. Zijn gastheer informeerde naar de inhoud van de boodschap en toen hij vernam wat die was trok hij een gordijn opzij naar een serre die zich onder de slaapkamer van zijn gast bevond. Daar zat, in een grote kooi, een oude papegaai die de twee heren met een schuin gehouden kop wijs aankeek en toen zei: 'Pray for the peace of Jerusalem'.

Waarmee ik maar zeggen wil dat je bij een communicatie uit de hemel je boerenverstand niet moet verliezen.

Deze zendeling werd het slachtoffer van een papegaai maar je kunt ook gemakkelijk het slachtoffer van jezelf worden. Er bestaat een eindeloze variatie in de mogelijkheden om jezelf voor de gek te houden. Je stelt een vraag en het antwoord dat je zelf graag wilt horen komt. Pas dan op, want als de hemel je iets zegt is de mededeling meestal óf zo origineel dat je er zelf niet opgekomen zou zijn óf zo onaangenaam dat je wilde dat je het niet gehoord had. Dan moet je iets doen waarvan je in je hart weet dat het goed is maar wat in werkelijkheid het allerlaatste is wat je zou willen.

Helderzienden van wat lager allooi hebben nogal eens de neiging om de wensdromen van een cliënt op te vangen en dan als mededeling van een 'hoge lichtgeest' door te geven aan de cliënt die na een forse betaling vrolijk naar huis gaat.

Zo heb ik eens een echtpaar meegemaakt waarvan hij rooms-katholiek en zij protestant was. Een huwelijksleven lang lag dat verschil loodzwaar tussen hen in. Eindelijk ging de man dood en nog geen twee maanden later kwam de vrouw me stralend vertellen dat haar man bij een spiritistische seance was doorgekomen en haar had gezegd dat haar geloofsopvatting de juiste was geweest. Dan zie je dat de mens graag bedrogen wil worden.

Die voetangels en klemmen wachten ook op je bij het innerlijk gehoor dat moet wachten op de 'zachte stille stem'. Maar stelt u nou voor dat u zegt: 'Als ik bid dan hoor ik niets, dromen doe ik nooit en als ik probeer te mediteren springt mijn geest als een onrustige vogel van de hak op de tak.'

Dan is het voor u juist mogelijk om de hemel en de engelen op aarde te ontmoeten want ook op deze aarde is het bovenaardse te beleven. Kijk veel naar de wolken, soms zie je een geheimzinnige diepe poort die zich opent. Je kijkt dan in een grot met diepblauwe oranje en gele kleuren. Ongelofelijk dat je zoiets ziet, een vleug van de hemelpoort.

Luister naar de vogels. In het geluid van een merel die in de voorjaarsregen zit te zingen hoor je een weerklank van de engelen.

Soms voel je de hemel in het verhaal wat je vingertoppen je vertellen als je voorzichtig over het haar van een klein kindje strijkt.

Een van de meest bovenaardse dingen op onze planeet zijn de geuren in de natuur. Iedereen weet dat de reuk als geen enkel ander zintuig in staat is lang vergeten herinneringen wakker te roepen. Het is een zeer subtiel zintuig dat eigenlijk de onzichtbare wereld waarneemt. Men spreekt niet voor niets van melissegeest en geest van salmiak. In de geur nemen we direct een stuk geest waar.

Wat ruiken we eigenlijk? Ik denk wel eens dat we een vleug van de engelenhiërarchieën zelf waarnemen. Want ook de geuren zijn geordend. Voor iedereen moet het duidelijk zijn dat de geur van de uitwerpselen van een hond lager staat dan de geur van een roos. Dat zijn werelden apart maar het lijkt me dat de welriekende geuren zelf ook geordend zijn.

Neem als voorbeeld een toonladder. Van een noot C naar een hogere noot lopen de tussengelegen tonen van beneden naar boven.

Of neem de kleuren van het spectrum. De langzamere trillingen van het rood gaan over in de snellere van het geel en de zeer snelle van het blauw. Ook hier zou je kunnen spreken van een van beneden naar boven lopende octaaf.

Met geuren is dat moeilijker te bepalen omdat we die niet, zoals noten of kleuren, in een trillingsgetal uit kunnen drukken. Je moet dan meer op je gevoel afgaan en dat kan natuurlijk subjectief gekleurd zijn. Maar laat ik het eens proberen.

Een zomerdag in de duinen. Er hangt daar een heel speciale geur. De warme, kruidige geur van de thijm. Hij noodt je tot lekker gaan liggen en wat soezen. De thijm zelf drukt zich tegen de aarde aan. Of neem de geur van lavendel zoals we die zo goed kennen in de zondoorstoofde hellingen van Zuid-Frankrijk. Als je die geur ruikt springt er iets vrolijks en warms in je op. Die geur nodigt je uit om wat te zwerven door de natuur.

Lavendel en thijm zijn voor mij intens met de aarde verbonden. Ze doen me de aarde liefhebben. Thijm helpt aards slijm op te lossen, in hoestdrankjes. Lavendel in thee gedronken doet dieper slapen. Het zijn planten met hemelse geuren maar ze liggen toch dicht bij de aarde.

Als je dat zo bedenkt moeten die geuren wel uit de eerste hemel komen. Misschien heeft elke aartsengel wel zijn eigen, heerlijke balsemieke lucht.

Zou daarom de aromatherapie — geneesmiddelen die gemaakt zijn uit etherische plantenoliën — zulke geweldige resultaten geven? Omdat ze de gezondheid van de hemel direct naar de aarde voeren?

Hoe vriendelijk en genezend is ook de geur van de knop van de balsempopulier die in onze duinen veel voorkomt. Het is een voorjaarsgeur. Hij heeft niet dat lome, warme van de zomer maar wekt je op tot activiteit. De adem wordt dieper, de pas langer, het hoofd wordt opgeheven, het is alsof je wakker wordt uit een winterslaap en of nieuwe scheppingskracht in je vloeit.

Dat is beslist een 'hoger' gevoel dan dat van thijm of lavendel. Dat komt uit de scheppende hemel. Misschien is het wel de geur van de kuriotetes, van de engelen der genade. Heel bijzonder is die hars. De bijen maken er een stof uit die propolis heet. Ze gebruiken die om hun kassen beter af te schermen. Kieren en gaten worden er mee dichtgemetseld, roofinsekten worden er mee gebalsemd. Maar de mens gebruikt het als geneesmiddel en dan zie je met deze stof soms wonderen gebeuren. Ik heb meegemaakt dat zelfs mensen met multiple sclerose met behulp van deze stof verbeterden. Dit moet een teken zijn dat er een machtige, scheppende engel achter de balsemieke geur van hars schuilgaat.

Of neem de jasmijn. Het ene moment staat er een groene boom in je tuin, waar je niet veel bijzonders aan ziet. Het volgende moment is er een witte bruidspracht die elke dag mooier wordt. Eindelijk denk je: Nu kan het niet mooier, nu is het zo mooi dat het pijn begint te doen en dan is het de volgende dag nóg mooier, tot er een duizelingwekkend wit bloemkleed over het groen ligt. Geen mens die dat onberoerd laat. Zelfs de meest verstokte droogstoppel blijft stilstaan en zegt hoofdschuddend (omdat hij nu eenmaal alles misprijzend benadert) 'Hij staat er mooi bij'.

Maar het leukste zijn de mensen op het spreekuur. Ze hebben gele neuzen omdat ze bij het binnenkomen even aan de met stuifmeel beladen bloemkroon hebben geroken.

'Hij moet nodig weer gesnoeid worden,' zegt mijn vrouw, maar ik stel het steeds weer uit.

De geur van jasmijn is een der meest delicate geuren die ik ken. Als je diep opsnuift ruik je het niet. Je moet voorzichtig ruiken, net alsof je van plan was niet te ruiken en dan wordt je hele wezen doortrokken van een onbeschrijfelijk verlangen, een windvlaagje van de eeuwigheid. Ruiken we daar heel even iets van de 'wereld in Gods schaduw'? Fladderde er even een serafijn voorbij?

Het zou goed zijn de bloemengeuren eens in te delen volgens

de engelen die er achter zitten. Ik denk dat men daar in de antieke tijd veel verder mee geweest is. Dat men toen geuren bewust gebruikte om de geest te openen voor hogere gebieden. Het is dan ook opvallend dat de namen voor 'geest' en 'geur' in het Hebreeuws vrijwel hetzelfde zijn: Ruach en Reach.

Dat gekoppeld zijn van de wereld van de geest (en van de engelen) met de geuren, sprak vroeger vanzelf maar het is thans helaas uit ons bewustzijn weggevallen. Wij denken er helemaal niet over na dat wat wij ruiken wel eens iets heel bijzonders zou kunnen zijn.

'Moet je ruiken wat hij lekker ruikt,' zeggen we van een hyacint. Of: 'Mmm, ruik die sering eens.' Maar stel je nu toch eens voor dat we daar engelen ruiken. Dat net zoals de maan het zonlicht reflecteert, deze bloemen en planten de lucht van engelen weerkaatsen. Dan zouden we in de zomer bij een naar thijm geurende duinpan kunnen zeggen: 'Sta even stil, wees even stil, ik ruik de engel Uriël!' (Uriël omdat hij de engel van het oosten is en de oostenwind bij ons in de zomer de warmte brengt). Of we zouden bij Aix-en-Provence, daar ver in het zuiden van Frankrijk, de geuren van de lavendelvelden kunnen ruiken en zeggen: 'Michaël is wel erg dicht bij de aarde vandaag.'

U vindt dat alles misschien dwaas maar het is niet zo lang geleden dat de natuur voor de mens nog bevolkt was met goede geesten. Het is verschrikkelijk dat het vermogen om hun aanwezigheid te bespeuren verloren is gegaan want daardoor zijn we onze eerbied voor de aarde kwijtgeraakt en zien we onze omgeving nog uitsluitend als iets waar zo veel mogelijk uitgehaald moet worden. We kijken niet meer door de natuur heen maar ertegen aan, alsof we tegen het scherm van een bioscoop aan zitten te kijken. Onze wereld is voor ons tweedimensionaal geworden, wij zijn de bewoners van platland.

Maar in werkelijkheid spelen die diepere dimensies, die engelenscharen, voortdurend door onze waarneming heen.

Wat ik hier vertel is geen nostalgie naar een tijd die nooit weer terugkomt. Het is profetie van een tijd die voor de deur staat. Bijna afgelopen is de macht van het materialisme. De hemel staat op doorbreken, zoals een zwangere vrouw die de eerste weeën al voelt. Dan zullen de mensen ontwaken als uit een droom en waar een oeroude sequoia stond zullen ze nu nog dezelfde boom zien staan maar ze zullen de ofanim op en af zien klimmen in de takken.

Voor hun innerlijk oor zal de westenwind ruisen met de muziek van engelenkoren, aangevoerd door Rafaël, de genezende engel uit het westen. En ze zullen een half bezwijmende vreugde voelen als ze hun eigen engelenvorst nabij weten, wanneer die zich kenbaar maakt in een geur van mimosa. Beleven wij misschien engelen als bloemengeuren, voor God is het precies omgekeerd. God beleeft de daad van een mens die goed leeft als een welriekende geur. Een mens brengt een werkelijk offer om een ander te helpen en God snuift diep en zegt: 'Welk een welriekende daad ruik ik daar.' Hier ruiken we misschien zweet of bloed, maar in de hemelse gewesten waait een innige bloemengeur aan. Zo speurt de geur van sering of jasmijn ons aan om zelf een welriekende geur te worden in de hemel, opdat niet alles van één kant komt en het evenwicht hersteld wordt.

Ook hier heeft de mens weer de keus. Witte zwanen, zwarte zwanen, wie wil mee naar Engeland varen? Wat wil je liever zijn: een stinkzwam of een roos? Kies maar, het kan nu nog, het is nooit te laat, zelfs niet op je sterfbed.

Dat is het bijzondere van onze aarde. De keus blijft tot het laatste moment open. Letterlijk tot de laatste adem. Het is een wereld van genade waar we in leven. Een wereld waarin de jasmijn tegen de klippen op geurt, zelfs als een langsrijdende truck je tuin vol uitlaatgassen blaast.

We leven in een wereld die zich elke zomer tooit als een bruid die op haar bruidegom wacht. En wij, mensen, zijn geen mest op de velden der toekomst. De halve gare communist die deze uitspraak heeft gedaan moet wel in een bijzonder iezegrimmige bui zijn geweest toen hij dat neerpende. Welnee, we zijn bruiloftsgasten, vrolijke feestgangers in een overdaad van geuren, opgewekte mensen op een Floriade van bloeiende bomen en planten.

Hoe kunnen we beginnen de nieuwe wereld voor te bereiden? Met alvast een beetje feestelijk te worden en onze lofprijzin-

gen te vermengen met de geur van kamperfoelie en lindebloe-
sem op een warme, maanovergoten zomeravond.

7. Op ramkoers met de hemel

Misschien zijn er mensen die na het lezen van het vorige hoofdstuk denken dat ik de raad geef om het verstand maar op nul te schakelen en helemaal intuïtief te gaan leven. Maar dat is niet zo. Het valt me alleen op dat er veel psychische energie verloren gaat, bijvoorbeeld aan vage dagdromen. Denk maar eens aan de film Walter Mitty, waar de hoofdrolspeler doorlopend bezig is zichzelf in allerlei heldenrollen te dagdromen. Het leverde een leuke film op, maar op de keper beschouwd gebeurt er in zo'n weggedroomd leven niets.

En veel belangrijke nachtdromen worden voor niets gedroomd, omdat de mensen ze 's morgens van zich afschudden. Het jachtige leven roept, er is geen tijd om eens even na te denken en te zien of er een boodschap in de droom zat. Jammer, want zo'n boodschap zit er vaak in en kan een hele dag veranderen omdat hij vaak slaat op de komende dag.

Bij veel mensen blijft ook het vermogen om te bidden of te mediteren braak liggen omdat ze eenvoudig nooit geleerd hebben dat het mogelijk is je naar binnen te keren. Ze zijn zo gefascineerd door hun zintuigen dat hun binnenwereld een vage schaduwwereld is. Wat zie je dus? Echt belangrijke vermogens zoals die, welke tot uiting komen in gebed, meditatie en droom, worden nu niet gebruikt. De mensen met dagdromen zijn eigenlijk zo'n beetje een lekker gevoel aan het fokken, ze zijn psychisch bonbons aan het eten. Lekker, maar het geeft wel tandbederf. In dit geval dan bederf van heel belangrijke vermogens.

Waar ik voor pleit is voor het weer bewust inschakelen van die krachtbronnen en gelukkig zien we tegenwoordig dat de belangstelling van de nieuwe generatie zich steeds meer keert naar die innerlijke gebieden.

Er bestaat een belangrijke parallel tussen de psychische en de fysieke energiebronnen, zoals die bezig zijn in onze tijd tevoorschijn te komen.

In de nieuwe gebedsgroepen, in de nieuwe belangstelling voor meditatie en in de nieuwe belangstelling voor dromen, zien we dat er inderdaad naar wordt gestreefd deze energiebronnen van de geest bewust aan te boren. De onuitputtelijke stroom psychische energie waarvan nog veel te veel wegloopt, wordt hier en daar al gekanaliseerd en gebruikt.

En zo ziet men ook hoe de zwaartekrachtenergie, die als het ware binnen ieders handbereik ligt en die nu ook nog gewoon 'wegloopt', alleen maar wacht op de machines die ons deze onuitputtelijke en schone krachtbron zullen gaan leveren.

Maar voor beide energiestromen, de geestelijke en de aardse, zullen we hard moeten werken.

Ik heb zojuist gezegd dat psychische energie in vage dagdromen wegloopt. Maar ook meditatieve energie heeft in onze tijd een prachtkans om weg te lopen.

Meditatie is leegmaken van de geest. Niet denken. Geheel gericht en bewust zijn. Welnu, een karikatuur van die toestand is het zeer snel rijden op een snelweg. Iemand die dat doet bevindt zich in een soort onbewuste meditatie. Zoals dagdromen droombonbons zijn, zo is hard rijden meditatiekauwgom.

Er bestaat ook een namaakgebed. Wat is aanbidding? Je geheel overgeven aan het hogere. Wat is de tegenwoordige karikatuur van het gebed? Het gefascineerd voor een t.v. hangen. Zo'n mens geniet een soort gebedsperedrups.

Nee, de bedoeling is dat we onze dromen overdenken, dat we een spontane dagdroom scherp analyseren om onszelf te leren kennen, dat we onze geest niet stil maken door hem met snelheid te verdoven, maar door te gaan zitten en alleen maar helder te zijn. Dat we onze aanbidding richten tot Degene Die aanbeden moet worden.

Begrijp nu goed dat ik niets tegen de t.v. heb. En ook niets tegen hard rijden. Ik wil alleen aangeven dat daar, waar deze zaken verslavend zijn, ze meditatie en gebed hebben vervangen. Daar is werkelijk het verstand op nul gezet. En zoals gezegd: Ik pleit juist niet voor het uitschakelen van het verstand maar raad aan om nieuwe ideeën uit het scheppende gebied op te doen en die dan door de zeef van het verstand heen te laten gaan.

Daar zit meteen het verschil met hen die trachten het bewustzijn te verruimen met behulp van drugs. Drugs geven weliswaar een sterk beeldend vermogen maar ze geven tevens een uitschakelen van het kritische beschouwen van de eigen beelden. Op die manier word je gereduceerd tot herkauwende koe of tot Lotuseter uit de reizen van Odysseus. Daar schiet niemand iets mee op. Druggebruik is masturbatie van het creatief vermogen en levert geen vrucht op. Maar een creatief vermogen dat door de zeef van het verstand gaat en huwt met de handeling, ja dat kan letterlijk bergen verzetten.

Ik vermoed dat het in deze tijd wel eens gemakkelijker zou kunnen zijn om contact met de hemel te maken dan bijvoorbeeld in de vorige eeuw. En nu moet ik een idee aanhalen dat niet van mij is maar dat ik wél onderschrijf, namelijk dat de afstand tussen de hemel en de aarde niet altijd gelijk is maar wisselt met de tijd. Het is natuurlijk vreemd om het woord afstand te gebruiken wanneer ten minste één van de beide factoren tot welke die afstand gemeten wordt, van geestelijke aard is. Men moet er dan ook meer het psychologische begrip afstand onder verstaan.

We kennen psychologische afstand heel goed in ons taalgebruik. Luister maar naar de volgende zinnen:

'Dat idee staat een heel eind van me af.'

'Ze gedroeg zich met een zekere gedistancieerdheid.'

'Ik heb het gevoel dat er de laatste tijd een grote afstand tussen ons gekomen is.'

Dat soort afstand wordt hier bedoeld.

Er zijn tijden dat de hemel boven en de aarde beneden is en dat iedereen, om zo te zeggen, zijn eigen gang gaat. 'God is in Zijn hemel en alles is goed met de wereld' was een bekende uitspraak tijdens het hoogtepunt van het Britse Imperium.

Het lijkt me bijvoorbeeld dat er in het midden van de vorige eeuw een grote afstand bestond tussen hemel en aarde. Het is ondenkbaar dat er op het verguldavondje uit de *Camera Obscura* plotseling een engel zou zijn verschenen. En die Camera is toch wel een geweldig tijdsbeeld van het Nederland uit het midden van de vorige eeuw.

Zet daar nu eens een boekje tegenover dat een tijdsbeeld schildert uit het midden van onze eeuw: Paul Gallico's *Snowgoose*. De Camera Obscura is uit 1839. De Snowgoose speelt tijdens de slag om Duinkerken in 1940, precies honderd jaar later. Maar in de Snowgoose hoor je als het ware het ruisen van engelenvleugels.

In deze eeuw schijnt de hemel de aarde weer te naderen en wel met zo'n versnelling dat het anders is dan in andere tijden waarin datzelfde gebeurde. Er zijn van die tijden geweest, ik kom daar straks nog op terug. Maar wat we nu meemaken is iets zodanig ingrijpends dat ik geen historische tijd aan kan wijzen waarin hetzelfde gebeurde. Het lijkt wel of de hemel en de aarde op ramkoers liggen.

Even voor degenen die niet weten wat ramkoers is:

Als twee schepen langs twee denkbeeldige rechte lijnen varen en die lijnen elkaar ergens kruisen en de snelheid van deze schepen zodanig is dat ze op hetzelfde moment bij het kruispunt aan zullen komen, noem je dat ramkoers. Op een open watervlakte is er een eenvoudig trucje om erachter te komen of je schip op ramkoers ligt met een ander. Kijk naar de wal achter dat andere schip. Als dat schip ten aanzien van die wal vooruit gaat dan zal dat andere schip vóór je langs varen. Verschuift de wal daarentegen vooruit, zodat het lijkt of het andere schip achteruit gaat, dan zal dat schip achter je langs gaan. Ligt de wal echter stil achter dat andere schip, dan lig je op ramkoers en als je dan zo door zou gaan bots je onvermijdelijk tegen elkaar op. Op zee, waar je geen vaste wal als achtergrond hebt, gaat die truc niet op.

Helaas kunnen we een dergelijke test niet toepassen op de koersen van hemel en aarde. De hemel is voor ons onzichtbaar, laat staan de achtergrond waartegen die hemel zou verschuiven.

Stel je nu voor dat mijn uitspraak dat we op ramkoers met de hemel liggen, juist is. Wat mogen we dan verwachten?

Ik moet nu mijn beeld van de twee schepen iets verduidelijken. De twee schepen varen door de nacht. Het hemelschip is geheel verlicht en uitgerust met machtige schijnwerpers. Het aardse schip voert alleen een zwak toplichtje. Als die twee schepen elkaar dichter naderen wordt het aardeschip steeds sterker verlicht. En het gevolg daarvan zou dan zijn dat we de wereld, die we nu onzienlijk noemen, steeds sterker zien doorbreken in het menselijke bewustzijn. Eerst bij een enkeling en dan bij steeds meer mensen en ten slotte bij duizenden tegelijk, zoals nu reeds af en toe duizenden mensen tegelijk vliegende schotels waarnemen.

Maar we mogen ook aannemen dat daar waar het licht door de tuigage van het aardeschip wordt ondervangen, de slagschaduwen steeds sterker worden.

Laat ik nog iets verder ingaan op zowel de doorbraak van het licht als het sterker worden van de slagschaduwen.

Wat de doorbraak van het licht betreft: Het Zweedse onderzoek en mijn eigen onderzoek spreken boekdelen. We hebben hier met een verschijnsel te maken dat we zeer ernstig dienen te nemen. Van mijn willekeurige 400 mensen zijn er maar liefst 99 die direct bovenzinnelijke ervaringen hebben gehad. Op de Zweedse oproep kwam een stroom van brieven los. Het contact met de hemel blijkt nu reeds, zonder dat we dat beseffen, intens te zijn. Het wordt echter angstvallig verzwegen.

En wat betreft de sterker wordende slagschaduwen: Het is duidelijk dat behalve de hemel ook de hel aan het doorbreken is. Er staan wapens opgesteld waarvan de verschrikking zozeer aan de menselijke verbeeldingskracht ontsnapt, dat men er in nonchalante termen over praat, alsof het gewone ouderwetse kanonnen betreft. Ook treden er onder de mensen nieuwe vormen van misdaad op die hun weerga niet kennen in de menselijke geschiedenis. Neem het terrorisme. Vroeger was er weliswaar terreur maar die werd bedreven aan degenen die men als vijand zag. In het tegenwoordige terrorisme is de hel letterlijk doorgebroken naar de aarde. Daarbij ploft een helse machine uit elkaar, midden op een markt met vrolijk winkelende mensen of tijdens een vriendelijke parade in een Engels park.

Soms denk ik wel eens: Dit is zo erg dat zelfs de Satan er nog iets nieuws van zou kunnen leren.

En toch ... dat terrorisme is nog altijd de hete duivel. Het wordt bedreven door woeste fanatici, grotendeels psychopatisch gedegenereerde karakters.

Veel enger nog is de koude duivel. Degene die moordt uit wetenschappelijke nieuwsgierigheid. De arts die in een staatskranzinnigengesticht dissidenten inspuit met een gekmakend middel en het resultaat met koele interesse bekijkt. De wetenschapsman die een levende menselijke foetus voor interessante proefjes gebruikt en dan, thuiskomend, zijn kinderen over de bol strijkt. De psycholoog die via een verfijnd uitgedacht psychologisch martelsysteem van afgrijselijke straf en kleine beloning, de politieke tegenstander omturnt in een slaafse meeloper.

Dat zijn de nieuwe misdadigers van de twintigste eeuw, doodgriezelige mensen omdat ze ijskoud blijven onder wat ze doen. Wat had Dante gelijk toen hij de kern van de hel afschilderde als een ijsklomp:

'De koning van de smartelijke gronden
had tot de borst het ijs als grot en keten . . .'

Als hemel en aarde op ramkoers liggen zie je derhalve op de aarde, bij de mensen, een scheiding van geesten optreden. De duivelachtigen worden nóg duivelachtiger, de engelachtigen worden meer zoals een mens bedoeld is: warm en vriendelijk.

En er komen steeds minder mensen die niet bij een van de twee kanten behoren. De een zal in zijn hart met de ene kant instemmen, de andere met de andere kant. Een zwijgende meerderheid bestaat niet.

Zijn er meer tijden geweest dat hemel en aarde elkaar zo dicht naderden dat de een met geweld in de ander dóórbrak?

De gedachten gaan dan meteen uit naar de tijd van de Exodus. Er gebeurden toen in Egypte geweldige wonderen, bekend als de tien plagen en later het nog grotere wonder van de tocht door de zee en de wetgeving op de Sinaï.

Er bestond vlak voor de Exodus ook de grote verdrukking van een heel volk en het vermoorden van de jongetjes. Hemel en hel waren ook toen tegelijk zichtbaar.

Toch is het planetair gezien een schampschot geweest, zich voornamelijk afspelend in Egypte. Voornamelijk zeg ik, omdat Velikovsky op goede gronden meent aan te tonen dat er in die tijd ook elders op de wereld belangrijke verschijnselen zijn geweest.

Maar deze keer ziet het er naar uit alsof we afstevenen op een frontale botsing.

Er hangt ons iets heel anders boven het hoofd dan een atoomoorlog. Er hangt ons een doorbraak van de onzienlijke wereld boven het hoofd.

Een der tekenen is bijvoorbeeld een bijzonder belangwekkende ontwikkeling die de laatste vijftien jaar op gang is gekomen over de doodsproblematiek. Het grote taboe wordt doorbroken, mensen als Elisabeth Kübler Ross en andere onderzoekers houden zich actief bezig met het bestuderen van het stervensproces en stoten als vanzelf op datgene wat er na de dood zal gebeuren. Ze ontdekken dat de dood geen einde van het bewustzijn maar een doorgang is. Dat heeft de mensheid altijd geweten maar dat weten ging verloren in het materialisme. En dat komt nu onweerstaanbaar weer binnen.

Een ander teken van de hemelse doorbraak is het toenemend aantal mensen dat psychische storingen vertoont. De rustige, gelijkmatige radiouitzending van het gewone bewustzijn wordt in die mensen voortdurend gestoord door zich baanbrekende andere werelden. En omdat ze er niet op geprepareerd zijn raken ze angstig, depressief, paranoïde en gaan vreemd doen. Vooral bij veel jonge mensen zien we dat gebeuren. Het aantal studenten dat psychologische hulp nodig heeft is geweldig groot. En dat is een frappant verschil met 35 jaar geleden toen ik zelf student was. En dat was nog wel een generatie die kersvers uit de oorlog te voorschijn kwam.

Door de druk van de eraan komende hemel staat de menselijke ziel op springen. Veel vrouwen voelen dat haarscherp aan. Zij zijn het, die niet meer de straat op durven. Ze voelen een grote dreiging in winkels en op pleinen en straten of in de bus. En als je dan aan hen vraagt waar ze zo bang voor zijn, vertellen ze je dat ze een geweldige angst hebben om flauw te vallen of zelfs dood neer te vallen. Dat is niets anders dan de angst dat de onzienlijke wereld op een onverwacht moment zo maar door zal breken. Ze denken weliswaar dat de dreiging van buitenaf komt maar in werkelijkheid ligt die op de loer vanuit een

225

niet vermoede richting, vanuit de 'binnenkant' van het leven.

Moeten we eigenlijk bang zijn voor de frontale botsing met de hemel? Ik denk het wel en ik denk het niet. Dat hangt namelijk van onze instelling af. We moeten beseffen dat de hemel het goed met ons meent maar dat we bang moeten zijn voor de schaduwen die het naderende licht in ons en anderen op kan roepen. Die paradoxale toestand, dat het naderbijkomen van het licht het gevaar op aarde van bizar reagerende mensen doet toenemen, maakt de toestand zeer explosief. Er zijn bovendien altijd mensen die liever bij de duisternis dan bij het licht horen. Die er oorlog tegen willen voeren. Die snel nog even trachten deze planeet te veranderen voordat het licht definitief doorbreekt. Te veranderen in een rokende woestenij of in een kerker voor miljarden. Zodat de uiteindelijk doorbrekende hemel niemand meer zal aantreffen om haar te verwelkomen. Want als er één ding duidelijk is dan is het in onze tijd de haast van de hel. De bozen struikelen bijna over hun eigen voeten in hun haast de zaak definitief te verzieken. Daarom wordt er ook tegenwoordig niet meer gewoon gemoord op de ouderwetse manier. Ja, dat gebeurt ook nog wel maar dat is niet specifiek voor de twintigste eeuw. Specifiek voor onze eeuw is de genocide. Het uitroeien van hele volkeren alsof je een konijnenplaag aan het bestrijden bent. In het klein bij de ongelukkige Indianenstammen in het Amazonegebied. In het groot in onze tijd door bijvoorbeeld de Russen in Afghanistan.

De bozen hebben haast. Niemand dan de harden, de bitteren, de ijskouden mogen overblijven. De vriendelijken, de met de natuur verbondenen, de in traditie gewortelden moeten met wortel en tak worden uitgeroeid.

Daarmee wordt de taak voor iedereen die van goede wil is, in het laatste deel van de twintigste eeuw duidelijk. Kop en staart bijten in elkaar: het is precies dezelfde taak die de mens kreeg opgelegd toen hij nog in het paradijs was. Daar in de tuin van Eden werd hem gezegd dat hij die hof moest *bewerken* en *bewaren*.

De term 'bewerken' is een vertaling van het Hebreeuwse woord awoda. Het betekent werken, in de zin van dienst verlenen. Als iemand een klein stukje aarde weet te bewaren voor vergiftiging, al is het alleen zijn eigen tuin, dan is hij in onze tijd al bezig met de awoda.

Als iemand ijvert voor een schoon milieu in zijn stad, gemeente of landstreek of voor de zee die ons omringt, dan is dat al de awoda. Die awoda is niet een onbereikbaar ideaal, het is een praktische mogelijkheid voor iedereen. Maar ook degene die de eigen ziel bewerkt, schoon houdt, is bezig met de awoda.

We weten tegenwoordig dat een ernstige ziekte als kanker soms kan worden veroorzaakt doordat er in de ziel diepe rancunes zijn achtergebleven tegen een van onze opvoeders. Of doordat een woede maar voortwoekert in de diepte waar niemand dat kan zien, ook vaak niet de persoon die de woede koestert en die maar tegen zichzelf zegt dat alles koek en ei is. Zo iemand moet er achter zien te komen dat er in zijn leven haat is achtergebleven. Soms is de gehate figuur nog in leven en worden de haat en de woede voortdurend onderhouden. Zoals een van mijn patiënten met borstkanker zei: 'De borst die ik ben kwijtgeraakt heb ik geofferd op het altaar van mijn moeder.'

Als zo iemand er achter komt dat er een gifplant in zijn ziel groeit dan kan een eenvoudige oefening al helpen. De oefening waarbij je dagelijks even gaat zitten en je voorstelt dat de mens tegen wie de wrok gekoesterd wordt, iets erg goeds en vrolijks, iets gelukkigs overkomt. Dan gaan de wrok en de haat langzaam vervluchtigen en ga je je zelfs verheugen in het geluk dat je die ander toedenkt. Dat is ook awoda. En ook dat is voor iedereen bereikbaar. Er worden ons geen onbereikbare doelen gesteld.

Het is fout te denken dat de problemen die de aarde overkomen te groot voor ons zijn, dat we er niets meer aan kunnen doen. De problemen die we op wereldschaal zien, zijn geen andere dan die welke we op kleine schaal in ons eigen leven zien. En daar, in je eigen ziel en je eigen tuin, begint de awoda. Daar begint de schoonmaak van onze vervuilde planeet. En als er maar genoeg mensen daarmee bezig zijn dan gaat dat optellen. Dan verandert er iets in de Scheppende Hemel en dan zie je na enige tijd op onze aarde de positieve terugslag komen. Er gebeurt dan het omgekeerde van de doemvoorspellingen van de club van Rome. En dat is een haalbare kaart voor iedereen. Wij Hollanders vragen ons namelijk graag af: 'Is dat wel een haalbare kaart?' Ja, de kaarten tot redding van de planeet zitten in uw eigen spel.

Het tweede wat de mens gevraagd wordt is: bewaren. Dat is de vertaling van het Hebreeuwse woord shameer.

Het oeroude commentaar zegt: dat betekent dat de mens de wilde dieren op een afstand moet houden.

Welnu, zult u zeggen, wilde dieren zijn er in onze wereld nauwelijks meer. Hoogstens in wat wildparken en dierentuinen.

Dat is waar maar we hebben er gevaarlijke voor in de plaats gekregen. Want het is toch maar zo dat door het woest opdringen van de hel, iedereen die het goed meent met deze aarde in het gevecht terecht komt. Dat kan eenvoudig niet uitblijven. Blijft het wel uit dan moet je je ernstig afvragen of je wel goed bezig bent.

Of je nu vecht tegen een atoomvuilnisbelt in je gemeente, tegen een kruisraket in je land, tegen politieke indoctrinatie van je kinderen of tegen je eigen haat, je eigen lafheid, je eigen egoïsme, je eigen levensgevaarlijke neiging om te conformeren omdat je anders niet aardig gevonden wordt, vechten zal iedereen moeten doen in onze eeuw. Vrijblijvendheid zal minder en minder mogelijk worden.

Er is één eigenschap waar het de komende tien jaar om zal gaan: morele moed.

'De zwakke zegge: ik ben een held' (Joël 3 : 10).

Er is inderdaad heel wat moed voor nodig tegenwoordig om niet mee te huilen met de wolven in het bos. Om aan te durven voor gek te worden versleten, impopulair te zijn.

Deze planeet is als een belegerde vesting, de vijand is machtig en rukt onweerstaanbaar aan. Maar hulptroepen zijn onderweg. Het zijn hulptroepen uit een volkomen onverwachte hoek. Eén soldaat van die hulptroepen is voldoende om een hele vijandelijke divisie te verslaan.

Maar: ze zijn er nog niet. Alleen hun verkenners maken op het ogenblik contact met de voorhoede van hen die het goede willen onder de mensen. We moeten, terwijl de duisternis snel toeneemt, nog even volhouden. Juist nu niet wanhopen en moedeloos worden, juist nu een onverwoestbaar optimisme aan de dag leggen.

Laat iedereen die van goede wil is zich met man en macht toeleggen op het bewerken en bewaren van dat kleine stukje planeet dat hem toegemeten is. De uitredding staat vlak om de hoek.

Hoe zou die uitredding eruit kunnen zien?

Laten we nu eens een gemakkelijk voorbeeld nemen. De grootste dreiging van dit ogenblik. In de buitenwereld dan wel te verstaan. De atoombom.

Van buitenaf zijn deze helse machines moeilijk te ontkrachten. Maar laten we iets dieper op deze materie ingaan. Wat is een atoom? Een werveling. Niet een werveling van stof maar een werveling van kracht, doorbrekend van de onzichtbare wereld in de onze en gestalte gevend aan datgene wat wij de stof noemen. Die stof wordt elk moment geschapen vanuit het onzichtbare gebied.

We hebben besproken dat achter die fysieke werveling die wij het atoom noemen, een geestelijke werveling schuilgaat, veroorzaakt door de hoge engelenhiërachie: de tronen of ofanim.

Stel nu eens voor dat één zo'n hoge engel uit de orde der ofanim of raderen, hier op aarde zou verschijnen en zijn blik zou richten op een ondergrondse silo in Siberië waar een tienvoudige atoomkop bevattende raket ligt te wachten om als een helse vuurpijl op het Westen aan te vliegen en in één klap Amsterdam, Rotterdam, Utrecht, Den Helder, Den Haag, Arnhem, Eindhoven, Breda, Enschede en Leeuwarden te vernietigen.

Slechts één druk op de knop scheidt ons van zo'n gebeuren. Laten we dit niet verdringen of zeggen dat het zo'n vaart niet zal lopen. De communistische leer kent geen morele overwegingen, slechts opportuniteit. Als het volgens het opperbevel op een gegeven moment nodig is om op die knop te drukken, dan wordt er op die knop gedrukt en zijn na twintig minuten deze tien steden met al hun inwoners verdwenen.

Maar nu is daar die engel uit de orde der ofanim. En net op het moment dat het dak van de silo openschuift en de raket zich in de lucht verheft (engelen redden altijd op het laatste nippertje) kijkt die engel naar dat instrument uit de hel. En op precies dat moment verandert hij de innerlijke structuur van al die atomen die daar op weg gaan om de vernietiging los te laten. Dat is voor zo'n engel niet moeilijk want hij is het die de innerlijke structuur van alle atomen van leven voorziet. De mannen die de raket afvuurden zouden niets merken maar binnen in zo'n meervoudige waterstofbom zou een holte zijn ontstaan, gevuld met een beetje heliumdamp.

Is dat nu wat ze in Engeland 'wishful thinking' noemen? Van de wens een vader van de gedachte te maken? Wereldvreemd zijn?

Vergeet dan niet dat er nog eens een keer zo'n gek heeft rondgelopen. Hij heette Noach en bouwde een boot midden op het droge. En denk eens aan de Engelse koning in de Tweede Wereldoorlog. Toen het hele Engelse expeditieleger in Duinkerken vermorzeld dreigde te worden, schreef hij een nationale gebedsdag uit. Engeland ging en masse op de knieën en het zogenaamde 'wonder van Duinkerken' vond plaats. In plaats van het verwachte tiende deel van het expeditieleger, kwam negen tiende veilig thuis.

Mogen we niet wat van dat soort dwaasheid lenen, dat Noach en Koning George VI in zo ruime mate bezaten? Zouden we er niet op mogen vertrouwen, als we hier hebben 'bewerkt' en 'bewaard' op ons eigen stukje grond en gebeden hebben om uitkomst, dat de uiteindelijke uitbarsting van de hel dan zal worden tegengehouden? Mogen we niet teruggaan naar een wat 'eenvoudiger' denktrant en blijmoedig een wonder verwachten?

Ik geloof dat dit kan en mag. U noch ik kunnen iets veranderen aan het nog steeds groeiende Russische en Amerikaanse rakettenarsenaal op deze wereld. Daar zijn we echt niet machtig genoeg voor. Laten we dan iets heel anders gaan doen. Laten we voorbereidingen treffen voor het feestelijk inhalen van de ofanim, de raderen. Laten we trachten hulp te krijgen van die engelen die boven de atomen staan.

Het is absoluut onnodig voor de jeugd om pessimistisch te zijn voor hun toekomst. Er ligt juist een geweldig avontuur voor hen klaar. Dat avontuur is even groot als het zoeken van de graal ten tijde van Koning Arthur en zijn ronde tafel.

Er is maar één moeilijkheid: Dat avontuur ligt in onze tijd niet meer primair in de buitenwereld. Het ligt in de binnenwereld. In het grensgebied tussen hemel en aarde waar de ontmoetingen met de engelen plaatsvinden.

Ja, natuurlijk vecht je ook in die buitenwereld tegen het vuil en het onrecht maar er komt in deze twintigste eeuw voor iedereen die zo handelt het moment dat hij beseft dat hij aan het knokken is tegen machtige geestelijke krachten, tegen onzichtbare reuzen. Je weet dat je dringend hulp nodig hebt uit datzelfde onzichtbare gebied omdat je het anders niet redt.

Kunnen die onzichtbare krachten, die ons aanvallen, dan niet meteen door de engelen om zeep worden gebracht? Als ze dan zo machtig zijn, wat komen wij er nog aan te pas?

Ja, dat is eigenlijk heel geheimzinnig.

Wij welvaartsdiertjes zijn zo gewend op onze wenken bediend te worden, dat we vergeten zijn dat de hele strijd om ons gaat. De uiteenzetting ontwijken is een zekere catastrofe oproepen.

Laat ik een voorbeeld noemen:

De kleine Piet moet op school een rekenproef afleggen maar hij heeft er geen zin in en spijbelt dus. Hebben we er dan wat aan wanneer de leraar die som maar maakt? Natuurlijk niet.

Zo is het ook met de mensheid. We zijn hier om iets essentieels te leren, namelijk liefde en wijsheid. Dat kan alleen door strijd en lijden heen. Zouden die er niet zijn dan zou het hier een leerschool voor kwallen zijn. Want vrijwilligheid is het waarmerk van de hemel, net zoals dwang het waarmerk van de hel is. Er is veel moed voor nodig het met de hemel aan te durven, misschien wel het meest omdat je erom uitgelachen wordt.

Het zoeken naar het Koninkrijk Gods overlaadt een mens op de aarde namelijk nooit met eer, wel met spot.

Witte zwanen, zwarte zwanen, wie durft er naar Engeland varen?

Melly Uyldert schrijft dit in haar boek over de kinderspelletjes terecht als 'Engel-land'. Het Koninkrijk Gods. Engel-land is in onze tijd niet meer zo gesloten als in de vorige eeuw. De sleutel mag dan gebroken zijn geweest maar het lijkt er op of hij gemaakt is.

Is er iemand die de weer gemaakte sleutel voor je zoeken kan?
Is hij te koop in de supermarkt?

Nee, kijk maar op het etiket. Iets wat stampvol conserverings-
middelen, kunstmatige kleurstoffen en smaakmiddelen zit, is
nooit de sleutel tot de hemel. Eerder de sleutel tot een kwaad-
aardig gezwel.

Kan ik hem dan bij een goeroe vinden? De kans is uiterst
klein. Wie aan de weg timmert als goeroe is een handelsman,
wie niet aan de weg timmert wordt niet gevonden.

Reikt de kerk me de sleutel aan? De kerk praat misschien over
de sleutel maar hij geeft hem je niet. Ach, wie moet de sleutel
zoeken? Het is toch te gek dat je naar Amerika kunt vliegen,
een huis kunt kopen, een hartoperatie kunt laten verrichten en
dat je de sleutel naar Engel-land niet kunt krijgen.

Ik zal u de enige figuur aanwijzen die de sleutel kan vinden. Ga
naar de slaapkamer en doe de deur dicht. Kijk in de spiegel.
Kijk, daar staat de enige figuur die de sleutel naar Engel-land
kan zoeken en vinden. Niemand anders kan dat voor u doen.
Velen zullen u graag en vriendelijk willen helpen maar elk
mens zal zelf de weg moeten gaan, het werk moeten doen. Er
is geen ander.

De welvaartsstaat heeft geestelijke luilakken van ons gemaakt.
We zijn bereid hard te werken om een vakantie te verdienen
maar we voelen ons beledigd als iemand zegt dat er hard moet
worden gewerkt voor het Koninkrijk Gods.

Dat heeft Jezus toch al allemaal voor ons gedaan? Wat zullen
we ons dan druk maken?

Nee, zo gemakkelijk ligt dat niet. Het is waar dat Jezus Christus de deur, die zo lang gesloten was, weer heeft opengestoten,
zodat het kinderrijmpje beter zou kunnen luiden: 'Is er dan
geen timmerman, die de sleutel maken kan?' Want Jezus was
op aarde een timmerman.

Maar u en niemand anders zal de weg naar de opengestoten
deur moeten ondernemen. Als iemand die weg gaat, komen de
engelen zo'n mens tegemoet.

Maar wat is het gaan van de weg? En hoe intens moet je de
weg gaan?

Er is een oud verhaal dat vertelt over de tijd dat Israël voor de zee stond. Achter hen het leger van Pharao. Voor hen de zee. Deze legende nu vertelt dat er één man was, Nachsjon, die het bevel van God en de beloften van God honderd procent serieus nam. Die zei: 'Als God wil dat we voorttrekken, dan trekken we voort!' En hij wandelde regelrecht het water in. Iedereen verklaarde hem voor gek maar hij liep steeds verder, vast vertrouwend op Gods belofte.

Eindelijk sloot het water zich boven zijn hoofd en iedereen zei: Dat komt er nu van, je kunt ook overdrijven.

En precies op het moment dat Nachsjon bijna verdronken was, spleet de zee in twaalf gangen, hij stolde als kristal en de twaalf stammen van Israël trokken door de gangen voort naar de overkant.

Zó gek moet een mens durven zijn in zijn vertrouwen. Want dán gebeuren er wonderen. Dan stuurt God Zijn dienaren en dan wordt de mens op de meest merkwaardige manieren geholpen.

In de nabije toekomst zullen we zulke mensen nodig hebben. Terwijl de tijd duisterder wordt moeten er Nachsjons opstaan die, ondanks alles, optimist durven blijven.

Misschien bent u wel zo iemand.

God zegene u!

17. *Rembrandt: Christus op de Olijfberg. 'En Hem verscheen een engel uit de hemel om Hem kracht te geven.'*

Lijst van afbeeldingen

De platen 1, 3, 5, 7, 10, 12, 14 en 16 zijn afbeeldingen van houtgravures naar Gustave Doré.

Literatuur

The Apocryphal New Testament Clarendon Press

Floris B. Bakels, *Uitzicht, De lessen van Nacht und Nebel,* Elsevier, Amsterdam/Brussel

R. Boon, *Over de goede engelen of de ontmaskering van een pedant geloof* Boekencentrum, Den Haag

E. W. Bullinger, *The Witness of the Stars* Lamp Press, London

Nigel Calder, *The comet is coming* Penguin Books

Fritjof Capra, *The Tao of Physics* Fontana/Collins, London

Carole Carlson, *Corrie ten Boom, her life, her faith* Fleming H. Revell Company, New Jersey

Carlos Castaneda, *The teachings of Don Juan* Penguin Books

R. H. Charles, *The Book of Enoch* SPCK, London

Philip Chancellor, *Handboek voor de bloesemtherapie van dr. Bach* Ankh-Hermes, Deventer

Erich von Däniken, *Waren de goden kosmonauten?* Ankh-Hermes, Deventer

Dante Alighieri, *De goddelijke komedie* Wereldbibliotheek, Amsterdam

Karlfried Graf von Dürckheim, *Meditatie doel en weg* Ankh-Hermes, Deventer

Ann Faraday, *De positieve kracht van het dromen* Nelissen, Baarn

Paul Gallico, *The Snow Goose* Michael Joseph Ltd., London

Billy Graham, *Angels, God's secret agents* Hodder & Stoughton, London

Myrna Grant, *Vanya* Gideon, Hoornaar

Guideposts (maart en mei '82, april '83) Carmel, New York

Gunnar Hillerdal/Berndt Gustafsson, *Sie erlebten Christus* Die Pforte, Basel

Charles F. Hunter, *Angels on Assignment* Hunter Books

Robert Jungk, *De atoomstaat* Elsevier, Amsterdam/Brussel
Ken Keyes, *De honderdste aap* Ankh-Hermes, Deventer
M. A. Knibb, *Het Boek Henoch. Het eerste of het Ethiopische boek* Ankh-Hermes, Deventer
Willem Koppejan/Helene van Woelderen, *J. Bernard Nicklin* Real Israel Press, Glastonbury/Den Haag
B. Kristensen, J. E. de Vries e.a., *Sensitivity-training . . . en hoe verder?* Buijten & Schipperheijn, Amsterdam
Elisabeth Kübler Ross, *Lessen voor levenden* Ambo, Bilthoven
Kathryn Kuhlman, *Ik geloof in wonderen* Gideon, Hoornaar
Selma Lagerlof, *Nils Holgersson* Becht, Amsterdam
Jakob Lorber, *Das grosze Evangelium Johannis* Lorber Verlag, Bietigheim
D. McNutt, *Genezing lichamelijk, geestelijk en psychisch* Nova-press, Utrecht
Anthony Mertens, *Sterke verhalen* Spectrum, De Meern
Rudolf Meyer, *De mens en zijn engel* Christofoor, Zeist
Czeslaw Milosz, *The captive mind* Vintage Books, Random House, New York
T. Henry Moray, *The sea of energy in which the earth floats* Cosray Research Institute, Salt Lake City
Maurice Nicoll, *Psychological Commentaries on the Teaching of G.I. Gurdjieff and P. D. Ouspensky* Vincent Stuart, London
Hans A. Nieper, *Revolution in Technik, Medizin, Gesellschaft* Illmer Verlag, Hannover
P. D. Ouspensky, *Een nieuw model van het heelal* Servire, Katwijk
Rien Poortvliet/Wil Huysen, *Leven en werken van de kabouter* Van Holkema & Warendorf, Bussum
Lydia Prince, *Appointment in Jerusalem* Flemings H. Revell, Old Tappan, New Jersey
Adolf Schneider/Hubert Malthaner, *UFO-fotoboek* Ankh-Hermes, Deventer
Hans W. Schroeder, *De hemelse hiërarchieën. Rangorde en verscheidenheid* Christofoor, Zeist
Theodor Schwenk, *Das sensibele Chaos* Freies Geistesleben, Stuttgart

Joy Snell, *The Ministry of Angels* The greater world association, London

Rupert Sheldrake, *A new science of life* Blond & Briggs, London

Rudolf Steiner, *Hoe werken de engelen in ons astraallichaam* Vrij Geestesleven, Zeist

Rudolf Steiner, *Die Geheimwissenschaft im Umriss* Goetheanum, Dornach

O. Carl Simonton/Stephanie Matthews-Somonton/James Creighton, *Op weg naar herstel* Intro, Nijkerk

W. P. Theunissen, *Engelen. Overwegingen in beelden en teksten* Berghaar Verlag

Chriet Titulaer, *De mens in de ruimte* Elsevier, Amsterdam

J. R. R. Tolkien, *The Lord of the Rings* George Allen & Unwin Ltd., London

Mellie Uyldert, *De verborgen schat in het kinderspel* De Driehoek, Amsterdam

Immanuel Velikovsky, *Werelden in botsing* Ankh-Hermes, Deventer

W. F. Veltman, *Over de hemelse hiërarchieën* Studiecentrum voor antroposophie

A. C. Vreeburg, *Preek in de kerk van de Hl.* Lodewijk, Leiden

Alan Watts, *The Way of Zen* Pantheon Books, New York

Friedrich Weinreb, *Ik die verborgen ben* Servire, Katwijk

Friedrich Weinreb, *Begegnungen mit Engeln und Menschen* (cursussen 1964-1965, 1965-1967, 1967-1968) Origo Verlag, Zürich

Clément A. Wertheim Aymès, *Die Bildersprache des Hieronymus Bosch* Van Goor & Zn., Den Haag

Julien Weverbergh, *UFO's in het verleden* Ankh-Hermes, Deventer

Peter Wilson, *Angels* Thames & Hudson, London

Z'ev Ben Shimon HaLevi, *Tree of Life* Rider & Company, London

Inhoud